無可取代的網球之王

羅傑·費德勒

ROGER FEDERER

DIE BIOGRAFIE

RENÉ STAUFFER

雷恩·史道佛——著 陳珮榆——譯

目錄

第二部分 登上球王寶座

第三部分 意義非凡的生涯第十八冠

第四部分　史上最偉大的網球選手

推薦序

風度翩翩，當然費德勒

鬼才導演　盧建彰

主動的水刑

戴上口罩，我心情緊張地去跑步。

因為沒有過，不知道會不會喘不過來。

溫度來到了四十度，有點炎熱，我戴上帽子，上面有隻水獺，是德國嬸嬸之前去金門玩時帶回來的，很可愛，我很喜歡，儘管水獺表情有點嚴肅。

疫情以來我有兩個多月沒有跑步，本來每天跑五公里的，要回到過去的日常，感到一種奇幻的不自在。

那明明是我的習慣，為何面對習慣，卻不太習慣呢？

我一邊跑一邊想，試圖適應臉上的口罩，但其實無法適應。

我想起水刑。

以前的警備總部，在刑求人犯時，用的一種方式，非常有效，執行的人甚至不必動手毆打犯人，就能達到極高的痛苦。作法很簡單，就是把條毛巾蓋在人的臉上，緩緩地澆水，對方就會因為吸不到氣而用力呼吸，可是，當你喘氣越大，那已經完全濕透的毛巾就會更加緊密地貼著你的口鼻，你就更加吸不到空氣，於是你越用力喘氣，越吸不到空氣。

小時候，我在書上讀到，在洗澡時，試著自己做看看，瞬間吸不到空氣的恐懼襲來，身體自然的反應就是想摘下臉上的濕毛巾，不由自主的恐怖感，即刻包圍你。我試著要自己延長時間，不要去拿下，但沒有辦法，因為那是生理反應，生物的求生本能。

於是，可以想見，那些被刑求者，手腳被綁住，那恐懼感是加倍的，於是，為了擺脫眼前的可怕狀態，什麼都招認，就算是莫須有的。

後來，美國在古巴的關達那摩監獄，也以類似的手法嚴刑訊問恐怖份子，被國會嚴厲譴責，毫無人道。

我跑了五公里，臉上的口罩被汗水浸濕，我原本吸吸呼的規律運動呼吸方式，在我沒有察覺的時候，已經改變，本來是以鼻子輕盈快速地吸氣，再以口部大口吐氣，不知道在第幾公里，就已經變成艱難且用力的用口吸氣，再用口吐氣，我已經變成氣喘吁吁的跑步了，而不是自在享受的慢跑。

我彷彿在一種水刑裡。

我壓抑著自己的手臂，抑制它去把口罩摘下，我鼓勵它們，左手右手，高舉擺動，並用力地往下揮動，跑步教科書告訴你，當你跑到腳步蹣跚時，你要讓你的手去帶動腳，當你的手臂更用力地擺動時，你的腳會自然的因為那韻律，舉起，放下，緩步前進。

我想著，我只是在四十度底下，用自己可以忍受的方式，自己可以決定的方式，以每公里五分中的速度前進，我不必快速變換腳步，我也不必專注於變化多端的球，好立刻改變自己的姿態好去迎合它，我也不必把手臂延展到不行後猛力揮出時速一百五十公里的球，對，而且等一下，在不到幾秒鐘，那球還會以時速一百五十公里甚至到兩百五十公里，相當於高鐵的速度衝回來。

並且，維持這個不斷地快速來回狀態，在四十度高溫下，達四、五個小時。

那或許已經超越主動的水刑了。

而那就是，頂尖網球選手費德勒的比賽日常。

噢，我還漏了提，比賽時間外數萬倍的練習。

費德勒曾是爆躁小子？

我想，在當代，當你想起網球，也許有人偏愛西班牙蠻牛納達爾，有人傾心喬科維奇，但，如果你要說起網球紳士，絕對是費德勒。

費爸，之所以叫費爸，除了，他用毅力擊敗了職業場上的年紀外，當然，還包含他在比賽場上的冷靜自持，極少暴躁失控舉動，就像位令人尊敬的父執輩，展現著運動比賽中相對高尚的德行。

我對費德勒的觀賞經驗，當然是在他成名後，因此，似乎從來沒想過，也從來沒有印象，費德勒球拍亂摔到地上，把球拍往場外亂丟。

我記得，只有那麼一次，費德勒一個失誤，把球拍往地上一甩，而這變成了大新聞，媒體說他難得展露了情緒。

沒想到，原來他在青少年時期，卻是以亂摔球拍、大吼大叫，甚至會到破壞場地著稱，他甚至曾經因為在練習場地裡亂摔球拍把球場的窗簾給弄破，而被罰要去打掃廁所。連著名的「火爆小子」馬克安諾，有次看到年輕的費德勒比賽，竟然還說「這小子得好好站起來證明自己。」哈哈哈。我讀到的時候，心想，馬克安諾耶，連他都覺得火爆的火爆，真的是超火爆吧，哈哈哈。

原來，有些大滿貫，不是本來就大滿貫。

我深深感到，巨大的震撼。

從費德勒的成熟過程裡，可以看到他是怎麼開始要求自己不要再情緒失控，不要再亂摔球拍，尋求心理專家的協助，逐漸長成如今世人熟悉的紳士樣貌。某種程度，我甚至敢說，如今他是網球運動的優雅代名詞，在最具傳統的英國溫布敦的中央球場，以技術和風度，拿下一盤又一盤，讓世人仰望。

他有過的掙扎，讓我更理解他，並喜愛他。

原來，翩翩君子，不是天生。

我好像對自己多了點期待。

現場縮影

因為好友胡慧玲是真正的網球迷，她跟我們一家分享，四大公開賽，現場氣氛十分熱烈精彩，而且她推薦澳網非常適合入門，所以我們一家在她的教戰攻略中，就到澳網的所在地墨爾本去了。

墨爾本作為承辦城市，真的把澳洲網球公開賽AO做到了極致，整個城市都為了澳網而做準備，不只處處可以看到戴著藍色帽子上面大大的白色字寫著AO，身上藍色衣服鮮明無比的義工，隨時在路上給大家諮詢，而且捷運在市中心是完全免費，讓來看球的外國旅客隨時可以輕鬆地跳上任何一班捷運車廂前往會場，非常適合家庭前往。

我們聽從胡慧玲的建議，除了買男子冠軍賽的票外，也買了PASS，就可以進到澳網的園區，看所有的會外賽。

我們可以隨意地走進一個球場，觀看世界排名前幾名的青少年比賽，或者是雙打六十四強，我推著嬰兒推車進去，和妻在看台上抱著女兒，指著場上的哥哥姊姊們說，這就是以後的費德勒。

園區裡，也有許多啤酒攤、果汁攤，並佈置成一個公園，大家可以席地而坐，在場外觀看著大螢幕，享用餐點，看著選手在烈日下奮戰，興奮吶喊，大聲哭泣。

瞇著眼睛，我喝著氣泡沁涼的白酒，喝得很快，因為高溫很快會奪去涼感，也許是酒精的催化，也許是運動大神的點化，我視線模糊，卻又清晰。

我在那一瞬間，意識到，我在看的不只是一場比賽，而是一個個的人生。

他們場下的練習、孤獨、痛苦和期盼，都被濃縮起來，用一場比賽呈現，說起來，也像是攝影的小小正片，你看它也許小小張，只是個畫面，但當你放在燈箱上，用放大鏡仔細看時，一個個的細節顯露出來，那些皮膚上的汗水，那些因為豎立的汗毛，那些專注不容鬆懈的眼神，還有跪地仰天的解脫。

此刻，我在讀這本書時，一如正站在燈箱，把眼睛貼近那放大鏡，細看那正片，從場邊到場中，從腳底直到握拍的手腕，細細的凝視著，正片裡的紳士，以一種優雅的姿態，向我們展現球技，也展露一個人，也許，我可以用更精確的字眼——君子，一個君子如何被養成，並且堅持那卓容，以一記正拍穿越球，穿越過時間。

球風或許是技術，風度卻是生命。

風度翩翩，當然費德勒。

推薦序　那一年，我曾親眼見證的網壇傳奇

許乃仁
FOX體育台主播／運動專欄作家

一九九八年美網最後一天，時序雖已邁入初秋，但紐約的天氣仍然十分溼熱。這一年公開組的焦點是派屈克．拉夫特（Pat Rafter），這位擅於發球上網的澳洲戰士以他渾重的上旋發球和積極侵略性的底線壓迫打法在這兩年達到了生涯的高峰。同時他剛在準決賽以五盤逆轉了賽會第一種子皮特．山普拉斯（Pete Sampras），並準備在決賽中對決同胞馬克．菲利普西斯（Mark Philippoussis），嘗試衛冕冠軍。

而就在單打決賽之前，在紐約國家網球中心的外圍球場，一場青少年球王的對決正如火如荼地進行著。這一年，來自阿根廷十六歲的大衛．納爾班迪安（David Nalbandian）碰上剛滿十七歲的羅傑．費德勒（Roger Federer）。賽會第三種子費德勒剛在兩個月前的全英俱樂部贏得溫布頓青少年的單打冠軍。有關於他的讚美和評價早在國際媒體中時有所聞。

觀眾把球場四周擠得水洩不通，這也是筆者首度親眼欣賞這位將於未來統治男子網壇的瑞士小將比賽。眼前十七歲的羅傑給人的第一印象，除了眉宇之間桀傲不遜的氣質之外，就是他的正拍。他在執行正拍擊球時整個拉拍相當放鬆，同時擊球點抓得非常靠前。另一個最大特點就是，費德勒在正拍擊球時右手臂幾乎是打直與身體形成九十度；同時頭部會很「安定地」停留在球的後面，並用眼神「凝視」著這記正拍出手。也因為這個動作持續的比一般人更久，讓人彷彿有種週遭的時間都瞬間「暫停」的錯覺。同時，天才橫溢的費德勒打法非常即興多變化，且球質又沉又重，但感覺打起來卻非常輕鬆優雅而不費力氣。

雖然這場決賽費德勒最終以三比六、五比七輸給納爾班迪安，但卻讓筆者留下深刻的印象。那一年底，費德勒也在佛羅里達贏得了「橘子盃」世界青少年大賽，順利登上ＩＴＦ青少年世界第一的位置。並該在年底正式轉職業。

在那之後，筆者再次親眼見證費德勒的比賽要來到二〇〇一年的溫布頓。當時，費德勒已經是公開組單打的第十五種子。髮型也從當年的一頭金色短髮變成深棕色的小馬尾，並且綁上了頭帶。同時，經過兩年多的巡迴賽洗禮，身體明顯的也變得更為結實強壯。十九歲的費德勒在這一年男單第四輪對上了美國的七屆冠軍、第一種子皮特・山普拉斯。這也是費德勒生涯首度（也是唯一的一次）跟自己兒時崇拜的偶像對決。這場對決也堪稱是草地之王「世代交替」的經典比賽。兩位相差十歲的名將拿著同款球拍，在打法節奏上極為相似。彼此都具備高超多變的發球技巧、無堅不摧的正拍、犀利的單手反拍和草地上敏捷的移位步伐。

彷彿就像命中註定一般的遭遇，兩人在草地上都展現技藝高超的全面球技和兇猛精準的爆發力。同時過程中來回拉鋸的張力更令現場觀眾看得屏氣凝神。面對從兒時在電視上觀看過無數次、並且刻意模仿他打法的一代球王，費德勒在中央球場臨場以沉穩精湛的發揮，最終於決勝盤第十二局一記正拍直線的致勝回發球，正式終結了山普拉斯在草地上的王朝。並且於兩年後也開啟了屬於自己的時代。現在回顧來看，這場經典比賽真的是現代男子網球重要的分水嶺。

二十年過去，網壇見證到費德勒如從一個脾氣暴躁、動不動摔拍的狂野小男孩，隨著時間慢慢蛻變成為一位網球優雅紳士。是他將男子網球的整體質感提升到一個嶄新的層次。並且以領袖的姿態在巡迴賽裡創造了一股尊重與團結的氛圍。在他之前，男子網壇頂尖好手彼此之間各自為政，甚至在早期像伊利耶・納斯塔塞（Ilie N stase）、吉米・康諾斯（Jimmy Connors）、約翰・馬克安諾（John McEnroe）等那個年代選手還會去揶揄、嘲諷對手。由於他的人品與信譽，在吸引新的球迷參與網球運動方面起到了巨大的迴響。許多人因他而開始觀賞、參與網球。觀看費德勒打球是一種像藝術欣賞般的體驗。除了高超的球藝之外，費德勒在場上從容不迫的優雅，以及所散發出來的人格特質，深深吸引球迷的心。從二〇〇三年到二〇二〇年度，ATP票選年度最受歡迎的球員獲獎者都是同一位，有幾次費德勒還獲得將近一半的選票。

費德勒也被許多的後進視為學習模仿的對象。即便從小擁有過人的天賦，但總是保持認真不懈的積極心態。他也重新定義網球運動員能夠保持巔峰狀態的時間長度。擔任費德勒多年私人體能教練的皮爾・帕格尼尼（Pierre Paganini）曾經說過：「他沒有虧欠任何人什麼，但他每天都像虧欠別人一樣努力鍛鍊。他練得非常認真、密集，但又表現得輕鬆自在，每天都面帶微笑進行訓練。」費德勒永不妥協的性格是貫穿其職業網球生涯的主軸。也造就了自己今天傳奇的歷史定位。在漫長的職業生涯裡，費德勒總是清楚知道自己要的是什麼，總是心無旁騖地專注在自己當下所做的事情，每場比賽、每一局、每一分。

而在場外的費德勒總是坦率、幽默且平易近人。同時積極把握行善的機會。即使在場上如此驕傲自信，但他從來沒有把自己看得過重。當費德勒被要求在自己基金會網站上用三個字來形容自己時，他選擇了：真實（Authentic）、謙虛（modest）、忠誠（loyal）。「成為重要人物固然很好，但成為好人更加重要。」這句話對他來說也是他深信並努力實踐的座右銘。他認為推廣網球運動是個人使命，並利用自己的影響力和聲望來提升這項運動。他對網球和歷史的熱愛讓自己產生一種責任感，將自己視為保護網球文化遺產的守門人。同時，費德勒在生活方面一向保持謙虛節制。生活品質對他而言比物質財富更重要。生涯他透過比賽勝利獲得巨大財富，但真正令他感興趣的事情還是盡量把網球打到最好。「一些很小的事情就能讓我心滿意足。可能是跟朋友共進晚餐、與我喜歡的人團聚、或是給我的孩子唸本書。可能是最簡單的小事。」費德勒最難能可貴的是能夠在繁忙的巡迴賽和日常生活之間找到一個完美的平衡。

本書的作者，同樣來自瑞士的資深記者雷恩・史道佛（Rene Stauffer）擁有超過二十年採訪費德勒的經驗，以其細膩的筆觸，深刻描繪了費德勒如何從一個調皮搗蛋的小男孩蛻變成一位當代的傳奇的過程。事實上，這是作者為費德勒所寫的第二本傳記。本書詳盡的介紹羅傑從小出生成長的完整故事，包括費德勒出生那一天他的父親還在進行地方俱樂部的雙打比賽，以及如何與太太米爾卡相識相戀、還有她如何做為費德勒的後盾，一步步的幫助自己丈夫成為當代傳奇、能有如此成就的許多不為人知的小故事。是網球迷不能錯過的一本好書。

最後，關於誰是史上最偉大的網球選手（GOAT: the Greatest Of All Time）這點，我想每個人的觀點可能都有所不同，也很難以實質的數據去量化作比較。或許費德勒賽場上的成績將來會被超越，但是他所留給世人的精神遺產肯定遠遠超過這二十座大滿貫冠軍（截至二〇二一溫布頓為止）的成就。費德勒對於網球的熱愛，讓他努力的去鑽研網球歷史，拉沃盃就是他對網球歷史致敬的代表作。另外，他在場外的言行舉止都足以作為後世的最佳典範。除了在場上的成就跟迷人的優雅風采之外；費德勒還是一位心地善良、灰諧風趣、表裡如一的人道主義者、慈善家和純然的運動愛好者。這一切都歸功於他有一對完美的父母、完美的賢內助，同時也深受上帝的祝福。當代球迷能夠身處在費德勒的時代，能與這位網球傳奇共同見證他生涯的每一個經典的時刻，是一件多麼幸福的事情啊！

獻給我最好的太太艾妮和我心愛的女兒潔西卡

作者序

到本書付梓之際，距離我第一次見到羅傑．費德勒在網球場上打球已經超過二十五個年頭；這些年來，我親眼見證一位十五歲少年蛻變成卓越的人物和史上最優秀的網球選手之一，甚至是最棒的網球選手——也是地球上最受欽佩的一位大人物。我能夠以記者夢寐以求的方式，長期且密切地關注他的傑出人生與網球事業，只能說我非常幸運，有時覺得很不真實。

在我小的時候，網球還只是我的第二愛好。因為我起初喜歡的是冰上曲棍球，不過，那是早在我發現瑞士東北部韋因費爾登鎮（Weinfelden）有家網球俱樂部以前的事了，那裡是我長大的地方。這家網球俱樂部有三個球場，位於啤酒工廠和名為吉森（Giessen）的小溪旁邊。它隱身在圍牆與籬笆後方，周圍瀰漫一股複雜、神秘的氣氛。在當時（一九七〇年代初期），網球是富豪與權貴階層的運動，但我敢肯定，網球會因其超凡脫俗的特質而日益盛行。由於那個時候我已經是當地冰上曲棍球隊的一員，父母不准我再加入其它運動俱樂部，所以我跟我哥庫爾特（Kurt）打冰球，我姊珍妮（Jeannine）則加入韋因費爾登網球俱樂部（Tennis Club Weinfelden）。

多虧有她，我終於有理由以訪客身分踏進俱樂部，也開始愛上了網球。我會慢慢地爬上俱樂部頂樓看台的水泥階梯看我姊打球，打完後繼續留下來看其他人上場，我在試圖理解他們的戰術與技巧時沉醉其中，夢想著自己也能在那裡打球。

我姊很快察覺到我的渴望，有時會把她的舊球拍借給我，讓我在家門前院子裡對著牆壁打球——雖然只是一小段距離，但我揮擊著球拍一遍又一遍，打到脈搏加速、汗水從身上滴下來、媽媽不得不叫我進屋吃飯為止。那支球拍十分精美，它使用具光澤的木材製作，上面有個叫史丹・史密斯（Stan Smith）的名人簽名。

史丹・史密斯？對當時的我來說不過是個名字，但這個名字卻激發了我的想像。我對網球領域瞭解多少？一無所知。那時候我們只有五個頻道的黑白電視機，而且很少播放運動賽事，即便有，也通常是足球、滑雪或拳擊。全家人大半夜擠在客廳，頂著睡意觀看拳王阿里（Muhammad Ali）能否保住世界拳王的頭銜，那是多麼棒的經驗！那個年代報紙對於網球的報導也不多，它們似乎只報足球、冰球、滑雪或一級方程式（F1）賽車。

我忘記自己是哪一年首次在電視看到溫網，但我記得我立刻被爬滿常春藤的中央球場（Centre Court），有雨遮的看臺、如詩如畫的宏偉球場設計及整體氛圍所吸引。電視上播放的畫面讓我大開眼界：網球的意義、大批的追隨者，以及在我看來彷如大教堂般的溫網賽事，有數以千計的群眾觀賞球賽，他們就像當時在韋因費爾登網球俱樂部的我，看著網球飛快移動和兩位單打選手對戰，渾然忘我。這是一個我從未見過的世界。我想，如果我能親身體驗溫布頓網賽的魅力，哪怕只有一次，我也死而無憾。在我多年以後成為體育記者，我的首篇溫網賽前報導的標題便下「網球之神正移駕至祂們的聖殿」。

韋因費爾登網球俱樂部現已遷至城鎮的外圍地區，原址改建成住宅區。當我獨自坐在水泥階梯看台，怎麼想像得到有天我的工作會讓我在場外報導世界上最偉大的網球賽事呢？又怎麼想像得到瑞士網球會順勢崛起長達二十年呢？

我從一九八〇年代早期開始撰寫關於網球的文章，對於約翰．馬克安諾（John McEnroe）、鮑里斯．貝克（Boris Becker）和史特凡．艾柏格（Stefan Edberg）等人極感興趣，他們都在溫布頓草皮上高舉過金盃。亨茲．根達特（Heinz Günthardt）於一九八五年打進溫網八強——即貝克締造神話的那一年——對瑞士來說是個重要的時刻，對我這個網球記者而言亦是重大的事件。

這也是瑞士網球奇蹟的開始。雖然根達特後來因髖關節問題不得不在二十七歲退役，但他是將瑞士網球運動從沉睡中喚醒的先鋒。接著是雅各布．赫拉塞克（Jakob Hlasek），在八〇年代末，他是第一位打入前十名，取得在紐約網球大師盃賽（the Masters，譯註：年終ATP世界巡迴賽總決賽的舊稱）參賽資格的瑞士球員，並在那年大師盃賽挺進準決賽。繼他之後是一九九二年拿下奧運網球金牌的馬克．羅塞特（Marc Rosset），羅塞特與赫拉塞克攜手打進台維斯盃（Davis Cup）決賽，並成為第一位闖入大滿貫四強的瑞士球員。後來瑪蒂娜．辛吉絲（Martina

Hingis）在十六歲時成為大滿貫冠軍，完全奠定了瑞士作為備受敬重的網球國家地位。辛吉絲贏得五大賽事的單打冠軍，成為網球史上最年輕的世界第一。

不過，日後網壇出現了一位新的男球員——羅傑・費德勒。一九八五年亨茲・根達特闖進八強的那個年代，人們期盼將來有位瑞士球員進入前十名和／或大滿貫決賽的念頭，似乎是遙不可及的夢想，那時候只有一人，他甚至連贏都不必贏……。

那時候的我怎麼想像得到自己國家的球員有一天會以冠軍身分站在中央球場，然後打破一個又一個的紀錄，一次又一次地含淚抱回勝利呢？不僅如此，他還成為這項運動史上最偉大的代表之一。連已經坐擁三座大滿貫的史坦・瓦林卡（Stan Wawrinka）都會被同袍選手的光芒所掩蓋，簡直是超乎想像的事情。

本書是我撰寫關於費德勒故事的第二本傳記。第一本是二〇〇六年出版的《追求完美》（*The Quest for Perfection*，原始德語版書名為《*Das Tennisgenie*〔網球天才〕》），已經翻譯成多國語言並再版多次。第一本的最新版停留在他於二〇一二年溫網奪得第十七座大滿貫冠軍。隨著時間過去，他的生涯下一篇章退役，似乎越來越清晰。

費德勒的決心肯定令網球眾神們印象深刻，所以在大多數人早已退役的年紀，祂們給了他一個連他自己都想像不到的復出，讓他再次締造神話般的成功，改寫網球歷史。祂們也給予我從頭開始撰寫他傳記的動力。現在很明顯，只是增加一、兩個章節也不足以完整說明他的職業生涯後期、他的人生以及他對網球的重要性。自從我第一本傳記出版以來的十多年裡發生過太多事情，現在可以更清楚地分析和歸納這些新的素材。

費德勒總是坦率且平易近人，讓記者的採訪工作輕鬆許多。我要感謝他——即使他最終沒有主動參與這本傳記。我完全能夠理解，因為他做事情要不是全力以赴，不然就不做。這種直率的個性讓人跟他工作起來非常愉快。我也要感謝他的父母，琳娜（Lynette）與羅比（Robbie），以及他的團隊；感謝塞弗林．盧希（Severin Lüthi）、皮爾．帕格尼尼（Pierre Paganini）和湯尼．葛錫（Tony Godsick），他們和費德勒一樣，知道如何用幽默看待一切。我感謝無數位接受採訪的夥伴，願意跟我分享他們的經驗和知識，讓網球巡迴賽中那幾週、幾月和幾年成為難忘的旅程。非常感謝 Polaris Publishing 出版社的 Peter Burns，促成這本書的翻譯；感謝我的好友 Alix Ramsay，以她優異能力、知識和技能為這本英文版進行潤色；感謝慕尼黑 Piper Verlag 出版團隊，特別是 Anne Stadler、Angela Gsell、Elisabeth Wiedemann 以及 Steffen Geier。最後，我由衷感謝我的家人，感謝艾妮（Eni）和潔西卡（Jessica），我經常才清理完行李箱，又打包好行李準備去紀錄費德勒的下一段旅程，她們總是毫無怨言包容我。

雷恩．史道佛

慕爾海姆，瑞士

二〇二一年三月

前言　從高處殞落

他太太米爾卡在球員包廂裡跳了起來，用雙手摀著自己的臉。他父親羅伯特把頭上那頂藍色RF帽壓得更低，遮住太陽眼鏡，宛如祈禱般將雙手交叉放在欄杆上。而他們周圍在溫布頓中央球場看臺區的人群瘋狂不已，就像是他們球隊在世界盃足球賽中踢進了關鍵一球。某些觀眾真情流露地豎起一根手指，一分！羅傑·費德勒只差一分！就能在這個明亮美好的夏日星期天拿下第九座溫網冠軍。

倫敦時間下午六點十八分，羅傑與諾瓦克·喬科維奇（Novak Djokovic）已經在一場讓人目不轉睛的高強度決賽中打了四個多小時，現在比賽似乎終於來到關鍵時刻。費德勒以六比七、六比一、六比七、六比四、八比七（局數四十比十五）領先，他在決勝盤用愛司球取得兩個冠軍點，職業生涯中第二十一座大滿貫冠軍就在眼前，他只要去贏、接下來只要靠自己發球局再拿下一分。二〇一九年七月十四日，這位瑞士球員即將以三十七歲又三百四十天自居為職業網球時代中最老的大滿貫冠軍。

但網球可不是什麼有邏輯的比賽，看似決定性的領先優勢很可能一瞬間消失無蹤，這項運動可能艱難，有時可能不公平。費德勒將球向上拋起，展開雙臂發球，結果球打到中間，碰到網帶後彈回落在己方半場。

「如果球再高一英吋，可能就是一記愛司球，」他事後回想，「但諾瓦克已經移到另一邊了。」這顆球本來會是他在溫網史上第一千四百三十一記愛司球，沒什麼特別之處，可是現在他不得不發第二顆球。喬科維奇把球回得很深，費德勒跑到反手的位置用正拍回擊，但他慢了一點，球已經飛出界，丟失第一個賽末點。沒關係，他只需要一個。

但喬科維奇接下他的二發，由於費德勒的進攻猶豫不決，這位塞爾維亞人趁費德勒上網時用一記刁鑽斜線穿越球破了他的冠軍點。

四十五分鐘過後，比賽結束。費德勒以三比七輸掉當天的第三個搶七局，四小時五十七分鐘也創下溫網史上耗時最久的決賽。新採用的第五盤搶七制已決定勝負。費德勒或許得分更多（二一八比二〇四），也展現出精湛的進攻招式增添比賽亮點，但他在最重要的時刻猶豫了。

這次錯失良機固然令他感到錯愕，但他的情緒並沒有像二〇〇八年在同一球場、同樣於第五盤輸給納達爾的時候那樣激動氣憤。賽後記者會上某位媒體同業請他比較這兩次的失利，這個問題就像在他傷口撒鹽，但費德勒只是微笑回答：「非常謝謝你提醒我這件事。」

然而，記者會這樣問是有原因的。二〇一九年費德勒的情緒控管顯然與二〇〇八年七月那個陰雨的週日截然不同，當時的他在無緣衛冕草地之王的寶座後，情緒跌入谷底。那時候他毫無掩飾地流露難過與失落，而這回，即使原本勝券在握仍讓機會溜走，但費德勒的心境已大不相同。回到二〇〇八年，那時他認為是情勢不利己才會失去冠軍頭銜。低垂的夜色是他最大、或許是決定性的對手，他在昏暗不明的球場上幾乎看不清楚球在哪裡，所以犯下嚴重的失誤。

而且，那時候的他可是奪冠呼聲最高的選手，正處於稱霸草地球場的巔峰時期。但二〇一九年的他是挑戰者，世界排名第三，對手則是世界第一。費德勒是四十五年來最年長的大滿貫決賽選手、四個孩子的爸，這時候的他即將滿三十八歲。他能夠走到今天已經打破眾人的預期。這次比賽無疑是一場慘痛的失利，但他知道只能怪自己。

費德勒用一個罕見聽他講到的詞彙來概括自己心情：懊惱（annoyance）。「我錯失了絕佳機會，」他在賽後說：「簡直不敢相信，我感到懊惱不已。但人必須向前看，忘掉它，然後從中吸取好的經驗。這種事情很常見。雖然現在輸球很難受，但我不想因為一場打得很棒的比賽而沮喪太久。」

他的失落情緒立即平復下來，然後重整心情返鄉，與家人們在瑞士開著露營車旅遊，這場在倫敦SW19區（譯註：全英俱樂部所在地的郵遞區號）舉行的賽事就像一個逐漸淡去、苦樂參半的夢迴盪著。

但如果費德勒能拿下第九座溫網冠軍，將使他的職業生涯後期更加輝煌。自二〇一六年動完膝蓋手術復出以來，他已經拿下三座大滿貫冠軍——兩座澳網和一座溫網冠軍。二〇一八年二月十八日，費德勒睽違五年多再度登上世界第一寶座，是網壇迄今為止最年長的球員。前一位保有這項紀錄的安卓・阿格西（Andre Agassi），當時還比他年輕三歲。

抱著打破阿格西紀錄的目標，費德勒將二〇一八年二月在鹿特丹舉行的ATP巡迴賽納入預計參加的賽事，以賺取他仍需要的積分。在他拿下巡迴賽冠軍達成任務，並於職業生涯第四次登頂之後，他還在推特開玩笑說：「聽說我是年紀最大的網球世界第一選手。可能有人告訴過我了，但我一直聽不太清楚。」

同年四月，他在蒙地卡羅（Monte Carlo）第五次獲頒「世界年度最佳運動員獎」（World sportsman of the Year），並一如外界預期榮獲「年度東山再起獎」（comeback of the year）。費德勒前面過著夢想般的生活，只是在連拿十七勝之後，到了印地安泉大師賽的決賽，儘管握有三個賽末點仍輸給胡安・馬汀・戴波特羅（Juan Martin del Potro），讓他有點消沉。六月草地賽季開跑之初，他在斯圖加特訓練期間右手受傷，痛了好幾個月，一直持續到秋天。他努力維持過去高水準的表現，但在溫網八強，即使他搶下兩盤以二比〇領先，最後仍因丟失賽末點而在一號球場（Court One）上敗給凱文・安德森（Kevin Anderson）。

到了二〇一九年春天，他重新找回自己的體能，並在杜拜男網賽奪冠，成為繼吉米・康諾斯

（Jimmy Connors）之後第二位冠軍數達百座的選手。他接著在邁阿密網球大師賽第四度捧冠，並睽違四年再次出戰法網，並闖進四強。在羅蘭加洛斯的紅土球場，他連拿五勝後敗給勁敵納達爾——儘管對紅土之王納達爾來說並不意外。隨後他在德國哈雷草地賽拿下第十冠，並在溫網經歷四盤的激戰力克對手後取得決賽門票（沒錯，那個對手就是納達爾），晉級生涯第十二次溫布頓決賽。

然而，儘管費德勒對戰喬科維奇時再度展現自己精湛的球技水準、智慧及優雅，但他還是沒能把握那兩個決定勝負的賽末點。現在回想起來，二〇一九年溫網決賽是他職業生涯裡的一次轉折：從高處殞落。接下來的幾個月，贏球對他而言並不容易。那年他參加的其餘六項賽事，他只贏得一項——在巴賽爾舉行的瑞士室內網賽。而在二〇二〇年一月澳網公開賽，由於內收肌問題，費德勒比到四強時沒有機會擊敗喬科維奇，隨後緊急喊卡退出部分賽事。二月十九日，費德勒接受右膝手術（令外界震驚不已），膝傷已經困擾他一段時間。

他原先計畫二〇二〇年六月復出，但事情並未如期發展，術後復原進度緩慢，五月時必須再進行第二次手術。結果，費德勒在墨爾本之後漏掉整個賽季。自三月起，二〇二〇年賽季因新冠肺炎疫情大流行而中斷。他從遠方（大部分在瑞士）看著溫網被迫取消、法網因疫情不得不延到秋天舉辦，目睹納達爾摘下生涯第十三座法網金盃，追平自己締造的二十座大滿貫冠軍紀錄。

這段期間，費德勒在少數接受的採訪中否定了所有退役的說法。憑著堅持不懈的特點，他緊緊抓住能夠在網球巡迴賽再創波瀾的希望，繼續享受娛樂觀眾的樂趣。下面兩場表演賽證明他的全球知名度已經達到歷史新高：在巡迴表演賽的其中一場，二〇一九年十一月二十三日，有四萬兩千五百一十七位球迷擠進墨西哥城鬥牛場，觀看他與亞歷山大・茲韋列夫（Alexander Zverev）的比賽。

數週之後，二〇二〇年二月七日，開普敦足球場湧入創紀錄的五萬一千九百五十四名觀眾，就為了看他與納達爾的第一場「在非洲開戰」（Match in Africa）。歷史上沒有一場網球比賽能夠吸引到這麼多的觀眾。三百五十萬瑞士法郎的門票收入全數捐給羅傑・費德勒基金會（Roger Federer Foundation），投入該地區的慈善項目。這是他在母親家鄉南非的第一場網球比賽，也是他近來的最後一場比賽，之後將休兵好幾個月。

然而，二〇二〇年十二月，費德勒在一次罕見的公開露面時講了一段意味不明的話，引發瑞士一陣騷動。費德勒獲公眾評選為瑞士七十年來最佳運動員之後，在電視轉播的頒獎典禮上表示：「我希望明年還能在球場留下點什麼，如果沒有，可以得到這個獎項也是圓滿的落幕。」

幾天後，新賽季都還沒開始，他就宣布自己尚未準備好參加二〇二一年澳網公開賽。這是他職業生涯以來首度缺席澳網。然而，他的退賽並不能解讀成一個輝煌生涯的尾聲。事實上，經過十三個月的休息，他在二〇二一年三月初重返球場，參加在杜哈舉行的小型公開賽（譯註：ATP巡迴賽二五〇系列賽事），並對下一次的復出充滿希望。費德勒已決心竭盡所能打消退役的陰霾，如同詩人狄倫・托瑪斯（Dylan Thomas）所言的：

不要溫馴地走入那良夜
白晝將盡，縱然年老也當燃燒咆嘯
怒吼吧，怒吼抗拒天光滅沒

第一部分

成長與崛起

一、球是他的世界

一九八一年八月八日星期六，德國和瑞士那時候排名第一的單曲是金・坎絲（Kim Carnes）的《貝蒂黛薇絲的眼睛》（*Bette Davis Eyes*），《新蘇黎世報》（*Neue Zürcher Zeitung*）的頭版刊登題為〈波蘭的匱乏與不安〉（*shortages and impatience in Poland*）的文章，沒有任何圖片。翻到體育版面，德國跳高選手、前奧運金牌得主烏爾里克・邁法絲（Ulrike Meyfarth）第一次試跳就達到一・九六公尺全國紀錄；西班牙選手荷西・伊格拉斯（Jose Higueras）在印第安納波利斯（Indianapolis）網賽遭淘汰出局。

而在前一天，羅伯特・費德勒（Robert Federer）剛與他的搭檔海尼・鮑姆加特納（Heini Baumgartner）在巴塞爾贏得當地網球錦標賽的準決賽。晚上他興高采烈地騎著小摩托車，用最快的速度趕回家見頂著大肚的妻子琳娜。妻子說：「（肚子）還沒有動靜。」然後他就出門並迅速前往萊茵費爾德（Rheinfelden），那裡正舉行另一場網球錦標賽，很多想見的朋友都在那兒。

那是一個愉快的週五夜。俱樂部的氣氛很好，而且越夜越美麗。凌晨兩點，俱樂部的電話鈴響了——那時候還沒有手機。其中一位客人接起電話，似乎搞不清楚狀況就掛了。羅伯特．費德勒注意到這通電話，忽然納悶起來。「我當時心想，完蛋了，是琳娜打來的嗎？」過一會兒，電話又響起，換他自己去接。「是琳娜，她說：『你最好現在就回家！』」

羅伯特騎著摩托車飛奔回家，到家後立刻把妻子送到巴塞爾醫院。他原本想找個人跟他玩牌打發時間，但產程進度很快，上午八點三十分，琳娜生下他們的第二胎，是個男孩子，體重八磅二盎司，身長五十四公分。「他的腳很大，」羅伯特回憶道。這對父母決定將男嬰命名為羅傑（Roger），因為英語發音比較好念。後來費德勒比較常使用英語發音而非法語，他在十七歲時解釋過：「我的名字是羅傑。羅塞爾（Roscheer）聽起來很可愛，只是拗口。」*

兒子的出生並沒有阻止羅伯特參加當日下午的雙打決賽，而且彷彿是為了紀念這個時刻，他與海尼最終拿下勝利。羅伯特與琳娜都是網球愛好者，經常參加當地錦標賽。「我們在孩子出生以前就過著打網球的生活，」他告訴我：「我們參加過博斯科網賽（Bosco tournament）、比爾塞格網賽（Birsegg tournament）、巴塞爾錦標賽（Basel Championship）等，我們經常在比賽。」

費德勒夫婦是該地區優秀的網球選手。在瑞士網球分級制度中，羅伯特達到R 3等級，屬

---

* 引自一九九九年瑞士德語週報《星期展望》（*SonntagsBlick*）。

於排名居中的業餘選手。琳娜則在R2等級花了很長時間，也就是說她是排名相當高的業餘選手。「我們都是傾向進攻型打法，不是那種在底線徘徊的類型，」羅伯特（朋友都叫他羅比）表示：「琳娜的反拍切球打得很好，像羅傑後來那樣。」但由於家裡有兩名年幼的孩童——還有一個比費德勒早兩年出生的姊姊黛安娜（Diana）——琳娜不得不暫且擱下自己的興趣，退居幕後。

一九七〇年，兩人在南非第一大城約翰尼斯堡（Johannesburg）附近的肯普頓公園市（Kempton Park）結識。羅伯特・費德勒來自聖加侖州（St. Gallen）萊茵河谷區的城鎮伯內克（Berneck），位於瑞士東北部，靠近波登湖（Bodensee）與奧地利的邊境。在冒險踏進更遼闊的世界以前，他是一名在瑞士化學城巴塞爾工作的實驗室專業技術人員。二十四歲那年，他在因緣際會下前往南非，又恰巧從在肯普頓公園設有分公司的前雇主那裡找到一份工作。羅伯特在公司的員工餐廳遇見了琳娜・杜蘭度（Lynette Durand）。琳娜比他小六歲，父親是工廠領班，二戰期間曾在歐洲服役。所以琳娜的家人會講南非荷蘭語（Afrikaans）和英語，她父親把四個孩子都送去就讀英語學校。琳娜在當地長大，從商學院完成學業後進入該公司的貿易部工作，努力存錢為了有朝一日前往歐洲。

琳娜是一位很有天分且敬業的運動員，她打曲棍球時曾獲選入地方球隊，但由於腿部多次受傷，讓她不得不放棄曲棍球。後來她和羅伯特兩人在約翰尼斯堡的瑞士俱樂部（Swiss club）發現網球的樂趣。

一九七三年，這對小倆口突然心血來潮移居瑞士，搬進一間三房公寓。但起初要在這個寒冷小國生活並不容易，他們渴望回到南非。同年十二月，兩人結婚了，跟在南非的時候一樣，他們回到化學公司汽巴嘉基（Ciba Geigy）工作，又開始在該公司位於阿爾施維爾（Allschwil）的汽巴網球俱樂部（TC Ciba）熱衷於打網球。等到兩人負擔得起更好的公寓，他們搬到市郊居住，先是在比爾斯費爾登鎮（Birsfelden），接著搬到里恩鎮（Riehen），後來又搬到明興施泰因鎮（Münchenstein），最後這裡是孩子們主要成長的地方。

琳娜於一九九五年迎來她在網球運動最大的成就，她與老男孩網球俱樂部（TC Old Boys）的球隊拿下瑞士常青網球錦標賽的冠軍。即使是兩個孩子的母親，網球依然是她的熱情所在。琳娜開始在汽巴網球俱樂部指導青少年打網球，並在瑞士室內網賽（Swiss Indoors championship）服務十多年，這是巴塞爾的世界級網球賽事，每年秋天都在離家僅兩公里遠的聖雅各布體育館（St. Jakobshalle）舉行。她負責發放通行證給選手、籌辦單位、官員和媒體代表，待在地下室角落的一間小辦公室裡面工作。那時候我經常見到她，她總是那麼友善且優雅，絲毫沒想到她兒子長大後會成為史上最棒的網球選手。直到某天，我才從一位撰寫過羅傑家族故事的同事那裡意外得知，他的母親原來就是在瑞士室內網賽通行證辦公室裡的那位親切女子。

羅傑自幼便展現出掌握球的能力，讓他父母相當吃驚。十一個月大，才剛學會走路，他已經接得住大顆的球。從那時候開始，他身旁就一定要有顆球才行。「甚至在一歲半的時候，他就能玩球玩好幾個小時，」琳娜回憶道：「你把球丟給他，他會立刻丟回來，別的小孩則會把球扔到各個地方。」

費德勒一家的經濟狀況衣食無虞。明興施泰因鎮的瓦薩豪斯區（Wasserhaus）四十號住家是費德勒長大的地方，他在這裡很受歡迎，而且非常喜歡運動。他友善親切、品行端正、舉止有禮、自信而不傲慢。

如前所述，他總是隨身攜帶一顆球，在路上邊走邊把玩，他路過的時候，每個人都聽得到他玩球的聲音。「他是個好孩子，」羅伯特說：「若要說有什麼缺點的話，那就是他可能有點好勝。失敗對他而言簡直是天崩地裂，就連下棋也是。」羅傑的姊姊也證實這點：「有時他生起氣來就會把骰子和棋子扔得客廳到處都是。」*

小羅傑經常跟隨父母親去汽巴網球俱樂部。他在三歲半第一次將球打過網。父母也會陪他踢足球、打桌球和壁球。他四歲就可以接連打二、三十顆網球，「他的協調性真叫人難以置信，」他的父親說。

他會一連好幾個小時對著網球牆、車庫門、室內牆面、甚至是家中衣櫃擊球，有他在的地方，照片和瓷器都不安全，連他姊姊的房間也無一倖免。黛安娜跟她弟弟相處並不容易，「當我和朋友在一起時，他總是會大喊大叫地跑進來，或是在我講電話時拿起第二支話筒搗亂，他就是個小惡魔。」

他閣樓的房間裡，牆壁和門上張貼著籃球明星麥克·喬丹（Michael Jordan）和「俠客」歐尼爾（Shaquille O'Neal）的海報和照片，寫真女星帕米拉·安德森（Pamela Anderson）也有一席之地。羅傑嘗試過許多運動項目，從滑雪、摔角、游泳、滑板、地板曲棍球、手球、籃球到桌球，偶爾還會和鄰居隔著院子圍籬打羽毛球。他似乎熱愛所有的球類運動，對球深深著迷，而且只要有閒暇時間就想往外跑。靜靜坐著從事任何需要全神貫注的工作並不是他的強項，即使是練了一段時間的鋼琴，也沒有激發他的熱情。「有段時間我每週得上一次鋼琴課，可是我滿腦子想的都是運動。課前必須練習一首曲子，但到那裡老師問我：『羅傑，你沒有練過吧？』我說沒練，我去踢足球和網球場。然後老師就回，『好吧，我們再試一次。』」

他最喜歡的運動是網球和足球。「吃過午餐，在他回學校之前，我們經常比賽踢足球，」琳娜回憶道，「廚房空間很長，有兩道門，就把它們當作球門。不是你輸就是我贏，我們每天都有棘手的比賽；先取得十分者獲勝。」而且比賽總是相當激烈，「我從來不會因為同情而讓他」。

然而，儘管有這些比賽和她的網球技能，她還是不想在網球場上訓練自己的兒子。「我認為自己的能力教不了兒子，而且他只會惹我生氣。因為他非常喜歡運動，打球花招百出，你把球打給他，他從來不會正常地把球打回來。對一個媽媽來說，這是一件苦差事。」

* 引自瑞士雜誌《*Schweizer Illustrierte*》

琳娜繼續解釋，小時候的他總是做自己想做的事，試圖打破規則，無論是在學校和老師相處、在家裡與父母互動，還是在運動的時候，「他非常活潑好動，精力旺盛，所以有時候特別難搞，」*她說。但他並不是故意亂發脾氣的，「在情緒爆發之前，他是個風趣、平易近人、充滿愛心的人。」可是如果被迫做他不想做的事，反應就會特別激烈。要是某件事讓他覺得無聊，他會不停質問或者乾脆不做。有時候父親在網球場上指點他，羅傑連看都不看一眼。

對於像羅傑這樣一個運動狂的男孩來說，羅伯特和琳娜是完美的父母。他們讓他隨心所欲，不會強迫他做任何事。琳娜說：「他必須不停地運動和消耗精力，否則會受不了。」而羅傑也需要學習如何融入團體以及如何與其他球員相處，他們非常重視這點，所以在他小時候就讓他加入康戈迪亞足球隊（Concordia football club），巴塞爾當地人稱該隊伍為「康戈迪」（Congeli）。

羅傑的第一位網球偶像是鮑里斯·貝克，他可以連續幾個小時緊盯電視螢幕觀看德國人的比賽。他母親對他如此專注於小細節感到驚訝。貝克在一九八五年第一次贏得溫布頓冠軍，帶領德國進入網球熱潮時，費德勒還不到四歲。一九八八年和一九九〇年，貝克在溫布頓決賽中兩度敗給瑞典選手史特凡·艾柏格時，費德勒還流下苦澀的淚水。「所有運動中我最喜歡網球，」羅傑回憶道：「雖然比賽總是令人緊張，但我喜歡無論輸贏一切都操之在我的感覺。」

雖然羅傑父母早早就發現到他的能力和良好的協調性，但無論是足球還是網球，他們都沒有看出他是未來的體育明星。但他實踐了自己對打球的熱愛。「我們沒有那麼感性，也沒有什麼遠大的期望，我們只是注重實際，」羅伯特表示，那時候羅傑的球技與才華明顯優於平均水準。「雖然許多人稱他超級天才，但我們還沒看到他站上巔峰。最重要的是，我們雖然想支持他，但我們要求很高，講求遵守紀律與承諾。」

他們早期就對羅傑表現出極大的信任，小時候便讓羅傑獨自騎著單車從明興施泰因鎮前往巴塞爾市的老男孩網球俱樂部。「我們讓他去體驗生活，」他父親說，但羅傑必須遵守規則。如果他想翹掉訓練課程，父母會很不高興，他們也不打算接受羅傑經常發脾氣。他父親回憶說：「有次他訓練時表現很差勁，我給了他兩塊瑞郎，然後告訴他，你知道電車在哪裡，我要自己先回去了。」有時候羅傑的行為太過分，他就必須到父母在明興施泰因鎮的社區農地（allotment），清理菜園裡的石子作為懲罰。

羅傑覺得上學不輕鬆，他對課業沒有什麼企圖心，在校成績表現平平，家庭作業總是令他感到苦惱。「他就是不想念書，所以他通過考試並完成學業時我很高興，」琳娜回想以前：「他不笨，只是對課業不感興趣。他喜歡的科目對他來說很容易，比方說地理，但其它科目就……，所以我很驚訝羅傑今天法語居然說得那麼好，他以前很不喜歡背單字。」

多虧他的母親，羅傑不僅在瑞士德語區長大，也在英語環境下成長，而且由於兒時有位澳

* 引自《巴塞爾報》（*Basler Zeitung*）

洲教練彼得·卡特（Peter Carter），這表示英語成為他的網球語言。跟他姊姊一樣，他也有南非護照和瑞士護照，「孩子出生後我們都替他們申請了，」羅伯特說：「我們發現多一本護照是優勢。」

這個小家庭會盡量與他們的親戚保持聯繫，雖然經常在伯內克過聖誕節，但他們偶爾也會去南非。後來陪他參加過很多比賽的教父亞瑟·杜巴克（Arthur Dubach），就是在南非與他父母結識，是羅伯特的一位同事。青少年時期的羅傑還和他一起去深海釣魚，只是他們捕獲的馬林魚並沒有像他後來在自己最愛的運動中拿下那麼多的冠軍。

二、生命中的摯友

費德勒在六歲時認識了比他小一個月的馬可．奇烏迪尼里（Marco Chiudinelli），他們都參加由巴塞爾網球協會針對當地網球人才所安排的培訓計畫。兩人成為朋友後，幾乎天天見面。你想得到的球類運動他們都會玩，但還是以網球和足球為主。羅傑這位新朋友因為名字縮寫關係，經常被叫成「Emmsiii」（譯註：德語念起來就是M. C.）。他曾在巴塞爾足球俱樂部（FC Basel）擔任後衛，羅傑則是康戈迪亞足球俱樂部（FC Concordia）的中鋒，他們倆隸屬的球隊偶爾會相互爭戰。據奇烏迪尼里回憶，有兩場對上羅傑球隊的比賽特別印象深刻。「我們連續兩年在默林（Mohlin）舉行的室內足球錦標賽決賽交鋒，」他解釋：「第一年決賽我們靠罰球獲勝，第二年他們以二比〇勝出。」

巴塞爾與康戈迪亞足球俱樂部是該地區兩支最強的球隊，而奇烏迪尼里表示：「九歲、十歲的時候，我們以為自己足球踢得很好，但每年與盧加諾（Lugano）或盧塞恩（Luzern）足球隊交手過一次，我們發現他們表現得更好。」關於費德勒的足球技巧，他也沒有太多恭維的話：「他的射門很有力，傳球移位也不錯，但他彷彿沒有左腳似的，根本無法用左腳控球，所以我們輕易就能阻擋下來，他只會用右腳射門。」在他看來，瑞士國家隊並沒有因為他跟羅傑都選擇網球而失去兩位足球巨星。

八歲時，費德勒從汽巴網球俱樂部轉到位於巴塞爾市聖加侖路（St. Galler-Ring）上的老男孩俱樂部，那裡擁有更好的訓練設施。奇烏迪尼里原先是巴塞爾草地網球俱樂部（Basel Lawn Tennis Club, Basel LTC）的成員，但不久也轉到老男孩俱樂部。奇烏迪尼里回憶：「我們訓練時總是吵吵鬧鬧，講話的時間比訓練還多。當時訓練對我們不是那麼重要的事，只想成天玩樂跟打混摸魚，我們兩人總有一個被趕下場。」他們是隊上的搗蛋鬼，他們的父母經常因為其中一人浪費了一半的訓練時間枯坐場外而生氣。

奇烏迪尼里還記得其它事情：「羅傑在訓練時幾乎輸給所有人，他是唯一連我都打贏過的人，但實際比賽的情況卻截然不同。必要時，他可以按下開關變成另一個人，我很欽佩他這一點。訓練時我可以痛宰他一頓，但到了隔天比賽，就換成他痛宰我一頓。他一直很好勝，即使是那個時候。」

八歲那年，他們第一次在阿勒海姆鎮（Arlesheim）的斑比諾盃網賽（Bambino Cup）上比賽。「當時我們只打搶九局的長盤制，」奇烏迪尼里說：「剛開始我的狀況不太好，我以二比五落後，開始哭了起來。老實說我們經常在比賽上哭。等到我們換邊的時候，羅傑走過來安慰我說：『你會贏回來的。』確實，在那之後我打得更順手，轉而以局數七比六領先，羅傑注意到比賽局面已經改變，換他哭了起來，所以我走過去也想安慰他。儘管如此，那是我唯一打敗過他的比賽。」

這兩位好朋友都不太能接受失敗。「我們總是想贏。我們打球不是為了賺取獎金或躲避一百下伏地挺身，我們不需要那些獎懲措施，」奇烏迪尼里說：「我們只是想贏，即使是在訓練的時候。落敗方老是會要求再比一次。」以至於他們經常在訓練結束後又打了好幾個小時。「輸的人總會說：『再比一場，再比一場……。』」

費德勒的第一任教練是阿道夫．卡科夫斯基（Adolf Kacovsky），人們都叫他「塞普利」（Seppli）。他是來自捷克斯洛伐克的網球教練，一九六八年為逃離蘇聯入侵而離開祖國（譯註：一九六八年「布拉格之春」民主化運動）。他在老男孩網球俱樂部擔任三十七年的教練，最後以俱樂部榮譽會員身分退休並離開瑞士。「我一看就注意到羅傑是人才，」塞普利這樣跟我說：「他是拿著球拍出生的人。我跟俱樂部立刻看出他的天賦，我們開始提供他私人課程，部分費用由俱樂部承擔。羅傑學得非常快，教他什麼技巧，都是三兩下就學會，即便是那種其他人要花上幾週時間才學會的技巧。」然而，費德勒也野心勃勃，情緒容易被激怒。「他經常出口成髒，還會亂扔球拍。往往得花點功夫讓他冷靜下來，有次我甚至必須將他送回家才行。」

費德勒證實了這些事情：「我經常破口大罵，亂摔球拍，脾氣很差，讓我父母尷尬到不行，他們叫我改掉壞脾氣，否則就不陪我來受訓。我必須讓自己冷靜下來，但這是一段非常漫長的過程。」他也是非常情緒化的男孩子，「我經常對我自己、對我的賽事感到心煩意亂，然後就哭了起來。有時候為了三場比賽，哭到連球都看不見。我想我對完美的渴望有點來得過早。」＊

有時候輸場球，他會哭上一個小時。他母親回憶道：「身為父母的我們聽了當然是很難受。」他父親接著說：「有時候真的哭得太誇張。」

卡科夫斯基記得，羅傑經常說他想成為世界上最棒、第一名的選手，「但別人聽了只是一笑置之，包括我在內。我當時認為他可能成為瑞士或是歐洲最好的球員，但絕對不是全世界！可是他腦袋裡有這個想法，而且努力朝著這個方向去實現。」

羅傑八歲參加瑞士網球團體錦標賽（Interclub），但他的職業生涯並未在俱樂部聯賽上有個完美的開端。他以六比〇、六比〇輸掉首場比賽，儘管他認為自己打得相當好。於是他又哭了。「對手塊頭比他大很多，」卡科夫斯基替他辯解：「而且他很緊張，畢竟這是他第一次比賽，意義重大。」

十一歲時，羅傑在瑞士的網球分級上升到R6等級——這是許多業餘網球選手都達不到的水準。正式培訓課程對他來說已不足夠，他總是在找能跟他對打的人。如果找不到人，他就會對牆擊球，來來回回持續幾個小時。

他也不害怕與排名較高或年紀較大的選手比賽。其中有位比費德勒大三歲的史蒂芬・舒德爾（Steven Schudel），他是其同齡球員裡表現出類拔萃的選手之一。許多年後，他將陪同費德勒與當時還是女友的米爾卡前往印地安泉大師賽，擔任費德勒的對練夥伴。「他總是跟年紀較大的孩子比賽，」舒德爾說：「我們很快發現到，如果他繼續保持像這樣的狀態，即使只有十二歲，他也會打得比我們所有人都好。他可以毫不費力的打網球。」

舒德爾後來開辦網球學校，跟費德勒大概交手八次，他覺得大概有一半的比賽是對方勝出。「雖然我的年齡較大，發球也比較好，但比分總是非常接近。看到一個小鬼頭走上來，輕鬆地打出強而有力的正拍，身為較年長的球員，你不禁會問自己：『這是怎麼回事？』」

舒德爾為巴塞爾草地網球俱樂部效力，費德勒則為老男孩網球俱樂部打球，兩個俱樂部之間存在友好的競爭關係。由於兩位球員都非常情緒化，他們的比賽經常打得很激烈，曾在巴塞爾網球錦標賽（Basel Championship）吸引上百名觀眾到場觀看。

「羅傑雖然不至於是火爆浪子，但他的確是非常情緒化的球員，」舒德爾說：「我們很瞭解對方，知道無論什麼時候比賽，我們總會有一人情緒失控。而他經常在輸球時大哭，由此顯示網球對他而言是多麼重要。」

---

* 引自德國《時代週報》（*Die Zeit*）

巴塞爾網球協會也會安排體能訓練課程，偶爾提供給青少年選手參加。訓練過程不盡然全是嚴苛枯燥，舒德爾記得有次他們被要求穿上雪靴去參加：「我們必須跟在教練後面跑，真的很難跑。」後來才發現他們都上了愚人節的當，「你猜羅傑做了什麼？他居然穿著雪靴打籃球，還連續灌進三顆。」

在過十一歲生日前不久，費德勒打進U12全國青少年網球錦標賽（十二歲以下組別）的決賽。一九九三年一月在盧塞恩，十一歲的他在決賽擊敗奇烏迪尼里，拿下他的第一座青少年室內網球錦標賽的冠軍。巧合的是，在同項賽事中，另外兩位日後在費德勒人生裡扮演重要角色的球員也拔得頭籌，分別是費德勒未來的教練塞弗林·盧希贏得U18組冠軍，以及贏得U16組冠軍的米爾卡。

六個月後，費德勒在貝林索納（Bellinzona）的決賽擊敗丹尼·史尼德（Danny Schnyder），丹尼是打進女網前十名的網球好手帕蒂·史尼德（Patty Schnyder）的弟弟。這場勝利讓費德勒成為瑞士網球U12組的青少年球王，這些成功也為費德勒和他的教練卡科夫斯基與丹尼爾·戈博（Daniel Gerber）帶來一些方向。費德勒回憶道：「當時我想，啊哈！我可以跟得上別人的腳步。我辦到了。」

在老男孩俱樂部，費德勒遇到另一位對他人生造成莫大影響的人：彼得·卡特，一位來自澳洲的前職業網球選手，後來定居瑞士，專門指導職業選手。他於一九九三年擔任老男孩俱樂部的全職教練，主要負責青少年選手的訓練。卡科夫斯基表示：「彼得不僅是羅傑的理想教練、摯友，更是傑出的心靈導師。」

「我第一次見到他的時候，他的個子還不到球網的高度，」因姓名縮寫被暱稱為「皮西」（Piisii）的卡特說：「但你能馬上看出他的才華。羅傑打得很好，學得也很快。可是他那時候嘻皮笑臉的，玩心還很重。有時候我會問自己：『他真的有辦法專心點嗎？』不過大概從十三歲開始，他有進步了。」

「我的打球技術要感謝彼得，他還教會我要尊重每一位和我比賽的人，」費德勒回想起過去：「我對他感激不盡。」

「他的手眼協調性極佳，正拍也一直打得很好，」卡特表示：「他學得非常快且輕鬆上手，還透過電視從貝克或山普拉斯身上學到一些技巧。他不斷在進步。」

十二歲以前，羅傑一直在康戈迪亞足球俱樂部踢球，偶爾替里恩足球俱樂部（FC Riehen）效力。然而，網球和足球運動都需要大量的訓練，兩邊都難以調配，安排訓練時間往往出現衝突。面對兩項運動的抉擇，儘管羅傑的足球天賦獲得教練的肯定，但他最後還是選擇放棄足球。費德勒解釋自己的決定：「雖然踢足球時能踢進個幾分，但我並沒有表現得特別優異。雖然有時候我們能夠贏得地區比賽，但在網球方面我已經拿到全國冠軍。」

奇烏迪尼里十三歲與家人搬到明興施泰因鎮，跟羅傑住在同一社區。隨著年齡增長，他們越來越常出沒在巴塞爾市中心。「我們週五和週六晚上會去市區玩電動，」奇烏迪尼里說：「這是我們在網球之外的最大樂趣。通常會玩一個半小時左右，然後去吃漢堡，吃完再玩一個半小時。」玩到凌晨一點半遊樂場關門，他們才步行回家，有時到家後繼續玩到早上五、六點。

談到那些電玩之夜，費德勒覺得很懷念。「因為最後一班電車已經開走了，我們半夜走一小時的路回家。什麼都聊，好朋友就是這樣。」費德勒是奇烏迪尼里最好的朋友。「最重要的是，他很真誠，非常善解人意，想法務實而不會流於空想。他也是懂得傾聽的人，不只是傾聽別人談論網球的事情。」

許多年後，奇烏迪尼里跟隨費德勒腳步踏入職業網球，並達到職業生涯的最高排名，世界排名第五十二位。他是費德勒最不想碰到的對手。他們倆人在ATP巡迴賽上交手過兩次，都是費德勒勝出，其中最精采的是二〇〇九年瑞士室內網賽的準決賽。他們小時候都在那裡當過球童。二〇一四年瑞士首度贏得戴維斯杯團體賽冠軍時，奇烏迪尼里也是代表隊的一員。二〇一七年秋天，Emmsiii在瑞士室內網賽輸掉他職業生涯的最後一場比賽時，費德勒站在場外邊鼓掌邊哭泣。

三、人在異鄉

羅傑十三歲就開始為自己的職業生涯立下偉大抱負。他想先成為瑞士第一，然後打進世界排名前一百。那時候他是國家代表隊B組球員，而且在瑞士網球分級中列為R2等級，所以他可以參加國際青少年網球錦標賽。他也變得不再是鮑里斯．貝克的球迷，現在的他極力讚賞多次痛擊德國的瑞典選手史特凡．艾柏格。

在一九九四、九五年的冬天，羅傑父母考慮將他送到瑞士網球協會（Swiss Tennis，下文簡稱「瑞士網協」）位於埃居布朗（Ecublens）的國家訓練中心。雖然他們對於羅傑在巴塞爾的訓練條件和彼得．卡特教練相當滿意，但瑞士網協於一九九三年發起的「網球人才培育」（Tennis Etudes）項目聽起來很有趣，也更具經濟吸引力。該計畫項目提供八位男孩和四位女孩有機會在日內瓦湖（Lake Geneva）附近，接受國家訓練中心合格教練的專業指導，他們可以住在寄宿家庭、就讀公立學校，而且免修部分科目。

「網球人才培育」項目是瑞士的創舉。皮爾・帕格尼尼（Pierre Paganini）是這個推廣項目的核心人物之一，他將在費德勒今後的職業生涯中扮演著關鍵角色。這位前田徑運動員和體育老師在埃居布朗訓練中心擔任體能教練和行政主管。不過剛開始的時候，帕格尼尼與費德勒並沒有太多的交集，因為他主要負責資深運動員。

原先羅伯特與琳娜問羅傑有沒有意願前往埃居布朗時遭到拒絕，所以幾週後他們在網球雜誌《*Smash*》上面看到他本人的聲明，說他打算參加網球人才培育項目時大感震驚。這是他生平第一次自己作出的重大決定。

一九九五年三月，費德勒到洛桑市（Lausanne）附近小鎮與其他十五名應試者參加選拔。測驗內容包含十二分鐘跑步測試、考驗其耐力的障礙賽、在球場展現各自的網球能力以及一場練習賽。帕格尼尼與國家隊教練克里斯多夫・弗萊斯（Christophe Freyss）立即被費德勒的能力說服，法籍教練弗萊斯回憶：「對我們來說，有項很重要的評比標準，是他讓我們覺得他真的想來埃居布朗。」

但是，羅傑加入網球人才培育項目的規劃，差點因父親得到移居澳洲工作機會而中斷。「那份工作很吸引人，」羅伯特解釋：「而且我很想住在雪梨。」當年他四十八歲，曾在墨爾本和雪梨工作。

羅伯特・費德勒骨子裡流著浪跡天涯的血液。他在南非結識了琳娜，當時兩人在瑞士化學公司汽巴嘉基工作。後來兩人搬到瑞士，一起在同家公司上班時，羅伯特也經常飛到半個世界遠的地方出差，特別是非洲、中東和澳洲。

有機會舉家遷居澳洲，讓羅傑和姊姊黛安娜雀躍不已。黛安娜總是開口閉口談論養馬的事，因為羅伯特答應她，移民過去後，她就能擁有自己的馬。羅傑得知這個冒險消息也很高興，對於前往未知、遙遠的地方感到興奮。

然而，全家移居澳洲的計畫從未實現，作出這項決定之前讓他們苦惱了將近一個月。琳娜說：「想去或留下的意願差不多是五五波。」最後他們下定決心，認為全家留在瑞士會更好，背後基於兩點理由：他們在瑞士的社交圈與羅傑的網球前景。在雪梨的話，他們必須重頭開始，要放棄在瑞士建立的許多情誼關係。「到了這把年紀，很多朋友不能輕易說放就放，」羅伯特若有所思地說：「你和那些認識很久、共同學習或成長的人已經建立不錯的感情，我們不想放棄這些情分。」

另一個決定因素是，羅傑在澳洲未必能有跟瑞士一樣可以發展網球的機會。「我們不瞭解那邊的情況，但我們知道，他在巴塞爾能擁有教練彼得．卡特的鼎力支持和瑞士網協的贊助，」羅伯特繼續說：「此外，瑞士也有針對不同年齡層的青少年網賽，制度很完善。」彷彿是為了證明他父母的決定是正確的，羅傑一年後在瑞士網壇嶄露頭角。

「我認為這是正確的決定，」琳娜回想表示：「羅傑有很大的進步，並且獲得良好的照顧。此外，我們也有交情很好的朋友圈，大部分是我們在南非結識的瑞士人。要是我們人在澳洲，他們就不能常常來拜訪了。」

雖然很開心他們為家庭作出正確的決定，但孩子們不太能理解父母的選擇。「他們一直問，『為什麼不去了？為什麼？』，」羅伯特回憶說：「羅傑的世界彷彿天塌下來，哭個不停。」

「我記得當他跟我說我們不去的時候，我哭得很慘。」他們的兒子證實：「我當時心想：『不，我不敢相信！』我對這段時期仍記憶猶新——毫無疑問，那個決定本來會改變我們的生活。回頭來看，我當然很開心留在瑞士，但如果能和萊頓·修威特（Lleyton Hewitt，澳洲名將）一起打台維斯盃應該也會很有趣。」

一九九五年夏天，為了安撫後來決定不搬家的失落，羅伯特帶著全家人去澳洲渡假。以雪梨作為起點，從那裡一路往北到大堡礁。「我們去了一趟為期兩週的家庭之旅，」羅傑回憶說：「去到大堡礁、凱恩斯、布里斯本、雪梨，我們遊遍整個東海岸。真的很棒。」

等他們回到家，剛滿十四歲的羅傑就搬去他的寄宿家庭，與日內瓦湖附近的克里斯汀奈（Christinet）一家人同住。雖然從明興施泰因鎮搭火車到埃居布朗鎮只需要三小時，但他發現自己身處異鄉。他後來表示，那前五個月是他人生中最低潮的時期，「簡直是地獄，我在那裡根本開心不了，一連好幾個星期都見不到爸媽；我又不會說法語，也沒有朋友。很難鼓勵自己振作起來，我常常感到難過而且想家。」

語言隔閡是主要障礙。在他的新環境中，人們只講法語，無論是在網球場或校園裡。「他剛到時一句話也不會，」他的寄宿媽媽科妮莉亞・克里斯汀奈（Cornelia Christinet）說：「我兒子文森跟羅傑的年紀差不多，但他不懂德語。」幸好科妮莉亞出生於瑞士德語區，所以她能夠用母語跟她的小客人溝通，「我們和他渡過了一段美好時光，」她說：「跟他相處很輕鬆。」

費德勒會跟父母講上好幾個鐘頭的電話，結果長期下來精神不濟。「有時叫他起床我得叫個二十次，」科妮莉亞說。大多時候他起得太晚，來不及吃早餐便匆匆穿上衣服、騎著單車就走了。他平常騎單車往返於寄宿家庭、學校拉普蘭塔（La Planta）和網球中心之間。他不吃肉，但常吃義大利麵或披薩和大量的玉米片。「每隔一小時，他就會下樓拿一碗玉米片搭牛奶吃。」

父母無條件的支持，幫助他走過這段難熬的時期。「我跟他們的關係一直很好，如果碰上什麼問題或有什麼不順遂的事，都可以告訴他們，」羅傑回想：「而且重要的是，我一直認為我所做的任何事情都是為了實現我的夢想。這些都是實現夢想的過程。」

科妮莉亞也很喜歡羅傑的父母，認為他們處事圓滑、寬容且善解人意。「我從他們身上學到很多，」她說：「我覺得他們將這種情況處理得很完善。他們會在需要的時候當他的精神支柱並提供協助。他們從不逼迫他做任何事情，讓他做他想做的事，不會力求完美；他們信任他。當他與教練或學校起爭執時，他們也不會責怪他，而是找他聊聊並解釋教練和老師也有自己的職責所在。」

「他們帶他到俱樂部，然後四處看看，跟其他人聊天或喝杯咖啡。他們不會在圍籬後面閒逛或試圖指導他，」青少年時期經常與羅傑比賽的巴塞爾網球教練史蒂芬・舒德爾回憶說：「他們沒有施加任何壓力給他，也不會說『我們為你付出這麼多，你必須贏』這種話。他們放手讓他做自己想做的，讓他負起管理自己的責任。如果你想出一本關於完美網球父母的書籍，你只要研究這個家庭的生活就行了。」

費德勒也明白，自己多麼幸運能夠擁有這樣的一對父母。回顧過去，他指出父母與教練之間是怎麼和諧互動。「他們給予我空間並信任教練們，這很重要，父母應該跟教練保持距離，」他如此強調。琳娜表示，他住在埃居布朗的兩年期間，她只去看過他三次。他父親則是會在定期出差時順道來拜訪，與他的教練和學校老師談談。「我們從來沒有質疑過他的教練，也不會跟他們討論太多，」*羅伯特回憶：「與其它許多家庭相比，我們未曾替換過他教練團隊裡的任何人，必須讓教練平靜地工作。」

十四歲那年七月，羅傑在尼昂（Nyon）贏得他第一個冠軍頭銜，但在埃居布朗的菁英訓練中心裡，他是年紀最輕、來自「瑞士德語區」的孩子，而且身邊所有訓練搭檔都比他以前遇過的對手還要強大。「我以前一直是表現最好的球員，但現在我突然間變成最年幼、打得最差的一個，」他回憶：「我很想回家。幸好我的父母勸我留下來。」

「其實是他自己想留在那裡，」他母親反駁：「是他靠自己的努力撐過難關。」

那時候費德勒很期待每週五的到來，這樣他就可以搭火車回家，與家人、朋友共度週末，還能跟沒有一塊去埃居布朗的馬可玩個痛快。不過在那裡至少還有文森的陪伴，那段時間文森幾乎成為他的兄弟。「他們每天晚上都待在兒童遊戲室裡玩耍、到處亂竄跟調皮搗蛋，」科妮莉亞說：「過了一陣子，羅傑就不再覺得自己來到另一個家庭了。」羅傑與文森兩人一直保持聯繫，羅傑會邀請他參加生日聚會，或者替他買到重要賽事的門票，像是在溫布頓或上海的比賽。

費德勒因為網球訓練而錯過課程，可以藉由額外輔導來進行補課。後來成為網球人才培育行政主管的安妮瑪麗・呂埃格（Annemarie Rüegg）回憶說：「學校裡很多事都勾不起他的興趣，他有過三、四次在上課期間睡著。學校還打電話來說他需要多參加一些活動。他對學業沒有企圖心，唯一目標就是成為職業網球選手。他上課經常缺乏紀律，總是必須叮嚀他：『學校課業是整個項目的一部分，你現在必須完成。』但他從不抱怨或發牢騷。」

艾勒格羅（Yves Allegro）是網球人才培育項目的第一批成員，比費德勒大三歲。他也見過這位年輕菜鳥承受許多壓力的那段經歷：「他（指費德勒）那段日子過得很辛苦，因為語言和教練的問題，他經常在哭。他的網球打得不錯，你可以看出他很有天賦，但沒人料到他會成為世界第一。即使在同齡層裡，他也不是打得最好的那個。」

起初，費德勒訓練時表現得確實普普通通，但他保留了在重要比賽中迅速調整節奏的能力，得以施展出遠勝於訓練期間的絕佳表現。一九九五年年底，他在邁阿密舉行的非官方青少年世界

---

* 引自 *CS Bulletin Special*

錦標賽橘子盃（Orange Bowl）賽上展現出這種能力。費德勒必須先通過會外資格賽，然後一路破關斬將贏了六場比賽，其中三場以六比〇、六比〇獲勝。而在此次錦標賽中，有位天賦優越的美國青少年選手也勾起了眾人的目光：安迪·羅迪克（Andy Roddick），他將成為費德勒的強勁對手之一。儘管羅迪克的表現令人印象深刻，但這位美國人也見識到費德勒的本領。

事實上，費德勒戰勝美國選手大衛·馬汀（David Martin）的那場比賽太令人難忘了，以致於羅迪克在多年後獲選入羅德島州（Rhode Island）紐波特（Newport）網球名人堂時還想起這段往事。「大衛·馬汀是美國青少年排名第一的選手，」羅迪克向在場賓客解釋：「他是那種十一歲就長鬍子的傢伙。他是第一種子，原本可以輕鬆晉級。但在第三輪比賽，他碰上一位從資格賽闖進來的瘦小年輕人。大衛先贏得第一盤，沒問題的，打得很穩，美國加油！結果第二盤輸掉，連第三盤也丟了。我非常確定，我剛才經歷了（美國）網球史上最大的挫敗。簡直不敢相信。那是我第一次見到費德勒打球。」

後來費德勒雖然在八強輸給斯洛伐克選手米羅斯拉夫·格洛姆斯（Miroslav Grolmus，之後再也沒人聽說過這號人物），但他帶著自豪的心情回到瑞士。他說：「那是截至當時為止，我在國際舞台上獲得的最大成功。」烏雲已經消散，他在埃居布朗也博得許多人的重視。這位十四歲孩子到此時才覺得，他真的終於抵達國家訓練中心了。

四、追求完美

一九九六年九月十一日，我被派去報導一場距離我的報社《每日廣訊報》（Tages-Anzeiger）不遠的網球錦標賽，那一週世界青少年盃（World Youth Cup）網球賽在蘇黎世舉辦。週三，寬敞的運動中心古加赫運動場館（Guggach，瑞士一家銀行所有）沒有什麼活動，當天只賣出五十張票，比週二多賣了二十張，而且我發現其中還有四張是不限場次，一票看到底。由於瑞士網協是該賽事的籌辦單位，所以安排許多豐富的週邊活動，有直排輪滑冰場地、有熱氣球可以載遊客升到幾公尺高的半空中、一面攀岩牆，還有街頭籃球和迷你網球的場地。然而，場館內只有幾名教練、幾位碰巧路過感到好奇的退休人士，以及一些正在等待下一場比賽的年輕人。我跟我們攝影師迪特（Dieter）也在現場，他那天穿著亮黃色的長褲，我們正在尋找值得報導的故事。但是面對一群沒有名氣的新人，這可不是件容易的事。

最令我感興趣的是本次賽事最年輕的參賽者——一位來自巴塞爾的瑞士球員，一個月前剛滿十五歲，但他已經五度獲得全國青少年冠軍，甚至拿下U16的冠軍頭銜。他的全國排名突飛猛進，雖然年紀輕輕，卻已經在瑞士排名第八十八位，而且是同齡層裡表現最為優異的球員。他顯然是相當具有天賦的網球人才，但傳聞他善感情緒化，個性散漫。他的名字叫做：羅傑．費德勒。

前一天，他救下一個賽末點後，以四比六、七比六、六比四的些微差距險勝澳洲對手萊頓．修威特。現在，他在場館最角落一處用大型網狀柵欄圍起的外場打球，只有四、五個觀眾圍觀。費德勒的對手是義大利籍球員納胡爾．弗拉卡西（Nahuel Fracassi）。與其他眾多球員一樣，弗拉卡西的打法缺乏創意，一直緊守底線，試圖在不冒太多風險的情況下消耗對手體力、迫使對方失誤。但義大利選手覺得這招很有效，他以六比四拿下首盤。

觀看年輕的費德勒打球更令人振奮。一方面是因為他在比賽時表現出游刃有餘和優雅的模樣。他的發球與正拍擊球快狠準；儘管在慢速的紅土場地比賽，他仍以愛司球和致勝球（winners）贏得許多分。我認為這種打法非常驚艷。但更令人驚豔的是他的舉止態度。他的內心似乎有風暴正在形成，就像需要一次次釋放氣體的壓力鍋般。他有強烈的好勝心，而且只要一有失誤就會勃然大怒。

費德勒好像沒意識到他周圍的任何事物，眼裡的世界只有他、球、場地和白線。他彷彿陷入這個世界，要求自己每一球都要打得盡善盡美；其它任何事對他來說都不重要。

有時他會大喊「愚蠢」（Dubel）或白癡。即使拿下一分，如果他對自己的擊球不滿意也會這麼說。他摔了好幾次球拍。我在第一盤比賽結束後離開球場，心裡想，真遺憾，他是那麼有天賦的人。在我看來，很明顯他太緊張了，可能無法扭轉這場比賽的局勢。

但他真的扭轉成功了。等我回到場邊，他已經控制住比賽，並以六比三、六比一拿下後面兩盤。我和迪特找到我們要報導的題材了。我透過瑞士網協媒體部門邀請求採訪費德勒，我很清楚這些年輕運動員往往會給一些老套制式和無用的回應，因為他們面對媒體的經驗太少或害羞，甚至可能是勉強受訪、個性謹慎或者上述皆有可能。

然而，這些敘述都不適用於費德勒。在古加赫運動場館的小更衣室裡，我們坐在秒開式折疊桌旁的原木長凳，他再次令我驚訝不已。我第一次採訪他的時候，他立刻變得落落大方而且風度翩翩，他態度充滿自信、輕鬆自如且善解人意，跟我稍早在場上看到他的樣子完全不同。我問他為什麼在比賽中對自己的要求那麼高、那麼嚴苛，當時他明明打得很好又還很年輕。他沒有迴避問題，也接受外界對他行為的批評。「我知道我不應該老是發牢騷或大喊大叫，那樣只會傷害我自己，」他回答說：「但我不會為任何錯誤找藉口，即使我知道網球比賽難免有些失誤。」然後他凝視遠方，眼神似乎帶點迷濛，接著說了這句後來作為我撰寫他首篇文章的標題：「你應該能夠打得完美無缺。」多年後，我首本費德勒傳記的英文標題便從這句話而來——《追求完美：羅傑・費德勒的故事》（Quest for Perfection: The Roger Federer Story）。

第二天報紙上刊登我的文章，內容寫道：「他打球時候的動作和諧，擊球流暢，進攻有力。然而，他卻幾乎都以不滿的咆哮來回應每一個失分。」他透露自己的榜樣不再是鮑里斯・貝克和史特凡・艾柏格，而是現在的皮特・山普拉斯（Pete Sampras），也認為自己距離完美打球的目標還有很長的路要走。他說自己不僅需要改善態度，也需要提升自己的反拍、發球和截擊技巧。他對於訓練的熱忱也不高。「我不喜歡訓練，因為我訓練時總是打得不好，」他解釋：「我在正式比賽上會表現得更優異。」

在重要時刻更加優異？我專心地聽。這種在勝敗關頭達到最佳狀態的特質，對運動員來說既珍貴又罕見，但對他而言似乎是與生俱有的本能。這項特質將成為他輝煌職業生涯的關鍵之一。

世界青少年盃並沒有在費德勒的職業生涯中留下任何重要的印記。他最後以三場勝利和一場敗給印尼籍選手費比・維希揚托（Febi Widhiyanto）的成績結束比賽。雖然他拿下這些勝果，瑞士隊還是在比賽中排名第十五名。但費德勒現在步入正軌，覺得自己已經趕得上其他人的腳步，在埃居布朗的日子也過得安逸舒適。十五歲生日之前，他已經獲准加入瑞士網球團體錦標賽Interclub頂級聯賽。在老男孩球隊裡，他與彼得・卡特、里托・史塔布利（Reto Staubli）一起打球，史塔布利後來成為他的好友，偶爾陪同他參加職業網球巡迴賽。等到瑞士網協公布新名單時，羅傑第一次就進入A組球隊，這將保障他能得到網協更充足的資金贊助。

與此同時，艾勒格羅也預料到這位年輕人將有前途無量的發展機會。「某天他在義大利普拉托（Prato）比完一項重要賽事，回來後我問他『情況如何？打得怎麼樣？』羅傑回說『很好，謝謝，我贏了，一盤都沒輸。』原先我以為他隨便講講而已，沒想到是真的，他真的贏了，一盤未失。我對自己說：『如果他十六歲就能拿下這些比賽，那以後一定會非常出色，真的非常出色。』」

艾勒格羅想起另一段往事，「我們必須在紙上填寫我們的目標。大家都寫希望至少有一次打進世界前一百名，只有羅傑寫下他希望打進世界前十名，再來成為世界第一。從那以後，我們就對他完全改觀了。」

五、漸入佳境

一九九七年八月，瑞士網協決定將網球人才培育項目的據點從埃居布朗鎮遷至位於瑞士德法語區交界的比爾鎮（Biel/Bienne）。全新的「網球之家」（House of Tennis）開張了，座落在一條多年後改名為「羅傑・費德勒巷」（Roger-Federer-Allee）的街道上，將國家訓練中心與網協的行政單位整合在同棟建築裡。現在這裡有不同材質表面的場地、現代化的餐廳、寬敞的球員更衣室以及真正的球員休息室。與埃居布朗的環境相比，這裡更加完善，幾乎不會干擾到球員的訓練。許多年後，這裡將會多擴建一間學院、幾個提供球員居住的房間和一個網球場。

此時費德勒已經完成他的九年義務教育和網球人才培育項目，他決定成為職業球員，並在比爾鎮奠定自己的訓練基礎。他在這裡得到瑞士網協提供的贊助、可以利用理想的訓練設施、還有經驗豐富的教練與實力強大的訓練夥伴。除了偶爾幾堂英語課或法語課之外，他現在全神貫注於網球運動，那些語言課程不久後也完全中斷了。

他父母很明白，在他這個年紀轉成職業球員並不穩定而且有風險。「我們對整件事非常重視，」羅伯特回想說：「別人總是告訴我們羅傑有多大的天賦，但我們想看到證據。」琳娜說：「我們清楚告訴羅傑，如果他的世界排名在四百名徘徊，我們無力在經濟上繼續支撐他十年。」為了資助羅傑成為職業選手，他們每年得花費約三萬瑞郎（當時約兩萬兩千美元）。雖然有網協的贊助讓他不需要全部靠父母，但琳娜仍為此增加自己的工作時間，以確保家裡經濟無虞。

羅傑離開了在埃居布朗的寄宿家庭，現在跟艾勒格羅住在比爾。兩個十六歲跟十九歲的青少年搬進亨利杜蘭街二十二號（22 Rue Henri Dunant），一間兩房公寓，內附廚房、共用浴室，還有一個可以眺望足球場的小露臺。「我們經常觀看比賽、評論賽事，很好玩，」艾勒格羅回憶說：「主要由我煮飯，因為我比較有經驗，羅傑不太會主動做菜，但我開口的話他都會幫忙。他的房間經常亂七八糟，每次他整理完沒兩天又亂成一團。」

兩位年輕的職業球員全心全意投入運動方面，但平常也會看電視或打電動來消磨時間。「羅傑向來不愛跑趴，」艾勒格羅說：「有時候他會待在電腦前玩遊戲玩到凌晨兩點，都不出門。」與此同時，奇烏迪尼里開始在比爾的訓練中心受訓，現在也是網球人才培育的一員。「我們是電玩咖，」他曾說：「我們對參加派對跟喝酒沒興趣，抽菸對我們也沒好處。我們比較喜歡待在運動場或是打PlayStation遊戲」

然而，費德勒還是一個愛玩、精力充沛且個性急躁的年輕人。「有時你會聽到更衣室或球員休息室傳來的歡呼聲、解放的尖叫聲，」安妮瑪麗・呂埃格說：「一聽就知道是羅傑，他需要藉機宣洩一下。嗓門超大，但倒不會令人不舒服。」

不過，他在網球場上的表現可能還是令人不舒服，情緒失控的壞名聲依舊伴隨著他。他曾講過自己在比爾做過最尷尬的一件事：「那時網球中心裝了新的窗簾，他們說：『誰弄壞，誰就得打掃廁所一週』，我看著窗簾心想：『這麼厚，弄不壞啦！』幾分鐘後，我面向窗簾，將手中的球拍像直升機旋轉那樣朝窗簾扔過去，然後球拍就像刀子切奶油那樣劃破了窗簾。」*眾人停下手邊動作，看著他。「我想，『不會吧，怎麼可能，真是一場可怕的惡夢。』我東西拿一拿就走了，他們肯定會把我趕出去。」後來整整一個禮拜，最討厭早起的羅傑・費德勒不得不一大清早起來幫忙工友打掃，作為劃破窗廉的懲罰。不過，工友同情他，只讓他打掃網球場，自己負責打掃廁所。

隨著他搬到比爾，轉成職業球員，他周圍的人事也有所變化。在埃居布朗時，他的教練是克里斯多夫・弗萊斯和亞力克斯・伯恩哈德（Alexis Bernhard），還有最近加入瑞士網協的彼得・卡特；費德勒在老男孩俱樂部的兒時前教練兼朋友受聘來此，準備提供這位瑞士網球界的後起之秀最好的訓練。經驗豐富的瑞典前頂尖球員彼得・隆格（Peter Lundgren）也加入網協，並開始偶爾與羅傑合作。

在學校課業的重擔解除之後，費德勒的發展便迅速起飛，一九九七年他邁向頂級賽事的步伐也隨之加快。十六歲時，他在瑞士盧塞恩和盧加諾（室內賽與戶外賽）雙雙拿下十八歲年齡組的冠軍，以他這個年齡來說很了不起。這些將是他最後贏得的國內冠軍頭銜，因為從那之後他便將注意力轉向國際比賽。一九九七年秋天，他在瑞士排名第十。「我很少見過十六歲就表現如此出色的年輕球員，」[†]彼得・隆格說：「尤其是他的球技非常高超，弱點很少。」

費德勒開始參加小型的世界排名賽。一九九七年九月二十二日，在剛過完十六歲生日後不久，他的名字首度出現在ATP世界排名裡。他在瑞士衛星巡迴賽（Swiss Satellite Circuit）上獲得第一個積分，排名升至第八百零三名。「我永遠不會忘記第一次在電腦上看到我名字時，我有多麼開心，」[‡]他回憶說：「ATP排名是我們職業生涯的開端，這是通往巔峰之漫長旅程的第一步。」

一九九八年，他的主要重心放在參加國際網球總會（International Tennis Federation，ITF）的國際青少年巡迴賽（World Junior Circuit）。他首次亮相就在澳洲贏得維多利亞青少年錦標賽

---

* 引自*Roger-Federer-Dokumentation*

† 引自《巴塞爾報》

‡ 引自瑞士法語報紙《週日晨報》（*Le Matin Dimanche*）

的冠軍，但隨後在澳網青少年組（Australian Open Junior Championships）賽事上與瑞典選手安德烈斯・凡齊格拉（Andreas Vinciguerra）交手時，因丟失一個賽末點而錯失進入決賽的機會。他在那年春天和夏天證明自己是全能型球員，可以在所有類型的場地贏球，並且領先大多數比他大一歲半的青少年選手。費德勒在佛羅倫斯的紅土賽場贏得一個重要頭銜，接著七月五日，他迎來自己迄今為止最大的成功。他以六比四、六比四打敗喬治亞選手伊拉克利・拉巴澤（Irakli Labadze），摘下溫網青少年錦標賽冠軍，距離十七歲生日還有一個月的時間。他是自一九七六年亨茲・根達特以來首位贏得這個獎項的瑞士球員。費德勒不僅在全英俱樂部（All England Club）的賽事一盤未失，還跟比利時選手奧立佛・羅契斯（Olivier Rochus）聯手拿下雙打冠軍。但他卻冷靜地表示：「滿意是滿意，但還不到欣喜若狂的程度。」

十六歲的他也獲得參加台維斯盃的初次體驗。那時候他有機會以陪打員（hitting partner）身分隨同瑞士隊出征——一九九八年四月先到蘇黎世對戰捷克隊，七月再到拉科魯尼亞（La Coruna）迎戰西班牙隊。瑞士隊由前奧運冠軍馬克・羅塞特率領。費德勒跟著瑞士隊遠征的那段日子獲益良多，不只是網球方面。羅塞特也照顧他，並成為他的導師。

六、「您好！費德勒先生」

作為贏得溫網青少年錦標賽的獎勵，羅傑獲得參加瑞士格施塔德公開賽（Swiss Open Gstaad）的外卡。該項紅土賽事的歷史悠久，向來在溫網後一週舉行，兩項比賽的條件形成鮮明對比，除了場地類型不同，其位於伯尼茲阿爾卑斯山脈（Bernese Alps）的海拔高度也有截然差異。

十六歲的費德勒來到這個景色如畫的渡假勝地，此時他的世界排名為七百零二名。賽事總監雅克．「柯比」．赫門賈特（Jacques 'Koebi' Hermenjat），瑞士網球史上最重要的一位人物，已經察覺到費德勒的潛力，決定讓他在ATP巡迴賽上提前亮相。他抽到的對手是德國球員湯米．哈斯（Tommy Haas），後來對方成為他信賴的夥伴與好友。外界對這位溫網青少年冠軍很感興趣，以致於在他首次亮相的平日週二，即使是陰雨天，一號球場的數千席座位都容納不了大批湧入的觀眾。但這位德國球員因胃痛關係臨時退賽，費德勒最後並沒有跟哈斯交手，而是碰上了資格賽的「幸運輸家」（lucky loser）——盧卡斯．阿諾．克爾（Lucas Arnold Ker）。這位阿根廷球員是紅土高手，世界排名第八十八名，後來以六比四、六比四擊敗了費德勒，但他對這個年輕對手印象深刻。「他打球像山普拉斯，發球也很漂亮，」他賽後如此說。

費德勒這一年的目標主要是成為青少年組排名的世界第一，並成為國際網球總會ITF的青少年世界冠軍。由於在溫網取得的勝利，他已經排名第三，只有法國球員朱利昂·尚皮耶（Julien Jeanpierre）和智利球員費爾南多·龔薩雷斯（Fernando Gonzalez）排在前面。他知道，以世界第一的身分跟以第二或第三名的身分來結束今年球季會有很大的區別。如同職業球員，排名也會影響優秀的青少年球員得到不成比例的獎勵。排名第一的選手，可以得到更好的合約和更多重要比賽的外卡。獲得這些邀請可以擺脫乏味和不可預測的資格賽，並確保他們能夠參加那些原先因自己的世界排名而欠缺資格的賽事。

一九九八年七月，費德勒在瑞士克洛斯特斯（Klosters）舉行的歐洲青少年網球錦標賽（Junior European Championship）上表現出色，但在準決賽中敗給費利希安諾·羅培茲（Feliciano Lopez）。九月的美網，他像溫網一樣打進決賽，可惜不敵大衛·納爾班迪安（David Nalbandian）。

爭奪青少年組排名第一進入決定性階段之前，費德勒在職業網球巡迴賽上獲得了首次成功。九月底，他以世界排名第八百七十八名身分前往法國土魯斯（Toulouse），而且順利通過資格賽令他意外。這是他繼格施塔德站後第二次出現在ATP巡迴賽正賽籤表，費德勒擊退了世界排名第四十五的法國選手紀堯姆·拉烏（Guillaume Raoux），讓對方黯然離場，全場只掉四局，接著又打敗排名在拉屋前兩名的澳洲選手李察・弗洛柏格（Richard Fromberg）。

多虧了ATP土魯斯巡迴賽，費德勒在十七歲生日過兩個月後就成功超越四百八十二位對手，擠進世界排名前四百。此外，他還從瑞士室內網賽的賽事總監羅傑・布倫瓦爾德（Roger Brennwald）那裡獲得外卡。瑞士室內網賽是瑞士網壇最大賽事，比賽地點就在羅傑小時候住的家附近。「以前一起訓練的人都把球丟給我了，」羅傑俏皮地說。（譯註：他以前在瑞士室內網賽當過球童。）

全世界最優秀的球員或多或少都曾參加過在巴塞爾聖雅各布體育場的賽事。一九八〇年，名不見經傳的伊凡・藍道（Ivan Lendl）在決賽擊敗了看似所向無敵的比昂・柏格（Bjorn Borg），該結果登上全球各地的頭條新聞。一九八九年，後來成為世界第一的吉姆・庫利爾（Jim Courier）也在這裡贏得他的首場重大賽事。一九九一年，瑞士室內網賽成為馬克安諾與康諾斯第三十四次交手的賽場，也是他們最後一場比賽。艾柏格在這裡拿下三座冠軍，藍道贏得兩座，貝克、柏格、維塔斯・葛魯萊提斯（Vitas Gerulaitis）、戈蘭・伊凡尼塞維奇（Goran Ivanisevic）、馬克安諾、雅尼克・諾亞（Yannick Noah）、麥可・史提希（Michael Stich）、山普拉斯以及吉列爾莫・維拉斯（Guillermo Vilas）等人都各摘冠一次。瑞士室內網賽是費德勒成為職業網球選手的主要原因之一。

他在這裡第一輪就碰上超級球星阿格西。年輕氣盛的他在賽前還厚臉皮說：「我比賽是為了贏球。」但阿格西當時世界排名第八，完全沒給對方一點機會，以六比三、六比二擊敗了他。賽後阿格西用微妙的口吻說明這位當地呼聲最高看的選手所留給他的印象。「他有幾次展現出自己的天賦，比賽的手感也不錯，」阿格西友善地說。「但大致上，對我而言是一場理想的首輪比賽，因為我不需要做太多努力來適應這裡的條件。」

在ATP巡迴賽士魯斯站和巴塞爾站的大舞台亮相後，費德勒立即回到小型賽事。他參加為期四週的瑞士衛星巡迴賽，在這裡感到完全格格不入。不久前，他人還在偌大的聖雅各布體育場，當著九千名觀眾的面進行比賽，人們從電視上觀賞他的比賽，報紙上也有關於他的報導。他的經紀人是世界最大的運動經紀公司——國際管理集團（International Management Group, IMG），他的行頭裝備也由全球品牌Nike和Wilson所提供，就和山普拉斯一樣。但現在，他發現自己置身在一個荒涼的室內網球中心，位於瑞士東部群山谷底的小村莊庫布利（Küblis）。那裡沒有觀眾、沒有線審或球童。對面站的是瑞士排名第十一名的選手亞曼多・布倫洛克（Armando Brunold），而不是阿格西。

這是一次文化衝擊，他表現得無精打采。那股冷漠的態度全被主審克勞迪奧・葛萊特（Claudio Grether）看在眼裡。「他站在球場提不起勁，一副自命不凡的樣子，每局都送出兩次雙發失誤，」葛萊特告訴我，費德勒最後以六比七、二比六輸掉比賽，並因違反「球員應全力以赴」（best effort）規定而遭罰一百美元，該規定係指職業球員在每場比賽都必須發揮出自己的最高水準。「我本來可以取消他的資格，但那樣他之後就不能再參加衛星巡迴賽，」葛萊特如此說。費德勒接受裁決，一句話也沒說。扣掉八十七塊美元的獎金，他離開庫布利時虧損十三塊美元，這是他唯一一場賠錢的職業網球賽事。但他明白這次的教訓：「罰款很合理。」

後來他很快扭轉了頹勢。一週後，他在達沃斯贏得第二場比賽，接著在迪波德紹（Diepoldsau）打進決賽，最後在烏斯特（Uster）拿下該項巡迴賽大師賽冠軍。儘管在庫布利輸掉第一場比賽，但他最後贏得瑞士衛星巡迴賽，追上另外一百名選手，世界排名上升至三百零三名。

這次瑞士衛星巡迴賽進行期間，我與費德勒在迪波德紹站的更衣室進行一次採訪。他看起來樂觀積極，內心充滿自信與夢想。他很清楚，待在青少年組的時間即將結束。費德勒的表現超出眾人預期，在他看來，自己沒有理由繼續參加青少年組的比賽。但他對自己的飛快發展仍抱持理性謹慎的態度。「很有趣，現在我去飯店的時候，別人會跟我說：『您好，費德勒先生。』有些人很高興能夠跟我說上一兩句話，」他表示：「當你名氣越大，要花的錢就越少。每個人都想招待我，都對我很好，只是因為我網球打得不錯。」

費德勒現在身高已經長到六尺一吋（約一百八十五公分），體重十二英石八磅（約八十公斤），他覺得自己太重了。「我有小腹了，需要多鍛鍊腹部肌肉，」他嗜吃甜食，尤其是巧克力，這是他最大的壞習慣，但現在他也很高興在網球場上更善於控制自己情緒。他處理挫折的能力變好，對自己也更寬容。那年稍早在美網發生一起事件，當時他受到觀眾挑釁而無法保持沉默，因此摔壞自己球拍還遭主審警告。但從那以後，他就再也沒有情緒失控過。

「在土魯斯或巴塞爾比賽時並不緊張，我變得更沉著穩重，原以為這種事情不可能發生，」

他說：「我不確定是不是跟在大型賽場比賽有關。也許是因為如果我在那裡情緒爆發的話，會讓自己非常難堪。」他在比賽期間也沒那麼常與自己對話。「我經常問自己：『為什麼這麼傻讓自己心煩意亂？』因為打得好、不讓自己心情煩躁，打球才會擁有最棒的感受。」

彼得・卡特解釋他心理狀態的改善，並說：「他必須更有耐心點。」現在這位澳洲教練幾乎長時間陪在費德勒身邊，兩人相處並非總是愉快無爭吵。費德勒坦言：「我和彼得在巡迴賽相處一個月，有時候兩人真的會把對方逼到快瘋掉，然後我會開始想念我的朋友或女友。」但跟他下任女友相比，這位來自蘇黎世的女友沒有在他的人生扮演什麼重要角色。

數週之後，也就是一九九八年十二月，費德勒前往佛羅里達參加橘子盃，局勢很明顯，如果他想要超越比他大十七個月、排名穩坐第一的朱利昂・尚皮耶，就必須拿下該年度的最後一場青少年網球錦標賽。橘子盃在邁阿密比斯坎灣（Key Biscayne）的克蘭登球場（Crandon Park）舉行，這裡堪稱網球巡迴賽中最美麗的場地之一。賽事剛開始時，費德勒的表現不盡人意，首輪比賽差兩分險遭淘汰，但他成功繼續留在賽場——尚皮耶則是在同一階段遭出局。

翌日，羅傑雖然不必上場，卻發生了一些意外。「我們正在進行體能訓練，羅傑這時決定做點瘋狂的傻事，」安妮瑪麗・呂埃格回憶表示：「在使用跳繩的時候，他表現得像猴子般，像泰山一樣跳來跳去。突然間，他不自然的跌坐在自己腳上，傷到腳踝。情況看起來很不妙，他的腳腫了一大包，整個人瞬間拉回理智線。」

其他人若遇到這種情況可能會放棄，然後退出比賽，但他不是。幾年後他說過：「羅傑・費德勒從不放棄。」而這句已經落實多年。受傷後，他接受了瑞士隊隨行物理治療師的治療，並盡己所能繼續比賽。「我對他的轉變感到驚訝，」呂埃格說：「以前他就只會打混胡鬧，但他一夜間變得非常安靜，而且認真起來。我發現，只要他想，他其實可以很認真。他明白這項比賽非常重要，所有努力都寄託在這項賽事上面，他需要投入全部的精力。那是我心中第一次浮出這個念頭：『他是冠軍；他真的辦得到。』」

儘管負傷上陣，腳踝還裹著繃帶，羅傑仍然一盤未失贏得接下來的三場比賽。在準決賽中，他與先前在美網青少年組決賽中碰頭的納爾班迪安再次交鋒。現在腳上的腫塊已經消下去，這回費德勒以六比四、六比二獲勝，然後在決賽擊敗另一名阿根廷強將吉列爾莫・科里亞（Guillermo Coria）。他辦到了；他拿下橘子盃冠軍。他捧著橘子碗、頂著一頭金髮離開邁阿密。雖然金髮看起來不適合他，而且花了他兩百五十塊美元，但他覺得自己像個搖滾巨星。

一九九八年十二月二十一日，羅傑・費德勒的名字首次出現在青少年網球世界排名第一的旁邊。「這是一份很棒的聖誕禮物，」他開心地說。不過他必須再耐心等待一週，才能確定是他（而不是尚皮耶）成為該年度的青少年世界冠軍。他後來得到安迪・羅迪克的一臂之力，羅迪克於本賽季在墨西哥舉行的最後一項賽事的準決賽中擊敗這位法國選手——這個結果可能影響深遠，因為尚皮耶甚至無法進入ATP前一百名，而費德勒的職業生涯即將正式起飛。

七、穿梭大人物之間的男孩

事實顯示，費德勒登上青少年世界冠軍與溫網青少年冠軍寶座是邁向職業網球之路的理想起點。一九九九年初，年僅十七歲的他已經躋身世界前三百名。那一年他總共獲得八張外卡，其中兩張還是來自以主要邀請本國球員聞名的大滿貫賽事法網和溫網。至於澳網和美網，他必須從資格賽開始，但兩項都沒能晉級正賽。

在此期間，費德勒也獲益於某些外在因素：「瑞士小姐」（Swiss Miss）瑪蒂娜・辛吉絲的職業生涯蒸蒸日上，她不僅改寫瑞士網球史，也改寫了世界網球史。一九九七年至一九九九年，她非凡的職業生涯正處於巔峰時期，連續兩百零九週蟬聯世界第一，並拿下五座大滿貫女子單打冠軍獎盃。她的成功對費德勒產生了一些正面影響。一方面，這表示辛吉絲幾乎吸引了瑞士國內所有民眾和媒體的目光，讓費德勒得以在不受外界過度關注的壓力下單獨發展。另一方面，他能夠從這位出生於斯洛伐克的球員身上得到寶貴的幫助與指導，並體會到要登上這項運動的巔峰需要付出多大的努力。二〇一七年，瑞士最成功的女子運動員終於確定退役時，費德勒表示：「在那個時候，像瑞士這樣的小國能有她這樣一位主宰網壇的世界巨星，對我來說是天賜良機。」

一九九九年初，剛成為青少年網球世界第一不久，費德勒前往墨爾本的途中，在伯斯（Perth）稍作停留。因為當年辛吉絲與伊沃・休伯格（Ivo Heuberger）參加霍普曼盃（Hopman Cup）時，他受邀擔任她的陪打員。「我親眼見到她是如何經營自己的職業生涯，我自問：『她心智這麼強大、如此堅定，是怎麼辦到的？』那時候我做不到，無論是在訓練期間或比賽中，更不用說每週都要如此持續地進行。但她讓我相信，只要全心投入且努力訓練，就可以走得更遠。那時候我比較仰賴我的天賦和直覺，自由且創意地發揮它們。每次擊球都要比前一次更好。但瑪蒂娜不同，她打球更努力且更專業，我從她身上學到很多。」

在他參加職業巡迴賽的第一年，外界很快發現到戶外比賽不是費德勒首選的狩獵場，而且事實也立即說明，費德勒受邀參加的一些錦標賽對他而言還太早。那年他參加了七項重大的戶外網球錦標賽，每項都是首輪就輸掉，在比利時台維斯盃的戶外紅土賽事也慘遭兩度滑鐵盧。但在室內賽事的表現則是如魚得水，他發現在那種講求速度和干擾因素較少的環境更容易集中注意力。二月初在馬賽（Marseille）比賽時，他除掉了世界排名第五、法網衛冕冠軍的對手卡洛斯・莫亞（Carlos Moya），最終打進八強止步，隨後在鹿特丹的戰績也是如此。他在第三盤以三比一領先後，以些微落差輸給了世界第二的葉夫蓋尼・卡菲尼可夫（Yevgeny Kafelnikov）。

在他室友艾勒格羅看來，目前情況越來越清晰，費德勒將會走得比大多數人想像的更遠。「我當時說他會打進前十名，也許有天會成為世界第一，」他告訴我：「但許多人都一笑置之。羅傑在短短幾個月內從青少年球員一躍成為職業選手的過程令人印象深刻，而且我總是對他看比賽時所注意到的事物感到驚訝，他分析其他球員的能力很強。」

同年四月，費德勒達到另一項里程碑：他在台維斯杯的首戰拿下勝利。瑞士隊在納沙泰爾（Neuenburg）的一個室內場地對戰義大利隊，羅傑擊敗世界排名第四十八名的達維德．桑昆尼蒂（Davide Sanguinetti），讓對手輸得心服口服。義大利隊隊長保羅．貝托魯奇（Paolo Bertolucci）賽後表示：「雖然對費德勒的對手而言是一種恥辱，但看他打球還是很有意思。世上沒多少人能把網球打得那麼好。」

後來瑞士隊七月在布魯塞爾迎戰比利時隊，爭取準決賽的席位，費德勒突然發現自己成為球隊領袖。原因是經驗更豐富的馬克．羅塞特生病了，所以費德勒被賦予率領瑞士隊的責任。但正如我們所知，當時他在戶外賽遇到了瓶頸，儘管他是一名優秀的選手，而且竭力奮戰到底，仍舊輸掉兩場馬拉松式的長時間比賽。他感到無比失落，眼淚再次流下來。

端看費德勒在職業生涯的這個階段，他顯然擁有世界上所有的天賦，但仍在學習如何釋放自己的潛能。他像是一顆尚未打磨的鑽石。以他在羅蘭加洛斯紅土球場跟澳洲選手帕特里克．拉夫特（Patrick Rafter）的比賽為例，費德勒是當年法網最年輕的選手，也是他首度參加大滿貫正賽。他在對戰世界第三的比賽中拿下首盤，表現令人驚艷，但最後還是以七比五、三比六、〇比六、二比六落敗。法國體育大報《隊報》（*L'Equipe*）寫道：「這位年輕的瑞士選手很可能成為未來十年最受矚目的球員之一。」

室內賽季在入秋後開打，費德勒也再度活躍起來。九月二十日，剛剛滿十八歲的他成為世界前一百強中最年輕的球員。他在參加職業巡迴賽的第一年，即賺進二十二萬五千一百三十九美元的獎金，並以世界排名第六十四的成績結束該年賽季。不到一年的時間，他已經從一個經驗不足的菜鳥變成獲肯定的職業選手。

他在邁入二〇〇〇年之前說過：「如果我能進到前五十名，那就太好了。」從職業巡迴賽的第二年賽季開始，他的表現比前一年賽季更好。他先是在澳網保住了自己在大滿貫賽事的前兩勝，以一盤未失擊退前法網冠軍張德培。接著二月，他在馬賽首度打進ATP巡迴賽的決賽。在所有選手當中，他偏偏碰上之前在台維斯盃的隊友馬克．羅塞特。儘管贏得首盤勝利，最後還是吞敗收場，再次流下苦澀的淚水。那年三月，他躋身世界前五十名，實現他對本賽季的目標，然後又迅速將目標改成前二十五名。但事實證明這是輕率的決定，即使他已經距離目標不遠了。

費德勒周遭的人事在二〇〇〇年也出現了重大改變。他在四月宣布他將自行管理職業生涯，與瑞士網協分道揚鑣。雙方和平地結束合作關係。這是明智的決定，他可以擁有一支符合自己需求的訓練團隊。令人驚訝的是，費德勒決定讓瑞士網協的彼得．隆格擔任他的私人教練，而不是青少年時期的教練兼好友卡特。他也無法清楚解釋自己的決定，「各有利弊，兩人都很有趣也很適合共事，」他說他是憑感覺定奪的。

這個選擇很合理。隆格在職業巡迴賽中擁有成功的職業生涯，比卡特更瞭解現場情況，他甚至與費德勒的許多對手打過比賽。這位三十五歲的瑞典人貌似北歐海盜，擁有壯碩的體格和一頭淺金色的長髮。他可以是非常嚴格、要求很高的教練，但他的個性比卡特溫和，總是樂觀積極，經常喜歡開玩笑。隆格有時因為頭髮的關係被誤認為比昂·柏格，但他的打法與瑞典這位傳奇人物截然不同：打球猛烈，經常採取積極進攻；他享受過一段輝煌歲月，也承受了一些低潮期。

費德勒的首位私人專門教練隆格證明了他訓練的選手擁有無限的潛能：「他可以成為世界第一，但還有一段很長的路要走。雖然我曾經排名世界第二十五，但跟他的水準相差甚遠。這個男孩很特別，他來自別的星球。」

瑞士網協荷籍總教練斯文·葛勒內費爾德（Sven Groeneveld）當時也說過類似的話：「羅傑可以達到任何想要的目標，他可以贏得大滿貫並成為世界第一。必要時，他可以隨時提高自己的水準。當他進入狀況、進入他的最佳狀態時，他就是巡迴賽中最難對付的選手。」

隆格很快就看出他們最需要努力的地方，「他必須也能夠贏得難看（win ugly）。他是一位天才，但每次擊球不如預期時就會變得煩躁不安，注意力無法集中。任何球技都難不倒他，但他有時需要學會如何更簡單的打球。」

兩人新的合作關係自紅土賽季的中期開始。隨著法網公開賽即將開打，他在職業巡迴賽的紅土紀錄卻讓人看了有些傷心——打了十一場，輸了十一場。所幸這些紅土賽事的黑紀錄總算在法網期間一掃而空，經過五盤的苦戰，費德勒擊退瑞士選手米歇爾．克拉托赫維爾（Michel Kratochvil），首度打進大滿貫賽十六強，最後輸給當時排名前十的西班牙選手艾立克．柯瑞加（Alex Corretja）。但這些只是短暫的高點，因為費德勒在夏天接下來的表現都讓人失望。他連續六項賽事都是第一輪就輸掉比賽，包含溫網在內，葉夫蓋尼．卡菲尼可夫在溫布頓的表現相當強勁。後來即使費德勒拿下美網的前兩勝——但最終輸給胡安．卡洛斯．費雷羅（Juan Carlos Ferrero）——也無法拉抬戰績。不過美網落幕後，他的參賽行程中有一項重要賽事的初次亮相：在雪梨舉辦的奧運。

八、奧運初體驗

想調查瑞士網球界的頂尖好手並不難。因為大家都認識彼此，一流的球員會經常相遇，在俱樂部聯賽、全國錦標賽、訓練過程或其它瑞士網球賽事都會見到。羅傑・費德勒與米爾卡・瓦夫里內克（Mirka Vavrinec）也是這樣認識的。儘管出道時間較晚，這位來自瑞士東北部、擁有栗棕色眼睛的漂亮女孩仍被視為瑞士強大且出色的青少年選手之一，她亦曾在費德勒家鄉替巴塞爾草地網球俱樂部（BLTC）球隊效力兩年。

但他們兩人生活在兩個完全不同的世界。米爾卡比費德勒大三歲四個月，當費德勒十五歲生日前不久在最高級別的俱樂部聯賽中首次亮相時，十八歲的米爾卡已經是巴塞爾草地網球俱樂部的台柱之一。該俱樂部在一年後能獲得冠軍，米爾卡功不可沒。

米爾卡一九七八年四月一日在斯洛伐克的波耶尼切（Bojnice）小鎮出生，當時這裡仍是捷克斯洛伐克的一部分。她是家中的獨生女，兩歲時父母帶她逃到瑞士，在靠近德國邊境的小鎮羅茲林根（Kreuzlingen）定居下來。一九八七年，一個命運的轉折從此改變了她的人生歷程，那年她們全家前往德國大城斯圖加特（Stuttgart），到市郊菲爾德爾斯塔特（Filderstadt）觀賞網球比賽。她父親米洛斯拉夫（Miroslav）在那裡與同樣是捷克斯洛伐克出生的網球巨星瑪蒂娜・娜拉提洛娃（Martina Navratilova）取得聯繫。於是，根據瑞士網球雜誌《*Smash*》的報導，流出以下對話內容。娜拉提洛娃問米爾卡：「妳也喜歡網球嗎？」米爾卡回答：「沒有，我喜歡芭蕾。」娜拉提洛娃說：「妳應該試著打網球看看。妳的體格不錯，我相信妳會打得很好。」

後來娜拉提洛娃聯絡了住在蘇黎世的前職業選手吉里・格拉納特（Jiri Granat），問他能不能為米爾卡安排測驗。事實證明，她的判斷沒錯，米爾卡確實很有天賦，而且立刻愛上網球這項運動。米爾卡的父母在羅茲林根經營一家珠寶店，為了感謝娜拉提洛娃的建議，米洛斯拉夫訂製了一套手工珠寶飾品送她。

米爾卡的第一位教練是穆拉特・蓋勒（Murat Guerler），來自土耳其安卡拉的前台維斯盃選手，最後也住在瑞士的同個社區。二〇一八年，我在韋因費爾登鎮的室內網球中心見過他——巧合的是，一九八八年他第一次見到九歲的米爾卡也是在這裡。「她給我的第一印象，是一個普通而有天賦的女孩，只是有點太重，」他說：「但我很快意識到她的企圖心旺盛，我從沒見過像她這樣渴望訓練的人。如果你說她需要在訓練前跑馬拉松，她一定會去做，絕無第二句話。」

蓋勒也漸漸發現她母親對她人生所造成的影響很大。「米爾卡背負沉重的壓力。這是她主要的問題，她常常因此太過緊張。」蓋勒表示，米爾卡母親經常大聲斥責她，但整體而言她們還是維持不錯的關係。「她也可以非常和藹，她們經常相互擁抱和親吻對方。」但他強調，米爾卡打網球並不僅是因為她的父母：「她自己想打，而且她進步得非常快。」然而，她的第一場比賽結果跟羅傑一樣，以六比〇、六比〇落敗。蓋勒指出：「也許她應該早點脫離她的父母，這樣的話，她可以更自在地打球。」

到了十四歲，米爾卡開始參加級別較低的國際賽事。一九九三年的一段經歷足以展現她的決心。比完一場在斯洛維尼亞小鎮穆爾斯卡（Murska）舉辦的賽事之後，她決定參加再去克羅埃西亞布拉奇（Brac）島上小鎮蘇佩塔爾（Supetar）所舉辦的比賽，儘管那裡在當時是戰區的一部分（**譯註：適逢一九九一年至一九九五年克羅埃西亞獨立戰爭期間**）。她和她的教練穿越克羅埃西亞時，途中行經一處兩週前才遭到克羅埃西亞與塞爾維亞武裝力量零星衝突（屬於克羅埃西亞獨立戰爭的一環）所襲擊的地區，該地區在她經過後不久再度遭受攻擊。她後來在網球雜誌《*Smash*》描述他們如何走過斷垣殘壁、聯合國坦克及燒毀的汽車，每隔幾英里就會看到路障和受軍人控制區域，「我當時非常害怕，但我的企圖心更大，」這位當時才十五歲的女孩告訴該雜誌：「跟我一起工作真的不容易，我有時候非常固執。」

儘管性格倔強，米爾卡仍然是心地善良、魅力十足、心存感恩、公正無私、受人歡迎且充滿活力的人。來自同個地區、在她成長過程中與其家族關係密切的攝影師瑪利歐·加喬洛（Mario

Gacciolo），對她的評價也是如此。「我資助她是因為她沒什麼錢。她寄了很多比賽的明信片給我，感謝我為她所做的一切。」

十六歲的米爾卡在盧塞恩贏得同齡組賽事中最重要的瑞士冠軍，並邁向職業球員道路。她當時說：「網球是我的生命，我希望盡快打進前三百名。」她將來真的會實現這個目標，但那是三年多以後的事，她需要很有耐心。然而，她的名次在一九九六年因腳跟受傷而退步——這是她每天訓練和練習七、八個小時，使身體過度疲勞的結果。

到一九九七年，情況開始朝好的方面發展。那年年底，經過當局的二次審核，她終於取得瑞士護照。不久後，她從家裡搬到鄰近的波堤戈芬（Bottighofen）村莊，並開始在康斯坦茨（Konstanz）和亞歷山大．希茲利（Alexander Hizli）一起訓練，亞歷山大曾是職業球員，但沒有打進前五百名。她在那裡也獲得一位財力雄厚的贊助人，即特種車輛製造商摩瓦哥（Mowag）的老闆沃爾特．魯夫（Walter Ruf）。

這段時間所發生的一些故事，讓人聯想到《天方夜譚》。當時她結識了一位對她萬般寵愛的杜拜王子，時不時就來一輛紅色法拉利送她去訓練，或是搭乘直升機環遊杜拜。「我印象很深刻，」*米爾卡的朋友兼同隊的前球員凱西利雅．夏爾伯尼耶（Caecilia Charbonnier）回憶，杜拜

* 法國體育報紙《隊報》週六版期刊（*L'Équipe Magazine*）

王子想讓她成為阿拉伯公主，前提是她必須放棄網球。但這個要求對她來說太過分了。「網球占據了我整個生活，」那時她告訴當地報紙《*Thurgauer Zeitung*》：「每天起床就是訓練、梳洗、收拾行囊、住進不同飯店、參加各地網賽……，其它事情我都不知道。」

二〇〇〇年初，米爾卡首度打進前一百名，然後來到她職業生涯的巔峰，因為國際網球總會ＩＴＦ給了她一張參加九月雪梨奧運的外卡。原本單看世界排名，米爾卡並沒有參賽資格。由於瑪蒂娜・辛吉絲、帕蒂・史尼德和馬克・羅塞特缺席，瑞士網球代表隊便由米爾卡、艾曼紐・加利亞爾迪（Emmanuelle Gagliardi）及費德勒組合出征。

奧運期間形成的獨特環境是培養感情的最佳溫床。參加奧運是所有運動員的重要時刻，他們會跟其他頂尖的運動員一起生活，而且奧運營造出節慶氣圍的同時，外面世界彷彿靜止下來。由於奧運的規模之大，沒有人會將自己的榮譽看得過重，尤其是在國人同袍之間，透過奧運儀式、普遍的愛國精神和國家代表隊會形成一種歸屬感。瑞士網球代表隊住在霍布許灣（Homebush Bay）的選手村，與摔角選手們住同棟。他們都彼此認識，也會一起出去玩。

「這是我參加過最棒的賽事，」費德勒在雪梨奧運旗開得勝之後如此說，雪梨也是他最喜歡的城市之一，「但在奧運選手村的生活有時壓力也會很大。」

米爾卡則在首場比賽中以兩個六比一慘敗給伊蓮娜・狄曼提娃（Elena Dementieva，她後來拿下銀牌），但她繼續留在雪梨，仍對這趟比賽經驗滿懷熱情。她對美國記者說：「奧運會真是太棒了，好到難以置信、簡直無與倫比。」她也表達一些對於年輕費德勒的看法，認識了不同角度的費德勒，「我沒想到他居然這麼風趣，奧運結束後我的肚子可能會痛很久，我們經常因為他笑到不行。」*

雪梨對費德勒來說是一段苦樂參半的體驗。他出乎意料地打進準決賽，但在準決賽遭湯米・哈斯徹底擊敗。假使這場勝出，他至少會獲得一面銀牌，還有機會拿下金牌，但結果卻是他不得不與另一場準決賽的落敗者爭奪銅牌。現在他面對的是排名比自己低的法國選手阿爾諾・狄帕斯卡勒（Arnaud di Pasquale），而且看起來費德勒贏面較大，已經準備拿走銅牌離開奧運——但費德勒表現不穩，雖然以三比〇領先，還是在搶七局輸掉第一盤。後來第二盤在他救下一個賽末點後勝出，並在第三盤稍早破了對手的發球局，以二比一領先。然而，比賽經過兩小時二十七分後，他以七比六、六比七、六比三輸掉比賽。眼淚再度流下。他說：「我很希望能夠站在領獎台上，但現在能帶回家的只剩我的自尊。」

這個說法不太正確。雖然他沒有贏得渴望已久的獎牌，但卻贏得一個女人的心，她很快就會成為他生命中最重要的人物。米爾卡後來透露，費德勒直到奧運最後一天才親她。在那之前，她根本不知道費德勒喜歡她。

---

* 瑞士地方小報《Blick》

九、費德勒的體能訓練師

在二〇〇〇年結束前，費德勒開啟了另一段對他職業生涯至關重要的合作關係：他聘請了私人體能教練皮爾・帕格尼尼。費德勒在職業網球生涯第二年開始意識到，大膽的揮擊和與生俱來的天賦，不足以讓他贏得錦標賽並登上巔峰。在米爾卡的帶領下，他知道自己需要更努力鍛鍊體能，他後來說：「她跟我相反，她是非常勤奮的網球運動員。」費德勒通常訓練個一小時就會失去興致，但她卻能夠訓練個五、六小時，中間沒有休息或精神渙散，讓費德勒看得目瞪口呆，流露充滿欽佩的眼神。「她讓我更努力訓練。如果沒有她，也許我永遠都找不到那一面的自己。」

帕格尼尼與費德勒的初次見面是在埃居布朗。帕格尼尼一九五七年在蘇黎世出生，家人來自瑞士西部，後來他在瑞士西南部瓦萊州（Valais）上學。父親羅埃（Roë）是位鋼琴家，在瑞士德語區開辦音樂學校，母親瑪莉亞（Maria）則在美國耶魯大學和明尼蘇達州大學擔任教授三十年。

帕格尼尼在二十歲以前都在拉小提琴，「但後來我把小提琴換成了藥球（medicine ball），」

他笑著說，自己無法抗拒運動的誘惑，運動從小就一直引起他的注意。「我記得第一次在彩色電視機前觀看世界盃足球賽，那是一九七〇年巴西對義大利的決賽。我所有朋友都對球場上發生的事情感興趣，我是唯一思考賽前發生什麼事情的人。球員們賽前要做什麼事？到底做了哪些訓練？」

後來帕格尼尼開啟他的足球和田徑生涯，在馬格林根（Magglingen）的國家體育中心受訓取得教練資格證照。等到帕格尼尼開始與費德勒合作時，他已經從事網球運動員的訓練工作很長一段時間，並開創出自己一套的體能訓練方法。他與馬克．羅塞特、馬里娃姊妹曼努拉和瑪格達蓮娜（Manuela Maleeva & Magdalena Maleeva）等人合作了十七年，他們都是世界級的網球選手；他也訓練過二〇〇八年拿下法網冠軍的塞爾維亞網球女將安納．伊娃諾維琪（Ana Ivanovic）。一九九一年至一九九五年間，他擔任台維斯盃瑞士隊的體能訓練師，二〇〇三年至二〇〇八年會有第二次的合作。在此期間，他也開始與史坦．瓦林卡合作，在他的指導下，瓦林卡的體能狀況有了大幅的改善。

在埃居布朗，帕格尼尼是青少年發展項目「網球人才培育」的幕後推手，他一九九五年在那裡第一次見到費德勒。之後羅傑與這位體能大師的第二次合作從二〇〇〇年底開始，最初是每年一百天，但後來合作的時間逐年延長。帕格尼尼很快看出費德勒所缺少的東西，「他那時體能不好，」他回想並表示：「腳步動作和體力都有很大的進步空間。他的問題在於，驚人的天賦掩蓋了自己體能的弱點，所以我知道我們在這部分可以給予他很大的幫助。同時，他也需要捍衛自己的世界排名，不能只專注體能方面的改善。所以我給我們三年的時間來幫他提升到最佳狀態。」

於是，這項始於二〇〇〇年底的三年計畫將奠定費德勒攀登網壇巔峰的基礎。而成功關鍵是，羅傑終於準備好靠辛勤的鍛鍊來充實自己的才能，「他決定採納所有我認為他需要努力的地方，好將他自身能力發揮到極限，」帕格尼尼說：「他是天才，但他懂得辛勤鍛鍊的重要性。」即使彼此有這樣的新承諾，帕格尼尼仍必須一一解釋每個訓練項目和改變生活型態的背後原因。費德勒後來說：「但最後我終於理解，非常清楚知道為什麼我們要這樣做。有時候我的團隊甚至必須制止我再問下去。」

帕格尼尼不僅是專門提升體能狀況的體能教練，還是職業規劃方面的重要導師。他不常在公眾場合露面，只接受經篩選的媒體採訪，但他向媒體發表看法時都會展現出振奮人心、面面俱到的特質，對網球運動員的體能具有獨到見解。他總是以一種富有感染力的熱情來表達自己。

此外，他為人也很謙虛低調。他強調自己「不想成為注目焦點」，厭惡那種將自己成功當作體育報導重點、或是美化自己如何讓運動員獲勝的訓練師和教練。「說到底，比的人還是運動員，」他說：「看看足球，有時候你只知道領隊是誰，連球員有誰都不知道。我不喜歡這樣。」

帕格尼尼的訓練方法是設計三個或四個訓練單元（training blocks）在一年內完成，其中體能方面是重點。訓練規劃非常詳細，但也能夠彈性調整，配合費德勒現階段的情況。「重點是在對的時間點做對的事，」他說，「運動量（dosage）是關鍵。羅傑也很擅長這種感覺，事情必須在對你最有利的時候去做。」

他的目標並不是要把費德勒變成肌肉男，「網球運動員不是短跑健將、馬拉松跑者或鉛球選手，」帕格尼尼說：「他需要的是具備這些特質的一部分，並且能夠在比賽上發揮出來。」

帕格尼尼指出，因為費德勒是具有創造力、自發型的球員，他的比賽千變萬化，他必須能夠做出比其他球員更出色的動作，像萊頓·修威特等人的打法相對單調。他像過去拉小提琴那樣謹慎地對待他的門下徒弟。他力求一種「協調的創造力」（coordinated creativity），讓費德勒的動作盡可能做到精準的同時，也能在經過四、五個小時比賽後維持高水準的表現。「對羅傑來說，他無法接受因為體能關係而選擇錯誤的戰術。」

與所有費德勒的教練一樣，帕格尼尼也經常面臨如何讓這位有抱負的年輕人樂於訓練的挑戰。「羅傑不是訓練界的世界冠軍，」他的第一位私人教練彼得·隆格表示：「你不能要他反拍回擊三千顆網球，還期望他會不斷打回來並樂在其中。他想要的是能夠從訓練中獲得樂趣。」

帕格尼尼也證實：「他想要進行大量訓練，但你的訓練必須有所變化。他需要看到自己能從鍛鍊裡面得到某些東西。但如果你用正確的方式激勵他，他就會在訓練中變成一頭猛獸。」

二〇〇〇年十二月，羅傑進行為期兩週的嘗試，體驗將來的訓練過程。帕格尼尼開發了一些特殊鍛鍊，他稱之為「綜合體能訓練」（integrated fitness training）。費德勒必須一直跑到筋疲力盡後才能回到球場，然後立刻開始比賽。「當你累的時候，你的本能反應和所有的壞習慣都會出現，這些弱點是最難擺脫的，」帕格尼尼解釋：「這樣的訓練有助於暴露這些弱點，然後教你如何防止它們出現。」

很多網球運動員在十二月份只會花幾天時間來鍛鍊身體，因為這是唯一沒有賽事的月份。費德勒現在一整年都有選擇性地鍛鍊自己的體能。「他對於我們的訓練工作非常積極，讓我很驚訝，」帕格尼尼在比爾結束第一階段的訓練後說：「他是天生的運動員。」

費德勒很快注意到他的體能狀況有所改善，信心也隨之大增。他在二〇〇一年初表示：「我現在心理感覺很好，因為我知道自己適應得還不錯，也跟得上節奏。」很快地，他比賽輸掉的次數開始減少，打得更好，但心理層面相對薄弱。他曾經說過，早期有時候會有種奇怪的感覺，認為對手比他更值得贏，「因為我覺得他們比我更努力的訓練」。不過這種想法在聘請帕格尼尼指導後，很快就消失無蹤。

這位體能教練對自己門生所說的話深感振奮。他讓費德勒的抱負更具說服力，協助費德勒為其長久的職業球涯奠定體能基礎，而不只是追求一時的成功。「今天羅傑跑步的話，前面三十公尺還跟得上一名地區級的短跑選手，」帕格尼尼二〇〇三年說，他能在十二分鐘內跑完三千三百公尺，四十分鐘內跑九千七百公尺，還能蹲舉一百五十公斤。總而言之，跟他們剛開始訓練相比，這是很大的進步。

但費德勒向來不愛體能測驗。「幸好我已經脫離這個階段，」他二〇一七年在印地安泉大師賽上說：「我討厭測驗，尤其是我年輕時，我們必須完成十二分鐘的跑步和其它測驗。有時你會發現自己其實打得比以前還差，然後就會開始懷疑自己，這樣是不是代表你打不好網球。」

幾年下來，帕格尼尼對費德勒已經相當瞭解，不再需要靠體能測驗來判斷費德勒的體能狀況以及是否缺少什麼。毫無疑問，他們訓練工作最顯著的成果是費德勒在網球場上的成功——以及他的職業生涯將維持在最佳狀態長達二十年。

十、從脾氣暴躁到優雅紳士

二〇〇一年，費德勒還是世界前一百強裡最年輕的選手，並正在努力提高自己的排名，但他的機運似乎不太好，第一個冠軍頭銜遲遲未能到手。跟只大他五個月的萊頓・修威特相比，他已經遠遠落後對方。這位澳洲猛將贏了很多場比賽（賽事上未必耀眼醒目），年僅十六歲就在阿得雷德（Adelaide）拿下ATP賽事冠軍。費德勒的情況恰好相反：他以豐富多變的擊球招式取悅觀眾，那種強大和積極進攻的風格似乎給了他無數的獲勝機會，但他仍一次次被看起來程度比較低的對手打敗。就彷彿他中了樂透，卻不知道怎麼花這些錢。約翰・馬克安諾說：「他的機會有時候多到自己也很混亂。」

不過，在他與彼得・隆格合作的第一年（二〇〇一年），比賽馬上有了突出的亮點。費德勒在澳洲伯斯的霍普曼盃網賽上，與辛吉絲攜手贏得他的首場比賽，接著在二月份迎來了迄今為止表現最好的一個月。費德勒在米蘭室內賽上擊敗葉夫蓋尼・卡菲尼可夫，挺進他的第三次決賽。

幾個月前，他在巴塞爾決賽輸給湯瑪斯·恩奎斯特（Thomas Enqvist）後曾說過：「我想我永遠都贏不了錦標賽。」然而他抓住第三次的機會，在義大利北部的比賽上，在遠道前來觀賽的父母面前，打敗了法國選手朱利安·布特（Julien Boutter），獲得他在ATP巡迴賽的第一座冠軍。「總算鬆了一口氣，」他在賽後表示：「這一刻我等很久了。從現在開始應該會比較順利。」不過，對他父母來說，米蘭之旅並沒有圓滿落幕。他父親在一陣混亂中把鑰匙鎖在車裡，為了開車回家不得不打破車窗。

接下來的一週，費德勒在家鄉巴塞爾成為台維斯盃史上最年輕的選手，對戰美國隊的比賽（兩場單打和一場雙打）贏得決定性的三分。這是他第一次因為獲勝而哭。後來他在ATP巡迴賽取得十連勝，並獲選為二月份的「當月最佳球員」。

費德勒的排名攀升了，只是好景不長，他很快再次遭遇挫敗。室內賽季結束後，這位年輕新星提前出局的次數變得更加頻繁。他在邁阿密表示：「室內賽，我可以輕鬆專注於每一分上面；但戶外賽，我的注意力像在比障礙賽一樣飄忽不定。」由此可見，他還是無法控制自己的緊張不安，雖然脾氣突然暴躁和情緒失控的情況鮮少出現，但它們仍舊藏在他的內心。

在十七歲的時候，費德勒已經諮詢過運動心理學家，希望幫助他找到內心的平衡。瑞士心理學家克里斯提安·馬科利（Christian Marcolli）曾與冰球俱樂部和高爾夫球選手合作，但他的心理諮詢沒有給予費德勒想要的結果，反而帶來副作用。有時變得異常冷靜，甚至昏昏欲睡，一九九九年他在邁阿密對上丹麥選手肯尼斯・卡森（Kenneth Carlsen）的那場比賽裡，表現得非常遲緩。後來他聲稱自己實在沒什麼動力，讓在場記者們嚇了一跳，「我在場上感到有些厭倦。沒有任何激情。我需要找到什麼是對我比賽最好的方法。」當費德勒說兩人合作到一九九九年底結束時，馬科利還感到有些驚訝。*

在他的職業生涯剛起步時，費德勒的情緒就像一本敞開的書。他的球拍會一遍又一遍地被甩到空中、飛出球場、砸向球網或地面。我訪問他的時候，他說職業生涯期間大概已摔壞了五十支球拍。

隆格注意到，費德勒一離開瑞士網協，聘請他擔任私人教練之後，態度就有了改善。「以前他是被寵壞的孩子，什麼東西可以免費得到，」這位瑞典教練說：「現在他必須承擔更多的責任，自己的帳單自己結。他漸漸長大了。」

這種蛻變顯而易見：比賽越重要、球場越大、觀眾越多，費德勒就越不會讓自己把球拍扔到場上，不允許自己情緒失控或叱責自己。而且，他的排名爬得越高，對自己的半場控制得越好，也就越沒有理由生氣。只是在他內心深處，這些情緒還是偶爾會爆發，就是壓抑不住。

另一波低潮發生在二〇〇一年漢堡的德國網球公開賽上，同時也是一個突破性的轉折事件。那是五月中旬的某週一，在漢堡羅騰巴姆網球中心（Hamburger Rothenbaum）的紅土賽場上，十九歲的費德勒第一輪就輸給了阿根廷選手佛朗科・斯奎拉里（Franco Squillari）。斯奎拉里雖然是不起眼的左撇子，卻是擅長紅土場地的好手。他將於二〇〇三年在雪梨拿下與費德勒的第二場比賽，帶著兩勝零負領先的對戰紀錄退役。

費德勒在漢堡的失利沒有在網壇引起軒然大波，因為這場比賽是在外圍球場舉行，沒有任何電視攝影機拍攝，觀眾也很少。但比賽過程中費德勒不斷咒罵的舉動，讓現場幾位觀眾搖頭表示不認同。他在第二盤第十局錯失一個破發點，接著以六比三、六比四輸掉比賽，所以情緒整個上來了。剛和斯奎拉里握完手，費德勒就把球拍砸到裁判椅旁邊，「砰、砰、砰，」他形容當時的情景：「我的行為很惡劣，然後還哭了，因為我打得實在太差，整場比賽都糟透了。」†

事實證明，這次事件是個轉折點。從那一刻起，他決定自己不能再這樣下去，必須有所改變。「我對自己說：『不能再這樣下去，如果將來十年都這樣打球，我會無法忍受。』從那時候開始，我決定無論發生什麼事都要保持安靜、鎮定和集中精神。」

他花了一些時間才找到適當的平衡——更準確來說，是二〇〇三年溫網開打前的一年半——在朝著自己目標努力的過程中，他經常從一個極端走向另一個極端。「我發現自己過於鎮定、過度安靜，我因此而討厭自己。我打出一記膀下致勝球，或是在離網一公尺遠的地方揮拍扣殺，我

---

* 引自引自運動雜誌《Sport-Magazin》

† 引自《網球內幕》

卻沒有什麼感覺。」他意識到自己需要找尋「中庸之道」（a mixture of fire and ice），在對抽的時候需要保持火力，在關鍵時刻需要冷若冰霜。

現在回想起來，費德勒仍然不敢相信自己能夠做出如此大的改變。「當教練告訴我需要冷靜下來時，我以前認為不可能做到。我必須擺脫內心的緊張和惡魔，沒有人可以幫我，我必須靠自己。」他最後改變到什麼程度？可以從二〇〇九年邁阿密公開賽，他輸給喬科維奇後怒摔球拍的舉動多麼令網壇震驚中看出。費德勒摔拍？因為到那個時候，沒有人見過他這麼衝動。

在漢堡與斯奎拉里比賽過後，費德勒轉變態度很快有了成效。費德勒先是打進法網八強，接著生涯第三度參加溫網正賽，前面歷經兩屆首輪就遭淘汰，這次終於取得一些成績。他擊退了克里斯托夫·羅契斯（Christophe Rochus）、克薩維埃·馬里塞（Xavier Malisse）及喬納斯·比歐克曼（Jonas Bjorkman）拿下三勝後，第一次有機會站上中央球場——網球界的西斯汀教堂（Sistine Chapel）——比賽。這裡是費德勒的偶像們樹立名聲的地方，也是他首次與公認的草地球王、他心目中的英雄山普拉斯對決之處。山普拉斯在過去八屆溫網贏得七次冠軍，先前五十七場比賽只輸掉一場，當時他正處於三十一連勝的不敗狀態。費德勒眼前這位難對付的發球方，可是四大滿貫歷史上最成功的網球選手，已經握有十三個球員夢寐以求的大滿貫頭銜。

不過，儘管山普拉斯享有盛譽，你還是可以從那天氣氛察覺到一點異樣。截至目前為止，費德勒一直在本屆賽事中大放異彩，他的信心高漲，而且擁有三年的職業巡迴賽經驗。約翰·馬克安諾在賽前表示：「他需要站起來證明自己的能力。」費德勒也相信自己能擊敗山普拉斯，即使是在溫網。「我不想只贏一盤或只是打得看似不錯，」他賽前曾說：「我比賽是為了贏球。」

他大步地走過中央球場、寬闊的雙肩、直挺挺的背，擺出一張嚴肅的新面孔，彷彿他以前在那裡打過很多次球。這位年輕的瑞士選手繼續展現他職業生涯以來最好的表現。「有時我會看著網的另一邊，心想，這是真的還是美夢一場？」他後來說道。過了三小時四十一分鐘，他打出一記漂亮的正拍回擊，最後以七比六（七）、五比七、六比四、六比七（二）、七比五結束比賽。當地時間晚上七點二十分，他跪倒在地，淚水奪眶而出。他掀起了網壇一陣轟動。

費德勒大獲成功後連覺都沒睡好。隔天即使他戴著帽子和墨鏡去練球，還是躲不掉媒體炒作，走到哪裡都會被認出來，被人群團團圍住。英國記者們開始紛紛搜索關於這位新人的各大報導，他即將在週三的八強賽對上他們的英雄提姆・韓曼（Tim Henman）。他們需要這位把山普拉斯扳倒的人來說明他生活的一切，有些記者甚至試圖尋找可能的醜聞報導和兒時照片。

但費德勒與韓曼比賽的時候，情況完全不同了。他的專注力變差，無法將搶七局中兩個明顯領先優勢轉化為該盤勝利，最後以七比五、七比六（六）、二比六、七比六（六），輸掉與這位英國球員三次交手的第三場比賽。他打敗山普拉斯時一飛衝天，現在卻猛然跌回地面。甚至更糟的是，這次落敗預示著另一段低潮的開始。

溫網過後，他在格施塔德的首輪就敗給後來多年後成為他教練的伊凡・盧比西奇（Ivan

Ljubičić），腹股溝和髖關節問題以及骨膜炎也一直困擾著他。費德勒不得不停賽近兩個月。在此期間，他和麥克·拉馬（Michael Lammer）一起住在比爾訓練基地附近，拉馬是他的兒時好友兼對手。他們有一間兩房的小公寓，費德勒有自己的臥室，拉馬則睡在起居室。跟費德勒當了近兩年室友的拉馬回想：「那裡空間很小，住起來不太舒服。米爾卡經常過來，幫忙打掃、煮飯、把東西收拾得很整齊。」

二〇〇一年八月費德勒重返美網公開賽時，養傷休戰讓他與比賽脫節。他在法拉盛草地公園（Flushing Meadows）球場挺進第四輪時，遭阿格西以大比數擊敗。那年稍早引導他一場接著一場獲勝的信心已經消逝，到秋天室內錦標賽也振作不起來。連在自己家鄉巴塞爾的網賽都未能獲勝，決賽再次輸給韓曼。可想而知，他與參加世界巡迴賽總決賽（World Tour Finals，ATP年終總決賽）的目標差了大段距離，最後以世界第十三名的成績結束該年度賽季。他惆悵地看著萊頓·修威特在雪梨贏得當季最後賽事，替他的美網冠軍錦上添花，登上該年度的世界第一。

十一、危機與悲劇

二〇〇二年，費德勒邁入職業巡迴賽的第四個年頭。二十歲的他被視為對當前網壇生態的最大威脅。在前一年取得一些還不錯的成績之後，現在他對於自己最後能有突破抱持很高的期望。然而，這個賽季一開始的表現並不好。在澳網公開賽上，他取得明顯領先後卻錯失一個賽末點，慘遭湯米．哈斯淘汰。這是第一個打擊，而且不會是最後一個。

有很長一段時間，紅土是費德勒最不喜歡的場地，但那年春天他達到一個新的里程碑。在一年前敗給斯奎拉里的漢堡賽場，他擊退了三屆法網冠軍古斯塔沃．庫爾登（Gustavo Kuerten），決賽也沒有給馬拉特．薩芬（Marat Safin）贏球機會。費德勒慶祝自己的第三次、也是截至目前最重要的錦標賽勝利。「這絕對是我打過最好的一場比賽，」他在賽後說完，忍不住喜極而泣。他還招待記者們喝香檳。費德勒的名字首度出現在世界前十名內，排名第八。

欣喜之餘，他現在將目光放到巴黎和倫敦的大滿貫賽事。費德勒以本賽季最炙手可熱的人選來到歐洲兩個大滿貫賽場，球迷、媒體和他本人都抱著很大的期望。在法網開打前，他曾傲慢的表示，希望自己第一輪不要消耗太多體力。最後他如願以償，但賽況跟他想的不太一樣。那天是濕冷的週二，由於他在第二球場（Court 2）出現一連串失誤，首場比賽就輸給摩洛哥選手希沙姆·阿拉齊（Hicham Arazi）。

不過，提前遭淘汰還有一線希望，他因此多了大量時間來準備迎戰溫網。「他可能是今年最熱門的奪冠人選，」馬克安諾說道。

費德勒也表示：「我覺得自己很有機會獲勝。」他第一個碰上的對手是克羅埃西亞人馬利歐·安希奇（Mario Ancic），而他對這位選手一無所知。

這位年輕球員只在青少年巡迴賽出現過，從溫網會外賽打起的選手。當年他十八歲，身高六尺四吋（約一百九十三公分），世界排名第一百五十四名。這是他第一次參加大滿貫賽事，第一次站上中央球場，也是第一次與費德勒比賽，而費德勒一年前擊敗了山普拉斯，他怎麼會是費德勒的對手？

那個溫暖和煦的午後，羅伯特·費德勒坐在看台上，他通常不會到現場觀看羅傑比賽。原以為兒子能夠輕鬆取勝，但這個期盼瞬間破滅。他不敢相信自己看到什麼：如同在巴黎一樣，他的羅傑第一輪比賽就輸了，甚至一盤未贏。現在的費德勒與去年夏天擊敗山普拉斯的那個人完全不同，整場比賽只打出一記愛司球。

羅傑跟別人一樣震驚，他無法解釋為什麼會有這種令人失望的表現。他的排名在溫網過後跌出前十名，然後陷入另一個危機。「他在場無法展現他自己，」隆格說：「嚴格來說，他的比賽沒有什麼問題。問題在於他腦中所想的一切。他感受到壓力。」

羅傑失去了他的創造力、打球的樂趣和信心。「我的意識極度消沉，我真的以為我再也不能打網球了，」他後來說。

在一連串的打擊當中，他得知一項令人震驚的消息。他在青少年時期最重要的教練、瑞士台維斯盃隊的新隊長彼得・卡特死於車禍意外。當年才三十六歲的卡特正在南非度蜜月，和朋友開著 **Land Rover** 休旅車在克魯格國家公園（**Kruger National Park**）附近旅行，他新婚妻子希爾維亞（**Silvia**）坐在前面的一輛車子裡。「我們的友人不得不躲開迎面衝過來的小巴士，」她回憶起悲劇發生的那天說：「那台車試圖強行超車，直接朝他們逼近。」為了避免相撞，卡特車上的駕駛失控打滑，撞破橋上的護欄，從三公尺高摔落，最後車頂著地。

這起意外對費德勒的影響很深。「從我還是小孩的時候，我們就一起渡過很多時光，」他說：「年少時期每天都能見到他。意外實在太可怕……，他走得太早，太突然了。」卡特有很長一段時間是他最親密的人之一。費德勒收拾情緒後表示：「他非常沉穩冷靜，也很風趣，有種典型的澳式幽默。對於他給予的一切，我感激不盡，我所有的技術能力和沉著都要歸功於他。」

葬禮於八月十四日在巴塞爾舊城區的里昂哈德教堂舉行。那是天氣和煦的夏日，約有兩百人前來送別，其中有許多是網球界的知名人士，包含卡特的朋友達倫・卡希爾（Darren Cahill），當時是阿格西的教練。費德勒離開教堂時，說自己從未如此傷心過。「與此刻相比，網球場上的任何挫敗都不算什麼。」

費德勒在二〇一七年某次採訪上感性地說：「我希望他會（為我的表現）感到驕傲。」憶起自己的恩師不禁潸然淚下。「他不希望我浪費天賦。我想他的逝世是敲醒我的一記警鐘，我真的開始努力訓練。是他促使我下定決心，從現在開始不要浪費我的天賦。我想繼續走下去，為職業生涯投入更多，讓自己更快樂。」*

儘管有這樣的決心，但機運卻沒有立即發生變化。在美網公開賽上，由於早早敗給排名較低的白俄羅斯選手馬克斯・墨尼（Max Mirnyi），費德勒的大滿貫冠軍荒也因此延長。不過，隨後在摩洛哥的台維斯盃比賽將幫助他擺脫危機。費德勒以同樣六比三、六比二、六比一擊敗兩位紅土高手，分別是曾在巴黎打敗他的希沙姆・阿拉齊和尤尼斯・艾諾伊（Younes El Aynaoui）。比賽期間，他也是雙打的主力球員。瑞士隊獲勝時，費德勒將勝利獻給了卡特，因為卡特擔任瑞士隊總教練期間只經歷一次平手。

「我今天比平常更想念他。彷彿他在場上看著。」費德勒當時說道。

在卡薩布蘭加（Casablanca）的表現幫助費德勒擺脫內心的疑慮，恢復對比賽的信心。後來在維也納網球公開賽奪冠，他成為該年度排名最高的八位選手之一，取得了前往上海參加他第一個ATP年終賽的資格。

二〇〇二年十一月，費德勒以世界排名第六的身分來到中國，也是瑞士史上排名最高的男子選手。與他同行的是母親琳娜和女友米爾卡，米爾卡也經歷了難受沮喪的一年。在兩年前的雪梨奧運之後，米爾卡的職業生涯開始大幅走下坡。

她個人最醒目的表現是在二〇〇一年美網公開賽上，打敗了兩位排名更高的選手，擠進三十二強，後來遭強勁的比利時選手賈斯汀・海寧（Justine Henin）淘汰。米爾卡的世界排名上升到第七十六名，是她職業生涯的最高紀錄。但當時沒人料到，二〇〇一年美網公開賽實際標誌著她職業生涯的結束。

米爾卡的身體——更準確的說是她的腳——已經無法滿足職網球員的要求。她在紐約比賽期間一直忍受著劇烈疼痛，以致於第一輪比賽幾乎跑不動，被迫變更策略——疼痛情形看似因此改善。後來她淋浴時滑倒，右腳受傷，醫生診斷為腳跟肌腱斷裂。

為了減輕右腳受傷的負擔，她把身體重量都放到左腳上面，結果左腳也開始痛起來。她被迫停賽三個月，直到二〇〇二年初與羅傑參加在伯斯的霍普曼盃才重返賽場。他們現在不再隱瞞兩人的關係，一起打敗了阿根廷，但後來輸給澳洲和西班牙。

＊ 引自《網球內幕》

在世界女子職業網球巡迴賽（WTA）中，米爾卡繼美網之後參加了五場比賽，但都是首輪止步。二〇〇二年四月，過完二十四歲生日沒多久，布達佩斯女網賽是她職業巡迴賽的最後一次亮相。她的腳跟再次發炎，又去動手術，然後拄著拐杖行走。「我跌入深淵，」她談到接下來的幾個月，只能好好休息，覺得很無聊。「當妳做了某件一輩子都熱愛的事，卻一夜之間不得不放棄它，真的很不容易。」

與此同時，她男友的狀況越來越好。費德勒在他第一個ATP世界巡迴賽總決賽上——當時稱為網球大師盃（Tennis Masters Cup）——擊敗了胡安·卡洛斯·費雷羅、吉里·諾瓦克（Jiri Novak）和湯瑪斯·約翰森（Thomas Johansson），比賽地點位於上海浦東一個看起來像飛機棚的場地。費德勒贏得小組賽，然後準決賽碰上即將連續兩年成為世界第一的修威特。面對衛冕冠軍，費德勒開局表現強勁，以三比〇領先，接著五比二。但這位澳洲選手猛烈回擊，戰況就像雲霄飛車般高潮迭起，最後費德勒以五比七、七比五、五比七忍痛吞敗。網球界大名鼎鼎的美國記者巴德·柯林斯（Bud Collins）後來問記者招待室裡的人：「你們看過比這精采的比賽嗎？」

十二、向世人證明自己

費德勒將這股氣勢從上海帶進二〇〇三年度賽季，他下定決心要在本賽季擺脫「拿不到大滿貫冠軍的網球天才」的名聲。瑞典教練彼得・隆格繼續表明自己對他的堅定信心，多次強調費德勒需要比同齡人更多時間充分發展。「他具有驚人的天賦，這就是為什麼他需要更長時間才能把所有部分拼湊起來，」隆格說，他就像一隻正在學飛的鳥，「一旦達到自己的最佳飛行高度，就很難被打敗。」隆格還舉了另一個簡單的比喻，「以費德勒的情況來說，就像一瓶番茄醬，剛開始倒的時候什麼都沒有，後面一股腦全流出來。」

儘管教練對他信心十足，但費德勒的大滿貫魔咒依然存在。他在墨爾本的十六強賽遭到敏捷、防守反擊出色的納爾班迪安淘汰出局，這是他十個月內第三次敗給阿根廷選手。

但逃離了備感壓力的大滿貫賽事後，他又能在馬賽和杜拜重拾勝果，將第五個和第六個ATP冠軍收進囊中。在慕尼黑的紅土賽場，他贏得本賽季第三座冠軍，首度闖進在羅馬的義大利網球公開賽（Italian Open，又稱羅馬大師賽）決賽。憑藉這些戰果，他再次躋身法網公開賽最具冠軍相的少數人選之列。

「我今年的感覺比去年好多了，那時我第一次打進前十名。」在比賽開始前，他重新找回信心，「如果對手想要打敗我，那他必須賣力點。我不想再次敗在羅蘭加洛斯的首輪比賽上。」

他的首輪對手是位默默無聞的祕魯選手，叫路易斯·奧爾納（Luis Horna），從未贏過大滿貫賽事，世界排名第八十八位。費德勒在首盤以五比三領先後，比賽開始風雲變色。他的心情似乎越來越差，有時漫不經心，簡單的球也沒打好，三盤比賽中送出八十二個非受迫性失誤，最後以七比六（六）、六比二、七比六（三）輸掉比賽。這可能是他到目前為止最糟的一場失利。

最具奪冠相的選手垂頭喪氣地走進採訪室。「我不知道我需要多久才能克服這場失敗，」他難為情地說。「是一天，一週，一年，還是我一整個職業生涯。」他讓自己成了比賽的笑柄。

法國《隊報》的標題是「風平浪靜的沉船意外」（Shipwreck in calm waters）。佛州《棕櫚灘郵報》（*The Palm Beach Post*）稱他是「網球界的菲爾·米克森」（Phil Mickelson of tennis），比喻他像美國這位擁有極高天賦，卻從未贏得高球四大賽的高爾夫球選手（米克森後來有拿到幾次）。「費德勒擁有所有的擊球機會，卻沒有大滿貫獎盃，」報導接著寫道：「他身上掛著一個『從未贏得大獎的最佳網球選手』的識別證。」

隨後費德勒抵達溫布頓，跟隆格搬進在湖濱路（Lake Road）、距離全英網球俱樂部不遠的簡陋出租公寓時，他發現自己處於渾沌不明的狀態（twilight zone）。在巴黎和倫敦網賽的中間，他贏得德國哈雷草地網賽（Gerry Weber Open in Halle），世界排名第五名。但慘澹的大滿貫紀錄就像套在他脖子的包袱，歐洲最近三項大滿貫賽事都是首輪就被淘汰出局。他輸給了阿拉齊和安希奇，而且四週前才輸給奧爾納。他已經參加過十六次大滿貫賽事，卻從未打進八強——對於一個被視為球王繼承者和或許是最具網球天賦的人來說，這樣的成績非常不理想。

與此同時，費德勒至少知道在巴黎與奧爾納的比賽出了什麼問題。「我的心智不夠堅強，我完全無法接受這樣的失敗。我只是還沒準備好，給自己太多的壓力。我對自己說，『如果通過這一輪比賽，還有其他六個對手等著要贏我』，這個想法快要把我逼瘋了。」

直覺來看，他在巴黎過後做了正確的決定。他把注意力擺在當下，給自己放幾天假，然後換到哈雷去他最喜歡的草地球場。這場比賽的勝利某種程度上幫助他放下在羅蘭加洛斯的失敗。他開始明白一個重要的教訓：你不可能在前面幾輪就贏得大滿貫賽，而且很有可能輸掉。他必須把注意力擺在過程，而不是目標；專注當下，循序漸進，一球一球地打，一分一分地得，比賽一場接著一場。登山運動員必須一步步地攀爬才能抵達山頂、Ｆ１賽車手必須專注在每一公尺和每一個彎道，高爾夫球選手必須幾近完美地揮出每一桿。大滿貫賽事就像一場由幾段衝刺短跑組成的馬拉松，但網球運動員比登山運動員、賽車手和高爾夫球選手具優勢的地方，是他們個人失誤所造成的影響通常較小。

下一場重要賽事是溫網公開賽，這件事將有助於費德勒提高他的注意力。打從孩童時期，這個一八七七年在倫敦西南方成立的錦標賽就一直是他憧憬和夢想之地。鮑里斯・貝克在溫網獲勝讓德國陷入網球狂熱潮的時候，他居住的地方離德國邊境只有幾公里遠，所以這股欣喜也感染到瑞士。貝克在一九八五年和一九八六年拿下生涯三座溫網冠軍的其中兩座時，費德勒還只是學齡前的孩子，但他也感受得到這份雀躍的心情。他所崇拜的網球巨星都是溫網冠軍：貝克、艾柏格及山普拉斯。他在明興施泰因鎮的臥室裡還掛著一幅上面長滿常春藤的中央球場照片——莊嚴華麗，甚至帶點神祕氛圍。這裡是網球比賽的心靈歸宿。

費德勒知道草地網球已經融入他的血液，也知道天然的地面材質有其獨特的規律。比賽條件會隨著天氣、溼度、氣溫以及網球對草地的磨損而不斷變化。球路越是呆板的球員在草地上就越難發揮，勤奮練球的伊凡・藍道儘管全力以赴卻從未贏得溫網，絕非巧合之事。

在草地上，時時刻刻都需要即興發揮的技巧、眼明手快的協調性以及靈敏的反應，還要有極佳的步法，因為球往往會比在其它地面材質彈跳來得低。無論是誰，只要球能打得果斷、積極進攻、富有創造力，而且能施展各種擊球招式，就越能在這種地面材質獲得回報，而其它地面材質，例如紅土，則是速度較慢，適合更注重防守的球員。

費德勒一九九八年第一次以青少年選手身分參加溫網時非常緊張，還一度以為球網太高，要求主審檢查網子高度。儘管緊張，他仍以一盤未失拿下青少年組冠軍。溫布頓已經回報了他的愛。但從那之後，它就一直冷落這位年輕挑戰者。

一年後，費德勒第一次收到進入溫網正賽的外卡，然後第一次受挫也隨之而來。費德勒對戰經驗豐富的捷克選手吉里·諾瓦克時，剛開始有控制住比賽，看似正通往勝利的道路上。只是他的注意力開始下降，漸漸陷入職業生涯第一場五盤苦戰。到決勝盤時刻，面對這位世界排名第五十九的選手，他表現出缺乏經驗與耐心的樣子，丟失八個破發點。最終他以六比三、三比六、四比六、六比三、六比四輸掉比賽，「我應該贏的，」他賽後如此說，表情盡是失望沮喪。

翌年他的世界排名第三十五，由於運氣不好，遇上了兩屆大滿貫冠軍葉夫蓋尼·卡菲尼可夫。雖然他在一號球場有很多機會可以打破世界第五名的紀錄，但後來仍以七比五、七比五、七比六（六）吞敗。他賽後解釋：「我打得不是很好，但失分不多。」他還說，他相信自己有一天能成為溫布頓冠軍——當時有些記者只是搖搖頭，一笑置之。

接著下一年，費德勒向世人證明了自己也許是對的，他擊敗山普拉斯打進八強賽。但在那場精彩的勝利後，他輸掉接下來的兩場溫網比賽，分別是對上韓曼和一年後再對上安希奇。

到了二〇〇三年溫網公開賽，這裡總算成為冠軍得主羅傑·費德勒的發跡地。整個比賽只掉一盤（輸給馬帝·費希〔Mardy Fish〕）。不過在準備迎戰第四輪對上費利希安諾·羅培茲的比賽時，他碰到了最棘手的情況。原本上一輪比賽結束後需要治療的背傷，在二號球場突然劇烈疼痛起來。「我還以為我必須退役了，」他說。但這次命運站在他這邊。不久後他體力恢復，迅速打敗羅培茲，並將這股氣勢帶到準決賽，擊退了安迪・羅迪克後闖進決賽，對上了不被看好的澳洲選手馬克・菲利普西斯（Mark Philippoussis）。

隆格無比自豪地觀看費德勒以七比六、六比二、七比六橫掃菲利普西斯，但看著他帶的球員贏得生涯第一座大滿貫冠軍，那一刻的心情是百感交集。「與新生代的網球選手合作向來不容易，」他二〇二〇年表示，「我們第一次見面時，羅傑是個很有天賦的年輕人，可是他很懶。他有注意力不集中的問題，體能狀況也不好。跟他合作其實很困難，但他有顆寬大的心，是善良的人，而且他成長很快。」

「每個人成長所需要的方式都不同，很難確切說明怎樣才能訓練出世界級球員。你需要從技巧開始進行微調，接著轉移到心靈層面和鍛鍊體能的部分。然後，所有部分都需要整合起來，才能達到巔峰狀態。」

「二〇〇三年羅傑第一次贏得溫網，對我們倆來說都是非常特別的時刻，但我們也希望彼得・卡特此時能夠與我們同在。羅傑是很有天賦的孩子，但他是一顆需要打磨的鑽石。我和彼得將他帶領到巔峰，從零開始到贏得溫網。就像做夢一樣。我希望彼得能和我們一起經歷這一切。」

羅傑先前已承諾過，下次我見到他的時候，他可以接受「鬼才訪談」（monster interview），這是會在《每日廣訊報》佔據兩頁版面的談話專欄。雖然他在溫網奪冠後的第一天早上就必須在租屋處的停車場接受無數家電視、電台和媒體的採訪，但他還是按照米爾卡的約定，抽出一些時間接受我們報社的訪問。坐在花園礫石小徑的圓型木桌旁，他再度讓我和我同事賽門驚訝不已。幾小時以前，他才經歷過生涯最激勵人心的時刻、沒睡好的一夜和繁忙的早晨，現在就能用智慧、敏銳和遠見來分析自己的突破性成功及其帶來的結果。

「現在是我向所有人證明的時刻。如果我的職業生涯在今天結束了，那也沒關係。」因為他知道：「只有當你在最後舉起獎盃的那一刻，你才是冠軍。這就是我所做的，現在我是冠軍了。」羅傑．費德勒，第一位來自瑞士的大滿貫冠軍。

他顯然很同情被他擊敗的對手菲利普西斯，但他也坦率評價職業運動的殘酷。「贏者留下，輸者離開。贏家和輸家是如此靠近卻又如此遙遠。真正的冠軍是要有能力贏得大型賽事，這話聽起來可能有點自大，因為我才剛贏得溫網，但事實就是這樣。」

費德勒知道他等待突破的時間有多久。「對我來說，找到自我、讓自己感到自在極其重要。我是那種必須經歷一番努力才能成功的球員。修威特和薩芬早期就是心智很強大的人，而我需要花更多的時間。」一起初，他無法回應外界的高度期待。「除了打敗山普拉斯，我從來沒有真正打一場精采的大滿貫比賽。而我在擊敗山普拉斯後似乎受到過多的讚賞。」

總歸一句，他承受了很多壓力。「我經常被描述成一個大輸家，很奇怪。」社會大眾往往偏好誇大的體育賽事報導，好像非黑即白，所以後來他的打球表現鮮少引起媒體的報導興趣。「其實我不在乎他們寫了什麼內容，」那天早上他說，內心的滿足對他而言更加重要。「當我打出賽末點，那個從我身上掉下來的重擔很大。我以前從未有過這種感覺。」他坐在椅子上仰望天空，大喊著：「這太不可思議了！」頒獎典禮結束後到更衣室，他累到動彈不得，「我簡直累壞了。」

賽後接受主持人蘇・巴克（Sue Barker）訪問時，費德勒克制不住激動的情緒，突然在中央球場失聲痛哭，但他也不覺得掉淚很沒面子。起初他心想，「我幹嘛這樣？」而且他還沒意識到大多數英國媒體會緊咬那些淚流滿面的照片不放，他原本預期報紙會用他跟獎盃的合照。「我只是偶爾會掉淚的人。但哭不哭真的無所謂，有些人贏了也不會笑，有些人一笑就笑好幾小時。關鍵在於我的夢想成真了。」

費德勒也解釋，這次沒把追求已久的冠軍獻給彼得・卡特是有原因的。「如果那樣做，我會覺得對其他人不公平。這個冠軍是大家的，尤其是我自己的。我不知道這會不會是我的最後一座。」

米爾卡也表示她在這個重要的日子心情有多激動。「比到第三盤五比五時，我的心跳都差點停了，我一直都知道他有多想得到這個頭銜。他總說那是他童年的夢想。決賽前他似乎並不緊張，但我想他週日晚上會睡得特別香。」

第二部分

登上球王寶座

十三、德州戰役

許多網球迷和專家，尤其是在美國，都認為費德勒的溫網勝利只是單純僥倖，這次不過是延後了網球歷史的必然發展過程。他們相信，安迪·羅迪克才是網球界的新球王。憑藉他過人的發球、強而有力的正拍和勢不可擋的雄心抱負，羅迪克無疑是天生具有影響力的人，輿論一致預測這位年輕的美國人將效法康諾斯、馬克安諾、阿格西和山普拉斯，在美國豐富的網球史上寫下屬於自己的篇章。彷彿是計畫好了一般，羅迪克在二〇〇三年秋季贏得美網冠軍，成為世界排名第一的選手。

與此同時，新任溫網冠軍費德勒在法拉盛草地公園的奪冠之路走得艱辛，打到第四輪再度慘遭大衛·納爾班迪安擊敗。目前費德勒面對強悍、身手矯捷的阿根廷選手，五場比賽全數落敗，對手巧妙的反擊技巧讓他根本應付不來。

他能夠在美網獲勝嗎？又或者，機會之地將變成他的失敗之地？這個很快成為他職業生涯中一個關鍵問題。《波士頓環球報》（Boston Globe）受人敬重的專欄作家巴德．柯林斯說：「如果想要在美國出名，你必須在這裡獲勝。」雖然費德勒是本屆溫網冠軍，目前世界排名第三，但他還沒在美國贏得任何一項錦標賽。截至目前為止，他已經參加二十一項北美錦標賽，其中有九項直接被淘汰。他只有打進決賽一次，二〇〇二年在比斯坎灣，後來輸給安卓．阿格西。「職業生涯早期，我在美國比賽經常遇到阻礙，」費德勒回想後表示：「美國人在國內總是比在其它地方打得更自信。此外，這裡環境條件也比較惡劣，濕氣大，溫度高。」

對費德勒來說，二〇〇三年ATP巡迴年終賽改到美國舉辦似乎是不祥的徵兆，接下來兩年，ATP年終賽要從上海移師到德州休士頓舉辦。十一月份的炎熱不是什麼問題，但我們在比賽前碰面時，費德勒的心情顯得有些沮喪。身為室內賽高手，最令他擔心的是這個比賽二十九年來第一次要在戶外舉行。「這個賽事應該在室內場地舉行，」他抱怨道：「而且一〇〇〇大師賽系列只有兩項是室內賽。」

他也同意某些記者的懷疑，認為德州試圖給予美國球員任何可能的優勢。他們國家的希望都寄託在羅迪克和阿格西身上，個性耀眼迷人的阿格西來自阿拉斯加，多年來與他的勁敵山普拉斯一起形塑網壇的面貌。與山普拉斯不同的是，阿格西在過了三十歲生日後依舊保持全神貫注的狀態。這位八座大滿貫冠軍得主與羅迪克並列，都是吉姆．麥金維爾（Jim McIngvale）最看好的選手。麥金維爾是德州富豪，在休士頓人稱「床墊麥克」（Mattress Mack），經營傢具和床墊零售事業，與妻子一同以超過兩千四百萬美元的價格將ATP世界巡迴賽總決賽搬到了太空城（space city，休士頓的別稱）。至少可以這麼說，他在西城網球俱樂部（Westside tennis club）以相當專制、罕見且草率的方式籌備這項賽事。

跟費德勒在上海參加的第一個ATP年終賽相比，當時那裡所有活動都經過精心策畫，這個寧靜的德州鄉村俱樂部所提供的比賽環境令他非常失望。倉促興建的新體育館只能容納七千名觀眾，對於ATP年終賽這般規模的比賽而言並不夠大，球場地面也不夠平坦，以致於球的反彈情況也難以預測。此外，這次ATP年終賽是自一九八五年以來首次雙打與單打同時進行，表示球員更衣室的空間會更小，使用訓練場地的機會也更少。有一次費德勒還被迫在一個沒有球網的場地上進行訓練。

抽籤結果也沒有讓他的心情變得好一點。他跟費雷羅、阿格西、納爾班迪安同屬於「藍組」，他與這群人的對戰紀錄都很慘烈。費德勒在與西班牙費雷羅的五場比賽中輸了三場，與美國阿格西的三場比賽以及與阿根廷納爾班迪安的五場比賽皆吞敗果。比賽前夕費德勒接受採訪時，再次對戶外賽提出批評，並痛斥體育場的規模和球場的地面條件不佳。

不久，有位頭髮灰白的粗曠男子跑來找費德勒。這個人就是麥金維爾，他因為費德勒批評自己籌辦賽事方式而大發雷霆，並大聲斥責他。費德勒被突如其來的暴怒感到震驚，一度考慮退賽，但最終仍決定堅持下去。然而，外界漸漸感覺到，有人為了報復費德勒的批評，正在發起一場針對他的活動。《休士頓紀事報》（*Houston Chronicle*）報導，在費德勒對戰阿格西的首場比賽之前，有些美國球迷被號召出來嚇唬他，逼他退出比賽。

如果情況真是如此，那麼他們的作法沒有什麼效果。儘管費德勒剛開始打得有點辛苦，比賽尾聲也有點緊張，不得不挽救兩個賽末點，但最終他仍以六比七、六比三、七比六（七）擊敗澳網冠軍阿格西。我在《每日廣訊報》中對這場決勝局的描述是這樣：「幸運之神站在瑞士這邊。他在五比六時救下一個賽末點，因為當時阿格西在二發掛網後回球很弱。後來在六比七時多虧一記正拍致勝球，讓他救下第二個賽末點。接著，他利用自己第一個賽末點打出對角穿越球。而阿格西先前有一記明顯落在底線後方的球，但線審並沒有喊，所以費德勒實際上應該贏了賽末點兩次。」

這是他在北美最重要的勝利，也對他起了激勵作用。兩天後，他在職業巡迴賽中首次以六比三、六比〇擊敗納爾班迪安。隨後他在小組賽的最後一場中打敗費雷羅，接著又在準決賽橫掃羅迪克，令美國網球界震驚錯愕。

在決賽等待費德勒的對手是阿格西。在輸掉首場比賽後，這位美國人接連贏得後面的三場比賽，決心替自己在首場戰役以些微差距敗北來復仇雪恥。但費德勒沒有給他機會。短短八十八分鐘，費德勒以六比三、六比〇、六比四直落三獲勝，他賽後表示「這是我生涯中最好的表現之一。」

在美國第一項錦標賽奪冠所贏得的獎賞，幾乎與他這次的突破性進展一樣多。他得到一百五十二萬美元、一輛敞篷奔馳、世界排名分數七百五十分，使他超越費雷羅，位居第二。以贏得的賽事（七項）、勝出場次（七十八場）和獎金（四百萬美元）來看，理論上費德勒是該年度最成功的球員，但羅迪克收集到更多的排名積分，因而得以世界第一的身分結束二〇〇三年度賽季。

儘管羅迪克的這項成就理所當然地獲得眾人吹捧，但風趣的《波士頓環球報》記者巴德．柯林斯對於這位瑞士對手同樣讚不絕口。「忘掉排名吧！」他寫道：「羅傑．費德勒現在是城裡最強的。」只有麥金維爾先生的想法不同。那些在頒獎典禮上聽過他滔滔不絕盛讚阿格西的人，可能都會納悶費德勒到底有沒有參加決賽，更別說他還是贏得決賽的選手。或許「床墊麥克」幫了費德勒一把，因為他的敵對行為無意間給予費德勒在美國起飛的機會。

休士頓標誌著費德勒在ATP年終賽長期連勝的開始。該項比賽成為他多年來最成功的賽事之一，他將打破各種紀錄。第二年，他在年終賽維持不敗紀錄。麥金維爾先生大幅改善了賽事的籌備工作，與十二個月前相比，他對待費德勒也更友好與尊重。

ATP年終賽在德州舉辦完後，接下來四年移師上海，回到新建的旗忠森林體育館室內舉辦，那裡的可伸縮屋頂看起來像木蘭花。費德勒在回到上海的第一年決賽以些微差距敗給納爾班迪安，後來二〇〇六年和二〇〇七年贏回冠軍。

從二〇〇九年到二〇二〇年間，ATP年終賽都在歐洲的倫敦O2體育館（O2 Arena）舉行，費德勒將在那裡大獲成功。二〇一〇年和二〇一一年費德勒在倫敦維持連勝紀錄，兩度擊敗納達爾並分別拿下生涯第五座和第六座ATP年終賽冠軍，締造該項賽事的冠軍紀錄。二〇一七年，他又破了另一個紀錄：生涯第十五次出戰ATP年終賽，超越阿格西的紀錄，成為在年終賽出場最多次的球員。此外，他還保持在該項賽事擊敗最多對手的紀錄。在二〇一二年、二〇一四年和二〇一五年打進決賽，但每次對上諾瓦克．喬科維奇都錯失奪得第七冠的機會，喬科維奇已經和納達爾並列成為費德勒在多數重要比賽中最大的威脅。

十四、巔峰時期

羅傑‧費德勒的內心一直渴望成為世界第一的選手。他回憶說：「即使在青少年組，世界第一對我而言也是件不敢置信的事。」一九九八年，他在邁阿密舉行的橘子盃決賽中擊敗了吉列爾莫‧科里亞，然後回到自己的公寓，自豪地向瑞士網球代表隊宣告：「嘿！我是第一名了。」他在臥室門上貼了張紙條，上面寫著：「第一名住在這裡。」

二〇〇三年八月，當他第一次有機會爬上世界排名的頂端時，這項壯舉對於身為職業選手的意義有多大也就越來越清楚。拿下溫網勝利後，他需要在蒙特婁（Montreal）晉級決賽才能實現世界第一目標，但他在準決賽以六比四、三比六、七比六（三）輸給羅迪克。「我從沒這麼緊張過，」他賽後表示：「雙手在顫抖。我在第三盤擁有破發優勢，並知道如果我贏了將成為世界第一。但我在搶七雙發失誤，這表示我要輸了，我心裡想，『天啊，要達到那個目標真不容易。』」

後來他等了將近六個月才達成目標。二〇〇四年一月三十日，他在澳網準決賽擊敗費雷羅，然後跪倒在地，雙手舉向天空，他的目標終於實現了。三天後，新的世界排名公布，他看到白紙黑字寫著：他在世界網壇排名第一，而且由於前一天決賽擊敗贏薩芬，所以他也獲得了生涯首座澳網冠軍。

費德勒的登頂之路走得很不容易：爬得越高，進步得越慢。他只用兩年時間進入世界前一百名（一九九九年九月達成的壯舉）；五個月後，他以十八歲的年紀進入前五十名。但隨後上升曲線趨於平緩，過了兩年進到前十名，又過了二十個月才成為世界第一。當年他二十三歲，第十位爬到這個位置的最年輕選手。

攀爬聖母峰的登頂過程雖然艱鉅，但一到達那裡，費德勒適應很快。與他許多前輩不同，他並不覺得成為世界第一是難以承受的負擔，當上球王甚至讓他對自己能力多了一份安全感，知道其他對手必須竭盡全力才能打敗他後，讓他的信心更進一步增強。

二〇一八年在回顧這段歲月時，費德勒說：「一旦你開始贏球，大家都會說，『你做得很棒，你做的每件事都很棒』。但我一直很謙虛，因為我知道任何事都可能隨時消失。你永遠不知道你會在巔峰停留多久。二〇〇四年，第一次成為世界第一的時候，我站在人生的十字路口，心想，『我是想要待在這裡，還是只要享受這段旅程，看看在它消逝前能維持多久？』後來我決定我要爭取更多像這樣的時刻，以對的方式打球，用正確的心態和適當的能力，同時也要公平競爭，比賽時好好表現，這對我來說一直很重要。」*

自信、風度、職業運動員精神、承諾、長期規劃、以及用不帶給身體過度負擔的方式打球，這些因素結合起來，使得費德勒佔據世界排名之首的時間比他前面其他球員還要久：連續兩百三十七週，相當於四年又一百九十八天。後來他的連續紀錄因為外在影響而中斷：二〇〇八年初，費德勒經醫師診斷患有淋巴腺熱（glandular fever，單核白血球增多症的別名）；同年八月十八日，他在漆黑的溫網上意外地敗給納達爾。

大約一年後，費德勒在第六次贏得溫網冠軍後重新回到排名第一的寶座。這一回，他在世界球王位置待了四十八週，直到納達爾再次將他從峰頂拉下來。他為此感到懊惱，因為他的球王在位總週數已達到兩百八十五週，只差一週就能追上山普拉斯的紀錄（譯註：山普拉斯累積兩百八十六週的球王在位週數）。不過，當他在二〇一二年贏得溫網第七冠，重返球王寶座時——這次是從喬科維奇手中奪回的——在位維持了十七週，使他得以超越山普拉斯，並將歷史紀錄提高到三百零二週。

費德勒也締造了其它世界排名紀錄。從二〇〇二年十月十四日開始，他連續十四年又二十四天維持在世界前十行列，從未中斷。六年又兩百三十天的時間裡，他的排名從未掉出第二名。直到二〇一〇年他在溫網決賽輸給喬科維奇時，排名才跌到第三名。

之後費德勒雖然在二〇一七年拿下澳網和溫網冠軍，當年已三十五歲了，但這樣的戰果仍無法讓他重返世界球王的寶座。當時的球王是納達爾——諷刺的是，他在那一年的四次交手都擊敗了納達爾。但最後統計，由於費德勒整個紅土賽季都缺席，失去了關鍵的排名積分。

不過，二〇一八年費德勒在墨爾本衛冕冠軍時，他眼前出現第四次奪回世界球王寶座的機會。他知道，如果打進準決賽，積分就足以超越納達爾。隨後他繼續贏得比賽，並於二〇一八年二月十九日，以三十六歲一百九十五天高齡再度封王。到這個階段，費德勒對於世界排名的整體心態出現很大的轉變。排在世界前十名的哪個名次不再是他關心的部分，他只在乎是不是第一。「捍衛這個位置並不是我的目標，但坦白說，如果能維持在這裡會更好，」他二〇一八年表示。「成為最頂尖球員的感覺總是很棒，這通常是運動界最重要的目標。若不是第一，就只是第一以外的數字。但當我是世界第一時，總能激勵我繼續打下去。」

即便如此，他還沒準備好為了保住球王位置而增加比賽，讓自己參賽行程超過負荷程度。二〇一八年，他再度跳過整個紅土賽季，這表示他在排行榜只能停留八週，球王在位週數分成三個階段。六月二十五日，他再度被納達爾超越，短短七週失去了三十七歲的世界第一。現在費德勒的球王在位紀錄總共是三百一十週。

＊ 引自《網球內幕》

十五、草地球王

二〇〇三年溫網不僅是讓費德勒成為大滿貫冠軍的賽事，也是他獲得「草地之王」稱號的大日子。之後要再過五年的時間，他才會在草地球場再次吞敗。他的草地連勝紀錄多達六十五場勝利和十座冠軍獎盃——溫網和哈雷草地賽各拿五座。

有些人認為，與其它較常使用的硬地和紅土球場比起來，草地球場是相對不太重要的場地。乍看下不難理解，因為草地賽事一年當中只有舉辦幾週。費德勒在這個方面算是生不逢時。過去幾十年草皮一直是網球比賽的主要地面材質，後來才被更容易保養且更低廉的地面材質所取代。羅德・拉沃（Rod Laver）於一九六二年和一九六九年獲得大滿貫冠軍時，美網、澳網跟溫網一樣，皆是使用草地球場。後來紐約在一九七四年、墨爾本在一九八七年換掉了草地球場。

溫布頓的全英草地網球和槌球俱樂部（The All England Lawn Tennis and Croquet Club）和其舉辦的錦標賽自成一個世界，它們受到傳統束縛，這是其它體育賽事所未見的情況。天氣晴朗時，從廣播中心的頂樓可以看到高樓大廈和夏德摩天大樓（The Shard），每分鐘都能見到飛機降落在希斯羅機場（Heathrow Airport）。儘管如此，倫敦似乎還是很遙遠；就彷彿你在另一個國度獨樹一格。這座精心管理的綜合體育館繁花錦簇，讓人想起古老經典的植物園——但這些外觀只是錯覺。這座綜合體育館座落在一個上流人士居住、靜謐的住宅區中間，四周環繞著山丘、公園及高爾夫球場，而且具備所有的最新科技並持續擴建中。全英俱樂部就是一間活生生的博物館，每個角落都散發網球歷史的氣息，但歷史也不斷被改寫。

事實上，從二〇〇三年費德勒將中央球場變成他的第二個客廳以來，溫網錦標賽也成了瑞士體育界的重要地標。由於全英俱樂部附近幾乎沒有什麼飯店，所以許多記者開始在附近租屋，包括我們這些在瑞士媒體工作的記者，替溫布頓增添了一種獨特魅力。而且費德勒提早輸掉比賽的風險（和我們被編輯召回的風險）很小，有時候他擁有極大的壓倒性優勢，所以某些同事在比賽進入決勝階段前，早早就開始討論誰會代表瑞士媒體出席冠軍晚宴；冠軍晚宴在男單決賽後舉行。其中代表出席的記者都會帶件燕尾服放在行李箱，為了費德勒的下一座冠軍做足準備。

溫布頓商店街在比賽期間是網球世界的中心，那裡有幾家國際性的餐廳、商店和酒吧。它的區域雖然不大，卻隨著生命而脈動著。你可以看到美國網球選手威廉斯姐妹（Williams sisters）從超市經過，米爾卡和孩子們在公園裡，或者在中國餐館（可惜已經歇業）裡見到費德勒的父母。你也可以見到喬科維奇在戶外慢跑，或者鮑里斯．貝克開著黑色豪華轎車從路口轉角處開過來。

商店街上有一家叫做「狐狸與狗」（Dog and Fox）的酒吧，店名取得很貼切。每天晚上狐狸都會從溫布頓公園（Wimbledon Common）溜出來，跑進鄰近街坊。有時我們從租屋處就能看到牠們在外面舉行類似午夜聚會的活動。我曾經冬天造訪過全英俱樂部，發現中央球場的草地全用電線圍了起來，以免遭到這些聰明的小動物所破壞，小動物們完全無視這個神聖的體育設施，只想跑到草皮中間。

那次造訪是二〇〇三年十二月十四日的事。當時費德勒正在倫敦參加ＢＢＣ年度體育人物獎（Sports Personality Of The Year awards）的頒獎典禮，由於頒獎典禮在晚上舉行，所以他利用白天繞道去溫布頓，我在那裡跟他會合並撰寫報導。費德勒受邀與全英俱樂部主席提姆・菲利浦斯（Tim Phillips）共進午餐，米爾卡也加入他們。他參觀了博物館、接受幾個採訪，並在風和日麗的冬日午後漫步在空蕩蕩的綜合體育場。距離他成為溫網冠軍以來，已經過了五個月。

他讓我感覺像一位退伍老兵，回到值得紀念的戰場，充滿敬意地站在那裡。他能夠記住每個小細節，甚至知道自己青少年時期的第一場比賽是在哪個球場打。他在二號球場前停了下來，這個球場的綽號是「冠軍的墳場」（The Graveyard of Champions，多年後為了建造更現代的第三球場而拆除），之所以會有這個綽號，是因為許多外界看好的球員都在這裡慘遭淘汰過。一年前，二〇〇二年，費德勒在台維斯盃的隊友喬治・巴斯托（George Bastl）即是在這個墳場埋葬了山普拉斯，以五盤大戰擊敗他。這場戰役仍是巴斯托迄今為止最大的成功，但對山普拉斯來說，那是他最後一次出現在自己的舊王國，如今這裡已成了費德勒的天下。

費德勒在第一次奪冠的旅程中，在這個著名球場上打過七次比賽中的三場，儘管他對戰費利希安諾・羅培茲的賽前暖身突然感到背痛，夢想差點葬送也在那裡。「我能帶著傷痛撐過這場比賽，對我而言是奇蹟，」他在那個冬日說：「我當時心想『就這樣吧』，心情很沮喪，人變得很安靜。我對自己說：『看看會怎樣，或許我在第一盤能追上他，或許羅培茲會緊張，你還是可以打敗他的。』就這樣奇蹟發生了。」

在中央球場的主會館裡，球員們在這裡渡過他們賽前的最後時刻，費德勒的目光注視著球員進場入口處上方，刻寫魯德亞德・吉卜林（Rudyard Kipling）語錄旁邊的一張照片。那句名言出自於吉卜林為他兒子寫的詩《如果》（*If*），此詩概述了成人世界中當個正直之人所必備的特質。在溫布頓球場的背景下，這句話完美解釋何謂真正的運動家：「如果你能坦然面對勝利與慘敗，將這兩個騙子一視同仁。」費德勒看到的照片是他手拿獎盃的畫面，同樣的獎盃就放置在左邊約一公尺遠的玻璃櫃裡。

費德勒連站在這裡的事都記得清清楚楚。他與決賽對手菲利普西斯是怎樣在大門打開前先在這裡稍待幾分鐘，但他們已經可以看到球場的上層；他們是如何感受到那股緊張氣氛的；他記得那位幫他提包的人說這是他最後一次到這裡；他還記得菲利普西斯是如何緊張不安地四處摸索，而他自己感覺很好。「我有一種很好的預感，」他說：「一切都很平靜，然後有人通知我們該出場了，就是這個時刻，沒有回頭路了。」

費德勒解釋，通往球場的那幾公尺路有稍微提高。當你走向球場，腎上腺素再次上升，所有感官都變得敏銳，而且心跳加速。「你會感到步伐沉重，」他說。十二月的這個週日，比平常高的草皮沒有畫上界線，突然間擴音器裡傳來一個聲音：「請不要走在草地上！」費德勒被逮個正著，然後笑了起來。接著他注意到那個宛如冬季小型植物園的博物館裡面有四個人，他們可以從看台頂層看到中央球場。他向他們揮揮手，他們也向他揮手，起初有點猶豫，後來變得很興奮。也許有那麼一瞬間，他們以為這是假的費德勒或替身。但我們是在溫布頓，不在好萊塢。

費德勒參加溫網錦標賽的頭幾年都是住在酒店裡面，二〇〇二年改到靈格菲爾路（Lingfield Road）租了一間寬敞的房子。但他對戰安希奇的那場比賽早早就被淘汰出局，不得不比原定計畫提前兩週離開。於是隔年刪減預算，他在湖濱路十號租下的公寓只有兩間臥室，一間是他跟他女朋友住的，另一間給隆格住。物理治療師帕維爾·科瓦奇（Pavel Kovac）只能睡在客廳。到二〇〇四年，也就是他奪下首冠後的第二年，費德勒住進了山普拉斯曾租過位於克里夫頓路（Clifton Road）的房子。一年後他又開始另尋住處，因為他覺得那裡的房東想藉機敲竹槓。這幾年下來，費德勒租的房子一間比一間更漂亮、更舒適且更寬敞。直到有天，一間房已經容納不下整個家庭、團隊、治療師、保母、廚師等等，他需要兩間房。

費德勒在溫布頓多年來一直保持冷靜與輕鬆——多虧了他，連我們這些瑞士記者也越來越喜歡這項賽事。羅伯特．費德勒在二〇〇二年親眼目睹兒子慘敗給安希奇（他認為輸球自己也有責任）之後，終於鼓起勇氣回到看台。很快地，他甚至能夠享受這段經歷，因為他兒子在稱霸溫網後的前面幾年，輸掉幾盤是極其罕見之事，直落三盤贏得比賽是常態。費德勒也成功守住了他的最大對手安迪．羅迪克。二〇〇三年，他在準決賽擊敗美國人，接下來兩年又在決賽打敗他。

毫無疑問，這是兩次迥然不同的決賽。在第一次決賽中，費德勒前面以四比六、七比五、二比四嚴重落後，但天助他一臂之力，大雨迫使比賽休息四十分鐘，讓他得以調整戰術，最後以七比六、六比四贏得第三盤和第四盤。他開玩笑地說：「費德勒教練很滿意費德勒球員。」因為當時他還沒有教練。一年後，他也沒有給美國人機會。「這可能是我打得最好的一場比賽，」在二〇〇五年以六比二、七比六（二）、六比四獲勝後，他說：「我甚至覺得好像不是我在打球。」

四年後（二〇〇五年），他將在溫網另一場決賽再次面對羅迪克並再度奪冠，但這次是以些微的差距獲勝。然而，這幾年來出現了一位更具威脅的新勁敵：拉斐爾．納達爾（Rafael Nadal）。二〇〇六年，這位二十歲的西班牙人已經贏得兩次法網公開賽冠軍，攀升到世界排名第二，信心滿滿地來到溫布頓。他是那年迄今為止唯一在法網決賽中擊敗費德勒的選手，兩人在溫布頓橫掃每輪賽事，最後迎來壓軸的決賽。

當費德勒以六比〇先拿下首盤時，兩人的競爭看起來並不激烈。雖然這位左撇子選手在第二盤給費德勒更大的壓力，但費德勒還是獲勝，後來輸掉第三盤——這也是他整個錦標賽中唯一丟失的一盤。到了第四盤，費德勒猛烈攻勢下取得五比一領先，最終以六比三獲勝。他在第四度贏得溫網冠軍後表示：「整體而言，這是我在大滿貫賽事中表現最好的一次。」他穿著贊助商特製的白色夾克繞場一圈，然後直接走進全英俱樂部的博物館。

一年後，二〇〇七年，費德勒迎來一個貴客：比昂・柏格，一九七六年至一九八〇年五度蟬聯溫網冠軍。現在費德勒有機會追上這項輝煌紀錄，如果真的實現，柏格希望能親眼目睹。「能夠達成這項紀錄的，沒有比羅傑更好的人選了，」瑞士名將彬彬有禮地表示：「如果他不僅能追平我的連勝紀錄，還能更勝一籌，那就太好了。」

因為下雨，加上十六強賽因對手湯米・哈斯未到場而獲勝，費德勒在賽事期間休息了五天，從週六到週三。那時中央球場正在翻修，當費德勒與納達爾再度於決賽碰頭，看台還沒有屋頂。缺少屋頂讓比賽變得混亂。前面費德勒一度取得二比一的盤數領先，但在第四盤以〇比四落後。接著，他開始對西班牙選手一次又一次使用電子線審系統鷹眼感到惱火。

「該死！我今天會被它害死，」他對主審卡洛・雷默斯（Carlos Ramos）這樣說，然後問能不能關掉鷹眼系統，但請求顯然無效。納達爾拿下第四盤，並在第五盤取得領先。義大利記者烏巴爾多・斯卡納加塔（Ubaldo Scanagatta）在我耳邊輕聲說：「費德勒這次不會成功了。」

但烏巴爾多錯了。在決勝盤的第三局和第五局，費德勒救下破發點——此時的破發點感覺像賽末點。接著出人意料地，費德勒在第六局破發納達爾，最終以七比六、四比六、七比六、二比

六、六比二獲勝。柏格是最早向他祝賀的人之一。

「每次來到溫布頓，我都會看到柏格的名字連續五次刻在冠軍牆上。現在我已經追上他了，就像做夢一般，」費德勒說道。幾家報紙玩弄著文字遊戲來形容費德勒如何升到與這位瑞典人齊平的高度：「Bjorn again」（柏格再現，譯註：跟澳洲樂團 Björn Again 一語雙關，Björn Again 是因向瑞典樂團 ABBA 樂團致敬而成立的樂團）。

到二〇〇八年，持續有人將費德勒比作柏格。這回費德勒本來可以不必向伯格看齊的，但如同瑞典人二十七年前未能連續奪得溫網第六冠，羅傑尋求衛冕也未能如願。如同柏格在決賽中敗給左撇子約翰．馬克安諾，費德勒也輸了，對手是納達爾。

二〇〇八年一月他被診斷出罹患淋巴腺熱，這對他的體能狀態產生了連鎖影響。他抵達溫布敦時仍是世界排名第一，但只贏得兩場小型比賽，並在羅蘭加洛斯以六比一、六比三、六比〇輸掉本賽季第三場與納達爾交手的比賽——慘烈吞敗。

當兩人於溫網決賽再度碰頭，他們締造了也許是網球史上最偉大的決賽。比賽持續四小時四十八分鐘，比了一場令人屏氣凝神、發揮出超高水準以及充滿懸念的對決。該賽事因雨中斷了兩次，第一次是第三盤停了八十分鐘，第二次是在第五盤二比二時停了三十分鐘。打到晚上九點十六分才結束。

費德勒在前進決賽的路上沒有輸掉一盤，但他連續敗給納達爾的紀錄卻已留下深刻影響。這次是兩人連續第三次打進溫網決賽。從破發點表現可以看出費德勒的敬意。他打得猶豫不決，握有十三個破發點只成功兌現一個，第二盤來到四比一領先。但他接連輸掉這盤，以四比六、四比六落後。納達爾同樣有很多機會破費德勒的發球局，但關鍵是他成功破發四次。儘管如此，費德勒仍透過搶七局拿下後面兩盤，並奇蹟似地逼出決勝盤。他在第二次搶七成功克服二比五的劣勢，甚至化解兩個賽末點，並以一記漂亮的反拍穿越球保住第二次搶七，這需要超乎常人的精準度和鋼鐵般的意志。比賽似乎轉回有利於費德勒的局面。

但費德勒沒有成功把握他第五盤唯一的一次破發點，這個機會原本可以讓他以五比三領先。納達爾的反攻讓他付出慘痛代價，並在破發他後以八比七領先。納達爾堅定地保住發球局，成為自四十二年前瑪諾洛・桑塔納（Manolo Santana）以來第一位奪得溫網冠軍的西班牙選手。他雙膝落地，相機有如爆炸般的閃光燈瞬間照亮黑夜。

拿過六十五場草地連勝紀錄的費德勒走進更衣室，一場前所未見的失敗令他大受打擊。在瑞士德語記者會上，他沒有掩飾自己的情緒，他說這是場災難，而且是他到目前為止最慘痛的失敗。他承認納達爾打得很穩「堅若磐石」（rock solid），也憤怒地埋怨比賽最後光線不足。「難以接受這場世界上最重要的網球錦標賽居然在光線弱到幾乎無法再打的情況下一決勝負，我幾乎看不清楚誰站在網的另一邊，太黑了。」如果局分是八比八，比賽很可能會終止並延到第二天再比。那是中央球場使用附加照明的伸縮式屋頂的前一年，但對費德勒來說已經晚了一年。

如果他知道下一年自己將重奪溫網冠軍，以五比七、七比六、七比六、三比六、十六比十四擊敗羅迪克，也許會讓他感到安慰。三年後（二〇一二年），他將贏得自己的第七座溫網冠軍，追平山普拉斯與威廉·倫肖（William Renshaw）的紀錄。而且，這也不會是他在倫敦西南部的最後一勝。

十六、瑞士特快車前進紐約

紐約是個魅力四射的大熔爐，摩天大樓處處林立，就像一座不夜城，或像饒舌歌手Jay-Z跟艾莉西亞・凱斯（Alicia Keys）後來合唱的那樣，是個「由夢想築成的鋼筋混凝土叢林」，這裡也是四大滿貫賽事中最「Rock'n roll」的地方。法拉盛草地公園上人群熙攘，燈火通明，音樂響徹天際。

費德勒二〇〇四年來到美網時，他是兩屆溫網冠軍、澳網冠軍、大師盃冠軍和世界第一。他在美網八強賽對上三十四歲的安卓・阿格西，並以六比三、二比六、七比五領先，但入夜後下起雨來，比賽因而被迫延後舉行。然而，到週四下午他們重啟比賽，卻又碰到像颶風般的強風，費德勒表示這是他參加過最糟糕的比賽狀況。「若是五年前，我可能會對這樣的風勢大發脾氣，」他說。但他已不再是過去那個脾氣暴躁的人，他現在知道必須自我控制。費德勒努力去適應大風環境，等到他以六比三贏得困難重重的第五盤，整個人忍不住發出歡呼的吶喊聲。

在與阿格西的前三場比賽，費德勒都以相當程度的落差敗北之後，他說自己感覺「像個小學生」。但如今他在與阿格西的對戰紀錄中以四勝三敗領先，讓這位美國人不禁在自傳裡對費德勒大加讚賞。「他跟我在比斯坎灣擊敗的那個人完全不同，」阿格西在自傳《公開》（*OPEN*）中寫道：「在我看來，他正蛻變成為有史以來最佳的球員……他高超的球技和驚人的自制力令我驚歎不已。他是我見過最令人印象深刻的網球運動員。」

擊敗阿格西後，儘管費德勒抽到與提姆・韓曼與萊頓・修威特對戰，這兩位長久以來一直是難纏的對手，但他並沒有讓他們妨礙自己奪得第四座大滿貫冠軍。他以一盤未失之姿擊敗兩人，並在決賽中發揮出大師級表現，首盤只讓修威特拿到五小分。最後費德勒以六比〇、七比六、六比〇擊敗對手，成為自一八八四年以來首位在美國錦標賽中拿下兩盤完封的男網選手。「費德勒特快車」（Federer Express）正全速行駛中。

「我倒在地上，望向天空，看著球場的燈光，」他談到奪冠的那一刻。「我心想『太令人難以置信了』，感動到快哭了。」他成為職業網球開放時代中第四位在同年贏得四大滿貫中三項賽事（澳網、溫網和美網）的選手。

拿下法拉盛草地球場的勝利讓他大大提高在美國的知名度。決賽後的週一，費德勒被專車接送到一家又一家的電視台，上午七點四十五分他人在ESPN，八點半上了哥倫比亞廣播公司（CBS）的《晨間秀》（*Early Show*）節目，九點半接受《雷吉斯與凱莉現場秀》（*Live with Regis and Kelly*）的專訪。再來是到時報廣場（Times Square）拍攝照片，以及出席在滾石餐廳（Hard Rock Café）召開的記者會。下午兩點三十分，他成為約翰·馬克安諾脫口秀節目的嘉賓（譯註：馬克安諾在CNBC主持一檔同名談話節目），隨後出現在《查爾·羅斯訪談錄》（Charlie Rose）節目上面，就一直這樣露出在各大媒體版面。

到二〇〇五年，與阿格西的較量持續朝著有利費德勒的方向發展。他在墨爾本、杜拜及邁阿密的比賽中徹底擊敗阿格西，連續拿下七場勝利後，現在他在兩人對戰紀錄中以七勝三敗領先。

這時候阿格西已經三十五歲，背痛纏身意味著他只能依靠定期注射可體松（cortisone）來打比賽。阿格西參加生涯第二十次美網公開賽時，仍排名世界第七，而且稍早征戰洛杉磯摘下一冠，並在蒙特婁打進決賽（再次輸給納達爾），所以阿格西抵達紐約便迅速成為群眾呼聲最高的熱門選手。他使出渾身解數，一路過關斬將皆以五盤擊敗馬里塞、布雷克（James Blake）及吉內普利（Robby Ginepri），最後挺進決賽，準備為他在一九九四年和一九九九年之後的美網第三冠而戰。大家都以為，這將為他輝煌職業球員生涯畫下完美的句點。

另一邊，費德勒則在人稱「超級星期六」（Super Saturday）的男單準決賽中闖進他生涯裡第六個大滿貫決賽，歷經了三小時的四盤鏖戰擊退修威特。等到費德勒打完比賽，阿格西已經回飯店休息一段時間。因為這名美國選手希望安排在第一場準決賽的請求獲得重視，所以主辦單位更改賽程好讓他在決賽前有更多時間恢復體力。基於電視收視率的考量，美網公開賽當時是唯一將男單準決賽安排在週六舉行的大滿貫賽事（譯註：超級星期六當天會舉行男單四強和女單決賽，隔天週日再比男單決賽，依照慣例呼聲高或美國地主好手會放到週六後面壓軸，但相對地第二場選手能夠恢復體能備戰決賽的時間比較少）。

決賽於九一一世貿恐攻四週年紀念日登場，兩萬三千三百五十三名觀眾湧入世界最大的網球場，羅賓・威廉斯（Robin Williams）、達斯汀・霍夫曼（Dustin Hoffman）、蘭斯・阿姆斯壯（Lance Armstrong）和唐納・川普（Donald Trump）等巨星名人也現身在人群裡。比賽之前，數不盡的美國國旗在風中飄揚，巨幅的美國星條旗在球場展開。這一天是屬於美國的，也是屬於阿格西的。

當費德勒走進賽場，他覺得自己彷彿在一群嗜血觀眾面前被扔進獅子巢穴。不過，他可是賭客當中看好的小熱門，而且一開始就不負眾望取得領先，但他打到第八個盤末點才終於以六比三拿下首盤。接著他受到現場地主國那股愛國情懷、幾近敵意的氣氛所影響，第二盤打得速戰速決，他以六比二輸掉。到了第三盤美國人以四比二領先，眼看局勢就快拉成五比二，所幸費德勒的拍框打中球，球飄過網落在界內形成致勝球。他所需要的好運就這些了。

費德勒接著迎頭回破阿格西，找回比賽的節奏。兩人纏鬥到第三盤的搶七，費德勒在這裡找到了阿格西後來所說的「其他選手都沒有的技巧」。費德勒以七比一贏得搶七，盤數二比一領先——並且攻破阿格西的防守。正當我迅速將報導內容從失敗改成勝利時，費德勒已迅速且游刃有餘地拿下第四盤。

等到比分停在六比三、二比六、七比六、六比一，費德勒似乎對剛才發生的一切震驚不已——就跟抱著毛巾痛哭的阿格西一樣。「打到第三盤時，我以為自己輸定了，」費德勒賽後表示。對費德勒來說，讓這一刻更甜美的是，那是他打敗阿格西贏來的冠軍，他覺得阿格西是依然活躍於男子網壇的傳奇人物，「我可以在生涯的巔峰與接近生涯尾聲的他交手，而且是在紐約這裡，美網公開賽的決賽——那也許是我人生最重要的一場比賽。」費德勒沒有批評一面倒為阿格西助陣的觀眾，還說：「我已經替最壞情況做好準備，但實際情況比我預想還慘，十五人對兩萬四千人。」

這場難忘的比賽將是他與阿格西的最後一場比賽，也是阿格西的生涯最後一場男單決賽。接下來的十二個月，阿格西僅參加九項賽事，然後在二〇〇六年美網賽場上宣布退役，發表感人的告別演講。

多年後，我才意識到，輸給費德勒對阿格西的打擊有多深。二〇一七年秋天，阿格西的瑞士鐘錶贊助商邀我去拉斯維加斯採訪他，當他帶我參觀其成立的基金會所創辦的校園時，我不經意問起，他知不知道是他啟發了費德勒在二十二歲就成立自己的慈善機構。阿格西曾告訴費德勒，慈善工作越早進行越好。但阿格西並沒有把我的問題當成我原本想表達的恭維之詞，而是表情難堪的回我：「我明白了，所以他在這方面也比我早一步……。」

同樣值得注意的是，這位美國人談到費德勒的態度出現一百八十度大轉變。二〇〇五年美網公開賽後，他滔滔不絕地盛讚費德勒是他交手過最好的球員，沒有絲毫弱點的對手。但幾年後，在費德勒打破更多紀錄以後，他突然講到納達爾的成就比費德勒更勝一籌，竭盡所有想得到的論點來證明，即使他只跟這位西班牙選手交手過兩次。

二〇〇六年，費德勒在決賽擊敗安迪．羅迪克後再次衛冕美網冠軍——阿格西告別賽那屆——並於二〇〇七年和二〇〇八年，分別戰敗首次角逐大滿貫金盃的喬科維奇和安迪．莫瑞（Andy Murray），摘下他的第四冠和第五冠。費德勒的美網五連勝在二〇〇九年止步，那年決賽他以盤數二比一領先，最後卻輸給了戴波特羅。那是他生涯至今最希望再次交手的一場比賽。

從二〇〇四年夏天開始稱霸法拉盛草地球場以來，費德勒在北美所有賽事的連勝紀錄達到五十五場。除了五年來五度奪得美網頭銜之外，他也在印地安泉、邁阿密、辛辛那提、多倫多及休士頓等地囊括其它十座獎盃。他已經走過了那段在美國的低潮時期。

十七、被低估的紅土好手

羅傑在紅土賽場的故事，基本上跟他與納達爾兩大巨頭的對決密不可分。他的職業生涯恰巧與有史以來在紅土最強大、最成功且最穩定的球員相遇，意味著許多人會因此認為羅傑並非紅土好手——嚴格來看，這種解讀並不正確。當然，費德勒的紅土戰績遠不如納達爾，也比不上自己在草地和硬地所取得的成就。可是，若沒有納達爾，費德勒幾乎毫無疑問將成為巴黎、倫敦、墨爾本和紐約的連勝冠軍。二〇一六年，擔任羅蘭加洛斯賽事總監的前法國網壇名將蓋伊・佛蓋特（Guy Forget）說過：「沒有納達爾的話，他已經在這裡獲勝六次了。」

這句話不單純只是個人想法，還有統計數據支持。費德勒首次成為世界第一後的十年期間，他打進紅土決賽有十九次，僅次於納達爾。其中有六次是沒有迎戰這位西班牙人的決賽，他全部獲勝，而且有兩次比賽是他擊敗納達爾。二〇〇七年，他在漢堡終結了納達爾的紅土八十一場連勝，接著二〇〇九年馬德里他再次擊敗納達爾。與此期間，輸給納達爾的紅土決賽有十一次——

羅蘭加洛斯四次、蒙地卡羅三次、羅馬兩次，漢堡和馬德里各一次。不用是數學家也能得到以下的結論：若不是對上納達爾，這十一次決賽就會有幾座冠軍落到費德勒手中。

但因為有納達爾在場上，費德勒的五次法網決賽只贏得一次，即二〇〇九年對戰羅賓・索德林（Robin Soderling）的那場決賽，而且從未在羅馬或蒙地卡羅兩項重要網賽獲勝，儘管他曾四度闖進這兩項賽事的決賽。

費德勒經常提到他在紅土球場長大，並認為自己的表現沒有受制於紅土地面。紅土球場也是瑞士網球的基礎。瑞士全國上下約有三千座戶外球場，其中百分之八十是紅土，另外六百二十座室內球場也多數是紅土地面。此外，許多紅土球場冬天都會搭起充氣式頂棚，就像氣球般罩住球場，所以寒冷的月份也能使用。

儘管如此，費德勒最大的弱點在紅土同樣是清楚可見的事實，從青少年時期就顯現出來。雖然費德勒的五座ITF國際青少年巡迴賽冠軍當中有兩座在紅土賽場贏來（在義大利的普拉托和佛羅倫斯），但登上世界青少年網球冠軍的那一年，他在羅蘭加洛斯球場的首戰就敗給捷克選手亞羅斯・列文斯基（Jaroslav Levinsky，這位球員轉成職業選手後幾乎沒有他的消息）。

紅土跟草地一樣都是難度很高的地面材質，選手在滑步揮拍時需要有特殊的步法。這種紅色粉狀表層會使球落地後減速，再加上擊球的旋轉，會造成球的彈跳比其它地面更高，因此讓選手多了零點幾秒的時間來決定自己的打法。溫度的變化、海拔的高度、風的強弱、球場灑水的多寡以及濕度差異都會影響比賽的狀況。基本上，比起寒冷又濕度高的天氣，溫暖宜人的天氣會讓這種材質變得較乾，讓球速變得較快，對於進攻型的球員更為有利。

納達爾擁有全方位的球技，可以使費德勒的優勢失效，並在比賽一開始就暴露他的弱點——尤其是在紅土賽場。納達爾的主要武器是正拍對角抽球，這招能迫使費德勒一次又一次在反拍位置防守。費德勒經常不得不在肩膀高度回擊來球，因為納達爾打出的旋球轉速相當之快。這位西班牙人天生是右撇子，但用左手打球，因此能夠以威力強大的正拍將球打到對手通常較弱的反拍位置。而且他時常這麼做。

一項研究顯示，約有百分之十的職業選手用左手打球，而且巧合的是，他們比慣用右手的人更具優勢。在場上最常逼出破發的左側發球區（advantage side of the court，在你面對球網的左邊），左手球員可以把球發到右手球員的反拍位置，將對手逼到場外，進而闢開球場。至於右手球員，這種情況只出現在當他們在右側發球區（deuce side of the court）發球時（而且只有在十五比四十破發的時候）。

「每個球員都有自己的模式，」擔任施特菲．葛拉芙（Steffi Graf）教練多年的亨茲．根達特解釋，「因為左手球員經常與右手球員比賽，而不是右手球員經常與左手球員比賽，所以他們比賽不需要更變打球模式，但右手球員就會需要。」

費德勒最受歡迎的模式之一，是將他一流的正拍擊球打到右手球員的反拍位置。但同樣的動作面對左手球員就是把球打到他們通常更強大的正拍位置，導致壓制效果大打折扣。

贏得十二座大滿貫冠軍的羅伊・愛默生（Roy Emerson）曾於二〇一七年大膽假設：「如果納達爾是右撇子，他可能連一座大滿貫冠軍都拿不到。」納達爾的對手們（絕大多數是右撇子）不會講出這樣的言論，因為他們不想被當成是找藉口、輸不起的失敗者，費德勒也是如此。費德勒在二〇〇四年邁阿密與納達爾的第一場比賽結束後清楚表示，左撇子的西班牙選手比他多一些優勢。原因在於，不僅是左撇子選手可以更有效攻擊他的反拍位置，而且他自己的正拍攻勢對左撇子選手的影響也比較小。「納達爾為他的比賽做了很多訓練，他的正拍很強，速度也很快，有萊頓・修威特那樣的鬥志，」費德勒在他們打完佛羅里達首場比賽後說。「此外，他是左撇子，面對這類球員，我的正拍不如面對右撇子那麼有效。我認為他接下來幾年會成為世界上最好的左撇子選手。」毫無疑問，他說的沒錯。

兩年後，我在某次採訪中再度提起這個話題，費德勒也坦率地回應。「他確實讓我在比賽中出現一些弱點，我很清楚，但身為左撇子球員的他更容易讓我的弱點顯現出來，」他說。「他讓我思考該如何打球，讓我更專注於某些事情。我已經開始努力嘗試對抗左撇子球員的方式，湯尼・羅切（Tony Roche，費德勒的教練）非常重要，他也是左撇子。對我而言，與這些人比賽是完全兩碼事。納達爾的優勢在於他們的人數較少，所以右撇子較少接觸到這種打球方式。我每年可能只有跟五位不同的左撇子選手比賽。」

如果這位來自馬約卡島（Mallorca）的選手是右撇子，那他二〇〇六年夏末與納達爾交手中就不會以六比二落後，而是以六比二領先，費德勒同意這個普遍的說法。「我也這麼認為，打的時候他會出現更多問題。但事實就是這樣，他的左手打得非常出色，連他的反手也有進步。但是我們的紀錄不應該被過度高估，因為我們有四場比賽在紅土賽場進行。如果他經常在硬地球場痛宰我，那麼你就可以說他比我強。但我不希望這樣，大家都很好。」

很快可以看出這位在球場上化身為戰鬥機器的西班牙挑戰者，心理素質比費德勒更具優勢。為了清楚解釋這點，需要回到他們競爭的開頭。

納達爾很早熟，二〇〇二年，年僅十六歲就在蒙地卡羅擊敗法網冠軍亞伯特·柯斯塔（Albert Costa），但他出現在網壇的時候，費德勒已是公認的最佳球員，並在不久後成為毫無爭議的世界第一。費德勒差不多比他大五歲，是納達爾仰慕的球員。這位西班牙選手在球場以外的地方相當害羞且拘謹。因為英文不好，他在接受採訪時需要翻譯陪同。他們比賽時，兩人的角色非常明確：納達爾是沒有任何損失的挑戰者；費德勒是可能失去所有的奪冠熱門選手。

二〇〇四年三月二十八日，費納兩人的第一場比賽在邁阿密舉行。八天前，費德勒才贏得印地安泉大師賽，但在酷熱的沙漠裡打了六場比賽，他開始出現發燒、噁心、嘔吐和四肢痠痛等症狀——中暑了。「羅傑幾乎沒生病過，但這次他真的病倒了，」米爾卡說。

費德勒從加州出發，前往俄勒岡州波特蘭（Portland）參加在Nike總部的廣告拍攝行程。但由於身體狀況不佳，拍攝活動被迫暫停，飛到佛州後，人還是感覺很不舒服。先前在洛杉磯轉機，他已經覺得渾身不對勁，無法自己走路，結果錯過轉機，必須在機場酒店住上一晚。

一抵達邁阿密，費德勒就必須出席更多的推廣活動，這次是跟他的球拍贊助商合作，但他身體依然難受不已。本來費德勒考慮退出比賽，不過首輪享有輪空資格，原定週六對上尼古萊·達維登科（Nikolay Davydenko）的首場比賽也因天氣緣故而延後舉行。於是他決定繼續參賽，在兩小時內贏得比賽，但比賽過程打得並不輕鬆。

費德勒到現在已經連贏十二場比賽，但有一小群在邁阿密的瑞士記者懷疑他在下一輪對戰納達爾的比賽無法繼續連勝。這位西班牙選手當時只有十七歲，雖然已是世界排名第三十四名，但沒人想到這場比賽會如此一面倒的局面。在那個溫和的夏日夜晚，球場只坐滿四分之三，費德勒幾乎沒有進入狀況。他在首盤丟掉兩次發球局，以三比二落後，隨後六比三。次盤雖然一度以四十比〇領先，但第六局丟失發球局，最終以六比三、六比三輸掉比賽。而且，他在納達爾的發球局中沒有拿到任何破發點。

納達爾靠殘酷的底線對抗、強勁的回擊及偶爾的上網進攻來主導局面。他賽後表示：「這是我生涯打得最好的一場比賽，我的表現近乎完美，發球發得好極了，也許這輩子從沒發得這麼好過。」納達爾謙虛地承認，那是因為費德勒還在生病，如果他的對手身體完全康復，他可能會輸——但說這個沒有意義，比賽贏了就是贏了。

他們的第二場比賽在一年後，同樣是在邁阿密，但兩人再度碰頭就是決賽了。費德勒剛開始又一次找不到方法壓制納達爾，丟失了前兩盤，第三盤以四比一落後這位網壇新人，最後打滿五盤反敗為勝。前面這兩場比賽都令費德勒印象深刻。二〇〇五年他在法網準決賽迎戰納達爾，這是他們倆的第三場比賽，但他失去以往的王者之姿，尤其是在納達爾贏得紅土好手的名聲之後。那一年納達爾已在紅土拿下五場賽事冠軍，包含前往巴黎途中在蒙地卡羅、巴塞隆納和羅馬的三連冠。

另一方面，費德勒發現在紅土賽場難以找到打球節奏。作為一名性情急燥且爭強好勝的進攻型球員，他被固若金湯的防守型球員累得筋疲力盡。費德勒的紅土生涯剛開始表現得非常失敗，連輸十一場比賽。後來二〇〇〇年和二〇〇一年，他在羅蘭加洛斯球場有些進步，在紅土大滿貫賽事首次打進十六強和八強賽，但兩場比賽皆敗給艾立克．柯瑞加，且一盤未贏。接下來兩年的法網賽事，他先後分別在首輪就遭阿拉齊和奧爾納淘汰出局，二〇〇四年打到第三輪敗給球技高超的巴西選手古斯塔沃．庫爾登。這些結果沒有幫助他走出法網陰影，重拾信心。

二〇〇五年與納達爾交手的準決賽無疑是該屆法網最受期待的比賽。第一位決賽選手已經出爐——阿根廷選手馬里亞諾．普埃爾塔（Mariano Puerta），但他賽後意外被檢驗出呈現興奮劑陽性反應，這是他職業生涯第二次。因雨延賽加上普埃爾塔與俄羅斯選手達維登科的五盤大戰，費德勒和納達爾直到傍晚六點二十分才走上球場。

他們在紅土賽場首度交鋒，費德勒的不確定感和對對手的敬意全都表露無遺。這個情況到比賽最後階段變得更加明顯，因為天色漸暗了。由於光線不足，他要求裁判將比賽延到第二天，此時他處於盤數二比一落後（但第四盤以四比二領先）的局面。但要求遭拒絕。費德勒很生氣，發狂似地亂打，才一眨眼的功夫連輸四局，最後也跟著輸掉比賽。「我剛開始表現不佳，比賽最後階段也很差，」他賽後總結說：「中間雖然打得不錯，但還不夠好。」

這場準決賽奠定兩人的競爭基調，並於往後幾年將網球運動發展到前所未見的面貌。現在費德勒完全意識到，納達爾能夠輕鬆地把他帶出舒適圈，而他需要付出極大的努力，才能在自己的王國擊敗這位紅土之王。他的比賽並沒有太多失誤——但接下來十二個月內，他對上這位西班牙選手的四場比賽全軍覆沒。其中一場是二〇〇六年在羅馬，由於他沒有把握住兩個賽末點而錯失大好機會，且都是因為正拍的非受迫性失誤，在經歷五小時又五分鐘的精采大戰後，費德勒以六比七（〇）、七比六（五）、六比四、二比六、七比六（五）輸掉比賽。「我不知道我是怎麼贏得那場比賽的，」納達爾賽後如此說，但顯然他握有讓這位瑞士選手贏不了的魔咒。

儘管兩人的對戰紀錄不利於他，但費德勒似乎很高興球場上出現一位年輕、有實力的對手，馬上試圖與對方取得個人聯繫。二〇〇五年春天，他透過簡訊祝賀納達爾打破了同一年奪下四座大師賽冠軍的紀錄。而且，納達爾到巴塞爾參加瑞士室內網賽（因傷退賽之前）時，費德勒還去他下榻的飯店找他，在那裡他們可以遠離鏡頭的目光，好好地聊天。有時候兩人也會互通電話。

加上由於他們經常是比賽中最後離開的人，所以更衣室越來越少人的時候，他們也常常在那裡碰面。

在費德勒看來，這位充滿野性、看起來像海盜的年輕男孩是網球運動的資產——不只是因為他的打球風格明顯具有票房吸引力，也因為他在場外的謙虛和良好的舉止令人印象深刻。納達爾對費德勒也有相同的回應：「費德勒不僅是一位優秀的世界第一，一位了不起的人物，也是一位溫和、冷靜的好人。最重要的是，他很友善。」儘管兩人花了很多時間在重大比賽上相互較勁，但彼此很少出現意見分歧或緊張的情況。但也有一些例外的時候。例如二〇〇六年在羅馬的決賽，這是他們最精采的比賽之一，當時費德勒對於看台上不斷傳來的信號感到生氣，他轉向納達爾的叔叔兼教練托尼（Toni）並問：「你是有什麼毛病？」費德勒後來透露，他在杜拜和蒙地卡羅比賽時也注意到同樣情形。他不滿主辦單位的作法，認為他們不該只是坐在那裡享受比賽，而是要確保大家遵守規則。他引用了教練禁止在場邊指導球員的規定，並抱怨說：「與其這樣不如把規則手冊丟掉算了。」

費德勒與托尼的互動都看在納達爾的眼裡，兩人在比賽結束後的握手很冷淡；顯然這是他們倆人關係第一次變得緊張。回到家鄉馬約卡島，納達爾指責費德勒是輸不起的人。不久後，他們倆人在巴塞隆納的勞倫斯獎（Laureus Awards）頒獎典禮上再度見面。費德勒二度獲頒年度最佳運動員獎項，納達爾則是拿下年度最佳新人獎（Best Newcomer）。「我們坐在同一張桌子，西班牙公主坐在我們中間，」費德勒後來回想：「我們都發現事情其實沒那麼嚴重，回到巴黎兩人就沒事了。」

兩人恢復友好關係，費德勒與納達爾的相互較勁逐漸發展成一場經典、最精彩刺激、時間維持最久、可能是世界體壇最受矚目的兩位運動員對決：兩人幾乎同時贏得比以往任何人都多的大滿貫冠軍——截至二〇二一年初本書撰寫日為止，他們各自拿下了二十座大滿貫。左撇子選手對上右撇子選手、複雜的進攻型球員對上強硬的防守型球員、單手反拍對上雙手反拍、草地之王對上紅土之王。與此同時，兩位球員相互尊重與幫助，為彼此的慈善事業創造收入，讓網球運動發展更好。為了幫助費德勒的基金會募款，他們在蘇黎世替表演賽拍攝宣傳廣告，兩人像調皮學生不停地咯咯笑的影像畫面現在成了著名的幕後花絮。費德勒問納達爾說：「那你準備送我什麼聖誕禮物？」兩人重拍好幾次都忍不住崩潰笑場。卡！再來一次……。

費德勒二〇〇六年第一次在羅蘭加洛斯球場晉級決賽，他碰上的對手是誰可想而知，那就是納達爾。剛開賽時，費德勒竭盡全力猛烈進攻，但到第二盤就失去動力。經過三小時，他第一次在大滿貫決賽嘗到失敗滋味（他前七次大滿貫決賽全都奪冠，這是瑞士名將的另一項紀錄）。然而，一比六、六比一、六比四、七比六（四）的比賽結果也不是什麼讓人大吃一驚的事，畢竟他那一年已經三次決賽都輸給納達爾。儘管有這些失利紀錄，二〇〇六年仍是費德勒最好的賽季。在九十七場比賽中，他只輸掉一場（在辛辛那提對上安迪・莫瑞）。他抱走十二座獎盃，並以九項錦標賽只輸一項的成績結束這個賽季。

但也因為法網的關係，他必須等待更久的時間才能達成所謂的「生涯大滿貫」（career Grand Slam）。在那之前，只有五位球員在他們職業生涯中贏得全部四項的大滿貫賽事：一九三五年的弗雷德·佩里（Fred Perry）、一九三八年的唐納·布吉（Donald Budge）、一九六二年的羅德·拉佛、一九六四年的羅伊·愛默生以及一九九九年的安卓·阿格西。而真正的大滿貫——同一年度贏得四大滿貫賽事——只實現過三次，一次是布吉（一九三八年），另外兩次是拉佛（一九六二年和一九六九年）。

二〇〇六年是納達爾第二次在巴黎阻擋費德勒實現生涯大滿貫之路，在接下來的幾年，這種戲碼還會重複上演。

生涯大滿貫並不是容易實現的壯舉。超過半數的世界第一球員在退役前都沒能摘下「火槍手獎盃」（Coupe des Mousquetaires，法網男單冠軍盃）。這些人包含鮑里斯·貝克和皮特·山普拉斯，他們都打到準決賽止步；約翰·馬克安諾在一九八四年決賽中敗給伊凡·藍道；史特凡·艾柏格則在一九八九年與張德培的冠軍賽上讓二比一的領先優勢溜走。吉米·康諾斯也是其中一員，因為他拒絕參加法網許多年。

每次遭納達爾擊敗，都讓費德勒在紅土賽場戰勝他的道路走得愈加崎嶇。二〇〇七年法網，決賽剛開打時費德勒原本掌控了比賽，但他未能將優勢轉化為領先局面，最終以六比三、四比

六、六比三、六比四敗北。下一年（也就是費德勒患有淋巴腺熱的那年），他們連續第四年在巴黎相遇，也是兩人第三度在決賽場上交手。但那年賽季，與最大勁敵的較量讓費德勒跌到谷底。他先是在法網慘敗遭淘汰（六比一、六比三、六比○），接著歷史性溫網決賽也在五盤苦戰後敗給西班牙選手。除了在葡萄牙艾斯托利爾的小型紅土網賽因對手達維登科中途退出決賽而獲勝之外，費德勒在該賽季前半段的比賽是屢戰屢敗。整體而言，二○○八年他與納達爾的四場比賽全部輸掉。

二○○九年費德勒又恢復了健康，並控制住前一年再次困擾他的背痛毛病。在馬德里紅土決賽上意外戰勝納達爾之後，他開始聲勢看漲，信心大增。他在馬德里網賽後表示：「幾週前，我還不確定自己能不能贏得法網，但現在想法變了。」

後來在羅蘭加洛斯球場上發生的事情跌破了所有人的眼鏡。納達爾顯然是奪冠熱門選手，但令人驚訝的是他居然在十六強賽慘遭瑞典選手羅賓·索德林淘汰。現在看來費德勒眼前的奪冠道路似乎暢通無阻，但壓力仍堆在他的肩上：還有一段很長的路要走。他馬上發現自己在十六強賽中以六比七、五比七落後湯米·哈斯，打到第三盤三比四時他必須救下關鍵的破發點，如果丟失破發點，德國選手只要再守一個發球局，費德勒的機會就沒了。在這種強烈的壓力下，他打出了自己生涯中最出色的一擊，一記正拍壓在線上的致勝球，並讓哈斯失去鬥志。他以六比四、六比○、六比二贏得最後三盤，接著直落三盤擊退加埃爾·孟菲爾斯（Gael Monfils），然後在準決賽中他克服了盤數二比一落後的劣勢，以三比六、七比六、二比六、六比一、六比四打敗戴波特羅。他一路過關斬將地走到這裡，第四度打進法網決賽——第一次球網的另一邊沒有納達爾的身影。

他幾乎沒眨一下眼，以六比一、七比六（一）、六比四直落三盤，擊敗了贏過納達爾的羅賓·索德林，第一次以法網冠軍身分躺倒在這片紅土球場上。在贏得賽末點之前，淚水就在他眼眶裡打轉，因為他知道盼望已久的生涯大滿貫已經到手。他是十年來第一位贏得全部四大滿貫賽事的球員，也是自安卓·阿格西將獎盃交棒給他以後的第一人。「我一直知道我能夠在巴黎奪冠，我的獎盃陳列櫃裡面總是留有放火槍手盃的空間。」這是費德勒的第十四座大滿貫獎盃，追平了山普拉斯原先創下的紀錄。

二〇〇九年法網仍舊是費德勒在紅土賽場最亮眼的一戰。因為接下來幾年，他只拿下另外兩場紅土賽事：二〇一二年在馬德里，但那年比賽是在不同於以往的藍土球場進行，和三年後（二〇一五年）在伊斯坦堡的小型網賽。他在西班牙強將的紅土王國又遇到納達爾三次，而且每次都遭擊敗。其中一次交手在羅蘭加洛斯球場，兩人第四度於決賽碰頭。雖然費德勒表現出色，但情況與三年前完全不同，鏖戰四盤後還是落敗。

截至二〇二〇年底，費德勒的二十六場紅土決賽當中有一半都是對上納達爾，費德勒對納達爾的紅土交手紀錄為十一敗二勝，戰績一面倒向馬約卡島人。但經常被忽略的是，要打進這麼多場與納達爾交手的決賽，費德勒必須一次次證明自己是這位西班牙強將在紅土場上最強大且最頑強的挑戰者。儘管費德勒一開始在紅土的表現不佳，但他的紀錄卻相當可觀——截至二〇二〇年底，他的紅土賽場戰績為兩百三十三勝七十敗，勝率為百分之七十六。外界之所以會有他在紅土表現不佳的偏頗觀點，是因為相較之下他在硬地球場的勝率高出百分之八，在草地球場的勝率高出百分之十。由此可見，他不過是自己成功的受害者。

到了職業生涯後期，費德勒開始縮減賽程，紅土賽事是第一個被刪除的。二〇一六年，在因傷停賽之前，他只參加兩場紅土賽。二〇一七年復出後，他在接下來的兩年沒有參加任何紅土賽，直到二〇一九年回歸法網並再次打進準決賽，當然，他在那裡敗給納達爾。從他與宿敵的較勁來看，暫離紅土賽季可能不是他做出的最差決定。在紅土賽事之外，由於反拍的進步，他於二〇一五年到二〇一七年連續五次戰勝這位西班牙強將。

十八、巴塞爾的披薩派對

費德勒從十歲開始住在明興施泰因鎮的家，距離每年秋季舉辦瑞士室內網賽的聖雅各布體育場不到一英里。騎腳踏車五分鐘就能抵達，走路需要半小時，穿過「綠地公園」（Park im Gruenen），再行經「梅莉安花園」（Merian Gardens）就到了。對費德勒而言，聖雅各布體育場是夢想的殿堂，也許正是瑞士室內網賽的緣故，他在十二歲才會選擇網球而非足球。

巴塞爾足球俱樂部的主場「聖雅各布公園球場」（St. Jakob-Park）被當地人稱為「Joggeli」，位於聖雅各布體育場的旁邊，費德勒年輕時，巴塞爾足球俱樂部還沒有像二十一世紀初那樣具有舉足輕重的地位。自二〇〇二年以來，他們已經十二度獲得瑞士冠軍，偶爾在歐洲冠軍聯賽（UEFA Champions League）上也有亮眼的表現。但當費德勒面臨將來繼續投入哪項運動的決定時，巴塞爾足球隊只有參加瑞士乙級聯賽，於是他對瑞士室內網賽的興致變得比較高。瑞士室內網賽在創辦人兼發起人羅傑・布倫瓦爾德的努力下變得更加茁壯，他一直試圖找尋網球運動明星來參加比賽。即使還是學生，網賽那一週也是費德勒當年最重要的盛事。一連好幾個小時，他都在那裡索取簽名、觀看賽事、擔任售票員或球童——總是身處其中，因此能從不同角度體驗網球的迷人之處。

費德勒對於瑞士室內網賽的記憶可以追溯到很久以前，「我記得有次在斑比諾盃贏得了瑞士室內網賽的資格賽門票，那對我來說是很重要的一刻。」

有一張一九九四年他和馬可．奇烏迪尼里擔任球童時拍攝的照片，他們從冠軍韋恩．費瑞拉（Wayne Ferreira）手中接過紀念章。「我希望頒獎典禮時他能走到我旁邊，」費德勒回憶道。第二年，十四歲的費德勒獲准在球場中央與吉米．康諾斯和伊朗頂尖球員曼蘇爾．巴納米（Mansour Bahrami）合影。

奧立維爾．霍斯納（Olivier Hosner）在巴塞爾照顧這些球童許多年，一九九四年擔任過線審。他還記得，休息時曾和站在旁邊的球童聊天，問他打不打網球。那個男孩說他打網球，還說三年後希望自己能參加這場錦標賽。霍斯納回憶：「我當時覺得這個男孩很有自信。」好奇問了一下男孩的名字，後來得知他叫做羅傑．費德勒，很有網球天賦。

霍斯納沒料到費德勒三年後真的參加瑞士室內網賽。十六歲的他獲准參加資格賽，而且就在同一週，他的名字首次出現在世界排行榜，排名第八百零三名。擊退德國選手法蘭克．莫塞（Frank Moser）之後，他遇到排名在前三百名內的瑞士同袍羅倫佐．曼塔（Lorenzo Manta），後來這個人和他在台維斯盃組成了強大的雙打搭檔。最後他不敵曼塔，但比分差距很小，費德勒對自己相當滿意。

短短一年後，他憑靠一張外卡參加正賽，卻被阿格西教訓了一頓。在接下來的幾年裡，雖然偶爾在自己家鄉的主場賽事取得成功（打敗休威特和羅迪克），但都沒有獲得什麼值得欣慰和夢寐以求的獎盃。二〇〇〇年在巴塞爾，他第二次打進ATP巡迴賽的決賽，卻仍遭瑞典選手湯瑪斯·恩奎斯特五盤擊敗，賽後他不禁淚流滿面。一年後再度問鼎決賽，又被發球上網好手提姆·韓曼以大比分擊退，他也是流淚以對。

轉眼幾年過去了，費德勒已經成為世界第一的連勝冠軍，但在巴塞爾的冠軍頭銜依然沒有到手。二〇〇二年，他的奪冠希望在準決賽上被納爾班迪安戳破；二〇〇三年，他的背部扭傷，對上伊凡·盧比西奇（他未來的教練之一）的比賽只好提前出局；二〇〇四年，他在第一場比賽前的訓練過程拉傷了左腿後肌，不得不退出比賽。結果整整一年以後，他又因為右腳踝韌帶斷裂必須退賽。專欄作家巴德·柯林斯在二〇〇六年忍不住開玩笑地問費德勒：「你都已在溫網多次奪冠，什麼時候才要在巴塞爾奪冠？」

雖然費德勒只是笑笑帶過，但賽事落敗令他內心一陣刺痛。未能贏得巴塞爾網賽並非唯一的傷口：在瑞士另一項傳統ATP巡迴賽事——格施塔德公開賽上，他的表現不盡人意也是揮之不去的陰影。在伯尼茲阿爾卑斯山脈，也就是他一九九八年參加職業巡迴賽的首站，前五次參賽只成功擊退一名對手。不過，到了二〇〇四年，費德勒的表現有了突破性進展，以一路不敗的戰績贏得他在瑞士的首座ATP冠軍。前一年格施塔德公開賽的賽事總監柯比・赫門賈特送了他一頭名為茱麗葉（Juliette）的乳牛，作為奪得溫網的獎賞。不用說，這頭乳牛成為家喻戶曉的牛，費德勒更替茱麗葉生下的小牛取名為小白花（Edelweiss）。拿下這項紅土賽事冠軍之後，費德勒直到二〇一三年才再次參賽，但第一輪就敗北。那一年他又收到另一頭牛德希蕾（Desiree），初次見面時德希蕾非常緊張，在他離開羅伊愛默生球場（Roy Emerson Arena，格施塔德的最大球場）時還差點撞倒他。

回頭看看巴塞爾，他在巴塞爾的表現從二〇〇六年開始突飛猛進。此時的費德勒已經拿下九座大滿貫冠軍，在他第七次參加巴塞爾公開賽並終於奪冠時，他已經贏得四十三場勝利。在決賽擊敗智利選手費爾南多・龔薩雷斯後，費德勒替所有球童訂購披薩，等餐點送到跟他們一同享用。他一直沒有忘記自己曾經是球童。後來此舉成為一種傳統，無法奪冠的詛咒已經解除，費德勒也成為巴塞爾網賽的常勝軍。

他對於瑞士室內網賽的喜愛從未消逝，即使經常打進決賽並打破所有比賽紀錄之後也依然不變。二〇一〇年，費德勒第四次在巴塞爾捧冠後，對九千兩百名觀眾說：「巴塞爾是我最想贏的賽事之一，它緊接在大型賽事之後，對我而言是很重要的比賽。」那天米爾卡帶著他們十五個月大的雙胞胎女兒，米拉（Myla）和夏琳（Charlene）來到頒獎典禮現場；這是她們第一次在公開場合露面。她們的現身觀賽也讓羅傑很驚訝。他後來承認，當他在第三盤以五比一領先衛冕冠軍喬科維奇時，整個熱淚盈眶，就像之前在羅蘭加洛斯球場奪冠那樣。「羅傑・布倫瓦爾德指導的網球賽事籌備得非常完善，從進場的音樂到獎盃頒發典禮。這場比賽是我一切的開端。」

二〇一一年，費德勒在決賽擊敗日本選手錦織圭，情緒再度湧上心頭。因為那年對他來說是艱難的一年，沒有贏得大滿貫冠軍，在巴塞爾之前也只贏得一場小型賽事。「獲勝後的平靜、頒獎典禮、音樂，總讓我想起自己還是球童的時候，」他說：「這裡給我一種溫暖的感覺，我一直很自豪能夠在這裡打球，這就是為什麼我在這些時刻難以克制自己的情緒。而這一次比以往更難。」

從二〇〇六年開始，費德勒連續十三年都參加巴塞爾網賽，每次都打進決賽，拿下十座冠軍頭銜。只有喬科維奇（二〇〇九年）和戴波特羅（二〇一二年和二〇一三年）阻擋過他奪冠。費德勒在家鄉的眾多精采事蹟之一，是二〇一五年觀眾第一次能夠在瑞士國土上觀看他與納達爾的比賽（而且還看到他打敗了勁敵）。二〇一七年，費德勒擊敗了戴波特羅，為先前兩次決賽失利雪恥。

瑞士室內網賽是費德勒在球場上唯一用母語接受採訪的比賽。多年來，他和主持人亨茲・根達特的交談在瑞士已達到萬人風靡的程度。他們講話總是很風趣，經常在費德勒的笑聲中結束。例如二〇〇七年，根達特問他，比賽有許多身材高大的球員，像戴波特羅，他會不會覺得自己在更衣室顯得嬌小？「大概跟一般人一樣，但我真的沒那麼仔細看，」費德勒講完發現自己的回答可能聽起來怎樣後，整個人笑不停。

「在不同語境我的幽默感也會有所不同，有時候只能自嘲，」他後來解釋。小時候他在巴塞爾會緊張到連球拍都握不太好，「但只要贏得比賽，壓力就解除了。與前幾年相比，我可以更放鬆，可以在球場談笑風生，更能和群眾互動，」他二〇〇七年如此說。

雖然他已經很長一段時間沒有住在巴塞爾，但他回到那裡感覺就像回到家，而且比賽期間還能去探望他住在巴塞爾郊區伯特明根（Bottmingen）的父母。他與米爾卡於二〇〇九年四月十一日在巴塞爾登記結婚，由此證明他對這座城市的熱愛。

「我住過日內瓦湖、比爾、蘇黎世及格勞賓登州（Graubünden canton），但很明顯，巴塞爾才是我的家，」費德勒曾說過：「我講的是巴塞爾德語，而且在這裡出生，在這裡長大。無論是坐公車、開車、騎腳踏車還是走路，我都知道每一條路，這裡是我的地盤。」

巴塞爾與瑞士室內網賽有多麼深得他心，從二〇一三年他與該賽事的參賽協議到期、與布倫瓦爾德協商卡關的事件可以看出端倪。當時賽事主辦單位、費德勒本人和他的經紀人湯尼·葛錫（Tony Godsick）之間的氣氛很差，談判陷入僵局。但羅傑不受這種處境影響，決定在沒有達成任何協議的情況下參賽（因此也沒有出場費），以化解兩方僵局。這種作法奏效了。此後不久，他的家鄉再一次掀起「羅傑熱潮」（all Roger）。

雖然決定放棄踢足球，但他仍然支持巴塞爾足球俱樂部。他會到球場或在網路關注他們的比賽，也和一些球員與董事會成員保持密切聯繫。他和球隊一起訓練過，並於二〇一六年頒發聯賽獎盃給球隊。與足球隊不同的是，他因自己成功獲得榮譽時，不必與其他球員共享市政廳的小舞台來接受市府表揚。他在二〇〇五年贏得自己第三座溫網冠軍後，大廳下面的廣場人山人海。

也許費德勒唯一尚未實現的目標，是將聖雅各布體育場改名為羅傑・費德勒體育場（Roger Federer Arena）。他的地方支持者曾多次為此奔走遊說，但到目前為止，每一次申請都遭到市議會拒絕——即使他已經獲得他第二十座大滿貫冠軍。將來體育場會不會改名呢？我們等著看！

十九、率領瑞士隊摘下「沙拉碗」

我起初對二〇一四年台維斯盃決賽的記憶不是很愉快。名義上是在法國里爾（Lille）舉行，但實際上是一個毫無生氣的郊區艾斯克新城（Villeneuve d'Ascq）舉行。皮耶莫瓦球場（Stade Pierre-Mauroy）的外觀看起來有如巨大的幽浮，比賽前三天卻散發出一股像在牛棚裡的氣味。當時天氣嚴寒。這是一座現代化多功能用途的運動場，但主要作為足球賽事用地，而且沒有暖氣。那股惡臭是因為有一半的場地透過液壓抬高，推到另一側，替網球場地挪出空間，並使用強烈的化學藥劑來保護球場。

然而與之形成鮮明對比的是，十一月在法國北部的那幾天在我腦海留下了美好畫面。球場周圍巨大高聳的看台擠滿了兩萬七千四百四十八位觀眾；銅管樂團演奏著瑞士國歌，兩支心情截然不同的球隊在攝影師面前列隊接受頒獎。一小群身穿紅衣的瑞士球迷跟著唱起來，但即使是其它群眾，一片藍藍的人海，似乎也很高興見證這個歷史性的運動會。對費德勒來說，格外具有歷史意義。

除了尚未贏得的奧運單打冠軍之外，「世上最醜的沙拉碗」（ugliest salad bowl in the world）也是費德勒等待最久的最重要獎盃。二〇〇四年春天，費德勒曾說：「在我職業生涯剛起步之際，台維斯盃是我最重要的比賽，我在台維斯盃的首次亮相是我最珍惜的回憶之一。」幾個月後，他將贏得迄今唯一的台維斯杯冠軍。他跟球隊感情不錯，隊上也有許多他年輕時期的朋友——經常有傳聞說他把自己那份獎金留給其他球員。然而，他對台維斯盃的熱情隨時間逐漸消退。多年來，費德勒已經為瑞士代表隊擱置諸多比賽，為了這個只打三次的賽事，他得南征北討，適應不同的場地。從二〇〇二年開始，瑞士連續五次在客場比賽：俄羅斯、摩洛哥、荷蘭、法國及澳洲。但勝利往往與他們擦肩而過。二〇〇三年在墨爾本男單準決賽亮相，是費德勒球隊多年來取得的最好成績。

過去遲遲無法摘下沙拉碗的關鍵之一，是瑞士隊缺少一位強大的第二單打選手。這種情況後來之所以開始改變，是因為史坦・瓦林卡在生涯後面幾年經過瑞典教練馬格努斯・諾曼（Magnus Norman）的栽培，幾乎搖身一變成為冠軍球員。瓦林卡贏得二〇一四年澳網冠軍，世界排名攀升到第四。同年，瑞士隊第二次打進台維斯盃決賽（譯註，瑞士隊上一次打進決賽是一九九二年），一路帶著在貝爾格勒（Belgrade）打敗塞爾維亞隊（喬科維奇缺席）的勝仗氣勢，以及接連打敗哈薩克隊和義大利隊的成功問鼎冠軍。二十二年前（一九九二年），由馬克・羅塞特和雅各布・赫拉塞克組成的代表隊在德州沃斯堡（Fort Worth）以些微差距輸掉瑞士的第一場決賽，當時對手是由阿格西、庫利爾、山普拉斯和馬克安諾等人組成的強大美國隊。

二〇一四年，盼望已久的台維斯盃決賽在法國舉行的前幾天相當混亂，簡直是一場惡夢。法國體育大報《隊報》形容，這是瑞士也被捲入其中的「詭異恐怖片」（weird horror film）。那時候，前一週在倫敦舉行的ATP年終賽，法國沒有任何單打選手入圍，但費德勒和瓦林卡在準決賽上演了對決戲碼。從各個方面來看都是一場令人難忘的比賽。剛開始費德勒被逼出四個賽末點，化解後奮起直追贏得比賽。但比賽到尾聲發生了一件小插曲，有人聽到米爾卡罵丈夫的對手是「愛哭鬼」。

這起事件後來被稱為「米爾卡門」（Mirkagate）。一切起因從她在重要時刻替羅傑加油打氣開始，瓦林卡向主審塞德里克．莫里爾（Cedric Mourier）抱怨，說她經常在他準備發球的時候這樣，擾亂他打球。根據幾位目擊者的說法，賽後瓦林卡和費德勒在更衣室裡面發生了口角。

麻煩事還沒結束，費德勒的背痛毛病在準決賽期間突然復發，隔天被迫退出與喬科維奇的決賽。可是短短五天後，備受期待的他就得回到里爾球場參加台維斯盃的單打比賽——更雪上加霜的是，他才在倫敦的硬地球場打完，現在又必須站上紅土球場。這是一場與時間賽跑的比賽，很多人都以為可能贏不了。

因此，瑞士陣營的氣氛相當陰鬱。費德勒與瓦林卡各別從倫敦出發，但抵達里爾後，他們站在一起合影，以表示兩人已將爭執擱置一旁。週二被問到背部問題時，費德勒說：「我現在先慢慢來。」但到週三，他人已經出現在球場，站著擊球練習了三十分鐘左右，讓現場觀看的記者們驚訝不已。這讓瑞士隊重新看見希望，翌日，瑞士當地小報《Blick》以斗大標題寫著：「耶！」（Jaa!）

在週四的抽籤儀式上，費德勒正式登記參加單打。他樂觀表示：「應該沒問題。」到了週五，他在兩萬七千多觀眾面前進行第二場單打比賽，最終以六比一、六比四、六比三敗給加埃爾·孟菲爾斯。但由於瓦林卡表現出色，以四盤擊退令人失望的諾—威爾弗里德·松加（Jo-Wilfried Tsonga），首日以一勝一負結束比賽。與此同時，場館異味已經消除，主辦單位安裝完電暖器，並發給大家兩萬條羊毛毯，溫度也讓人比較能接受了。

費德勒已經為週六的雙打做好準備，他說：「我為這支球隊付出了一切，如果在這裡累垮也無所謂。我會奮戰到底的。」他在球隊的心情很好，尤其是有他年輕時候的兩位朋友在身邊，馬可·奇烏迪尼里和麥克·拉馬。他們已經做好充足準備，以防雙打比賽需要他們的時候，而瑞士隊可以指望也許是世界上最好的雙打教練，塔斯馬尼亞人（Tasmanian）大衛·麥克佛森（David MacPherson）傾囊相授所有專業知識，他曾指導過美國非常成功的雙打組合布萊恩雙胞胎兄弟（Bryan twins）。

麥克佛森被聘為臨時教練，事實也證明，聘請他是相當明智的決定。幾個月前麥克佛森告訴我（在里爾沒有採訪），決賽前幾週，瑞士台維斯盃隊長塞弗林·盧希在巴黎室內錦標賽上找到他和布萊恩兄弟。雙打往往是歷屆台維斯盃的關鍵比賽，但經常被認為是瑞士隊的致命弱點，雖然費德勒與瓦林卡曾於二〇〇八年北京奧運拿下男雙金牌，但之後他們在台維斯盃的四場比賽全部輸掉。「我們說我們很喜歡瑞士人，而且塞弗林是好人，所以我們很樂意幫忙，」麥克佛森表示。

麥克佛森的專業知識讓費德勒與瓦林卡獲益良多。他透露，費德勒當時並沒有意識到雙打的戰術有多麼精細與複雜。「羅傑很少參加雙打，以前打的時候只是想輕鬆打，順其自然地打球。」但多年以來，雙打已經變得非常具有戰略，而且相當複雜。

到週六，雙打比賽當天，松加因右肘疼痛退賽，含淚離開場館。也就是說，費德勒和瓦林卡現在必須迎戰意料之外的選手里夏爾．加斯凱（Richard Gasquet）和盧立安．貝內多（Julien Benneteau）。麥克佛森回想：「我們已經做了功課，並準備好應對所有可能的組合。我們仔細研究過加斯凱，讓羅傑和史坦保有一定的把握。」

從一開始，瑞士雙人組佔上風。他們每次得分後會互相交談，彼此示意、相互鼓勵、合作默契很好。他們在倫敦的口角事件也不過是七天前的事，但現在他們的演出可能是雙打合作以來最好的表現。他們以六比三、七比五、六比四獲勝，瑞士取得二勝一負的戰績領先。

週日只要再拿下一勝就能奪冠。首先，費德勒必須與再度頂替松加位置的加斯凱交手。過去幾年，費德勒在紅土賽場曾兩次輸給加斯凱，但現在他已經不是兩天前敗在孟菲爾斯手下的那個人。費德勒像大砲發射般持續猛攻，絲毫沒有給加斯凱喘息的機會，不到兩小時就以六比四、六比二、六比二擊敗了他。最後打出吊球獲勝的那一刻，費德勒往前倒在紅土，趴在地上，肩膀不停顫抖，然後整個瑞士隊跟著隊長朝向他跑了過來。

幾週之後，大家才知道，原來費德勒整場比賽一直跟自己的背痛搏鬥，甚至從第一盤就開始痛了，費德勒說：「在四比三的時候，我覺得自己沒辦法完成比賽，我也跟球隊這麼說。」瓦林卡在更衣室預備接下來迎戰孟菲爾斯時收到一則告急簡訊，內容叫他盡快準備，因為他可能隨時就得上場。如果費德勒退出與加斯凱的比賽，那麼球隊的命運就掌握在他手中了。

對費德勒來說，他生涯最痛苦的一週居然打得異常好，簡直是奇蹟。在他背痛發作後，直落三盤輸給孟菲爾斯似乎是厄運的預兆，在台維斯盃將持續忍受痛楚，沒想到他卻能在雙打比賽谷底反彈，三盤取勝，最後輕鬆擊敗加斯凱。他至少打了九盤，上場時間還不到六個小時。

隨後在皮耶莫瓦球場的狂歡慶祝時，可以清楚明白這項團體賽對他來說有多麼重要。「這個勝利是屬於團隊的，」他在場上第一次接受電視採訪時這麼說。他的想法沒有特別關注在自己終於填補冠軍資歷上的空白，而是他實現了整個團隊——包含物理治療師和工作人員——多年來一直努力奮鬥的目標。他發表聲明以示感謝：「每個人都非常努力，確保我能夠達到比賽狀態。」

人們將永遠記得里爾，費德勒的台維斯盃生涯在這裡獲得實至名歸的勝利。從二〇〇一年到二〇一一年間，他打了二十六輪（ties），二十六場單打只輸一場。到二〇一八年年底，費德勒（毫無疑問）成為這項賽事裡最成功的瑞士選手，七十場比賽五十二場勝利，其中單打贏四十場，雙打贏十二場。

二十、群雄對決

費德勒的職業生涯主要圍繞在他與納達爾的競爭，以及他與人稱「四大天王」（Big Four）裡的其他成員，喬科維奇和（某程度上）莫瑞的對決。羅傑是四巨頭之首，納達爾比他小五歲，莫瑞和喬科比他小六歲。然而，當焦點都放在這群人身上時，反而難以看清在這個時代之前，費德勒也曾捲入其它激烈的競爭行列。

他的職業生涯跨足了好幾個世代。他的對手有山普拉斯和大他十一歲的阿格西這樣的傳奇人物，也迎戰過比他大五歲左右、曾獲得大滿貫和打到世界第一的對手，例如庫爾登、拉夫特和卡菲尼可夫等人。他必須與同輩交手來確立自己地位，跟他同世代的人當中不乏有像薩芬、修威特、費雷羅及羅迪克這樣的優秀球員。然後，多年以來，他不得不在鞏固四巨頭之首地位的同時，擋下那些比他年輕七到十歲的後起之秀——如米洛斯·羅尼奇（Milos Raonic）、錦織圭、馬林·西里奇（Marin Cilic）、戴波特羅及格里戈爾·狄米特羅夫（Grigor Dimitrov）。後來，他又碰上了像尼克・基里奧斯（Nick Kyrgios）和亞歷山大・茲韋列夫這樣比他年輕近十六歲的球員。

費德勒開始在職業巡迴賽嶄露頭角之際，像艾柏格、貝克和庫利爾等球員都已經退役，山普拉斯和阿格西的時代也接近尾聲。男子網壇經歷了一段過度時期。從一九九八年到二〇〇四年，接連有十二位球員登上世界排名第一，其中十位是首次攻頂：馬塞洛・里歐斯（Marcelo Ríos）、莫亞、卡菲尼可夫、拉夫特、薩芬、庫爾登、修威特、費雷羅、羅迪克及費德勒。等到費德勒終於攻頂，這個轉盤最後也靜止下來。他的球王在位週數長達兩百三十七週，四年多。回顧過去可以清楚發現，他從二〇〇四年開啟了網壇四大天王的稱霸之路。

ATP巡迴賽行銷團隊從二〇〇〇年開始進行推廣新生代職業網球選手的活動，它們的口號是：「請換新球」（New balls, please）。宣傳照上一群才華洋溢的年輕人扮成劍鬥士的模樣，他們舉起球拍，準備戰鬥。數十名球員當中，修威特、薩芬、庫爾登、費雷羅、羅迪克和費德勒全都成為網壇之星。

在那時候，像納達爾、喬科維奇和莫瑞等人還是不為人知的青少年，但他們的時代也即將來臨。

費德勒花了很長時間才穩固自己超越勁敵的制霸地位。與修威特對戰的前九場比賽，他輸掉七場；與韓曼交手的前七場比賽有六場吞敗，與納爾班迪安的前五場比賽全敗。某次與這位阿根廷選手比賽完，他說：「我很難理解為什麼跟他比賽我時而領先時而落後。我知道自己需要打得更侵略性一點，但我不知道發球時應該冒多大的險。我打的很多球他都打得到，而且他能夠出色地解讀我的策略，但我就是無法理解他打球的方式。」

過去這三人組有時被稱作他的「怪物」（bogey）對手，但費德勒不喜歡這種說法，他最後找出擊敗他們三人的方法，並持續保持領先之姿。直到他們一個個退役，費德勒與他們的交手戰績分別為：對戰韓曼為七勝六負領先，對戰修威特為十八勝九負領先，對戰納爾班迪安為十一勝八負領先。二〇〇四年和二〇〇五年，曾經蟬聯八十週世界第一的修威特對上費德勒的比賽至少輸了九場，有五盤以〇比六吞敗。其中五場在大滿貫賽事上。

即便如此，這位澳洲選手總是不厭其煩地指出，能有費德勒這個球員是網壇的福氣；他的出現迫使其他球員拉高比賽水準與他較量。修威特在二〇〇五年美網決賽連續第九次問鼎冠軍失敗後表示：「毫無疑問，羅傑把網球帶到新的高度，每個人都需要一點時間才能趕上他。這就是動力所在。這就是為什麼像阿格西這樣的人想上場，三十五歲仍要打比賽，還想打得更好。這正是推動許多頂尖球員競爭精神的原因：想要努力達到更高水準。」修威特也坦言，雖然費德勒的卓越讓人備感挫折，「但人必須將眼界放大一點。我相信，現在的我比當時登上世界第一的時候打得更好了。」

費德勒稱霸網壇也打擊到他前面一位世界第一羅迪克，而且打擊甚至比修威特還厲害。這位美國球員在二〇一二年退役之際，年僅三十歲，費德勒與他的交手戰績以二十一勝三負的壓倒性優勢領先。其中八場失敗是大滿貫賽事，而且一半是在決賽階段——溫網三場、美網一場。如果當初費德勒繼續追求他的足球生涯，羅迪克肯定不會只拿下一座大滿貫冠軍。

不過，這位美國球員以不失尊嚴且幽默的態度接受自己的命運，他開玩笑地說：「至少我在我們最後一場比賽中打敗他了，他很幸運，因為我已經退役了。」*然後他換一個比較嚴肅的語氣說：「我感謝多年來他一直對我的尊重。有某個人來參與自己人生的一部分是很奇妙的感覺；那會決定你是什麼樣的人。但我很高興是像羅傑這樣高尚且善良的人。如果那位在球場上打敗我十多年的人沒有他那種堅強的個性，打敗我就沒那麼簡單。」

和大多數人一樣，羅迪克有時也忍不住為費德勒的卓越表現喝彩。「他是我交手過最有天賦的球員。他的心理素質也變得非常強健。即使我認為自己表現得再好不過，費德勒還是會努力得分。他會逼得你無法喘息，對你施加更多壓力。有時候你覺得自己必須打得更好，但問題是你不確定自己辦不辦得到。」通常你只能「脫帽向他致敬」了。

費德勒與阿格西的前三場比賽雖然都落敗，但他還有時間扭轉局面，最後他與阿格西的交手戰績為八勝三負。他只和山普拉斯打過一場比賽，二〇〇一年溫網傳奇般的第四輪比賽，在那個時候，這是他職業生涯中最重要的勝利。

他與自己最大的勁敵納達爾從一開始就打得很吃力，他與喬科維奇的競爭也沒有幸運的起頭。這位塞爾維亞球員成為費德勒擊敗最多次的選手（這個紀錄只有瓦林卡跟喬科維奇一樣），同時也是讓他輸最多次的選手。截至二〇二〇年底，他與喬科維奇的對戰紀錄以二十三勝二十七負落後。

費德勒曾在二〇〇六年和二〇〇七年對戰這位底線專家的前四場比賽中獲勝，一開始他對塞爾維亞人的印象並不深。他們的第二場比賽後發生了一件事，也就是在日內瓦舉行的台維斯盃比賽上，雙方造成許多嫌隙。當時我在日內瓦替《每日廣訊報》作報導，費德勒對喬科維奇有些負面評價，但沒有具體說明，我進一步探究，用瑞士德語追問他是什麼意思。我在報導內概括說明了他的答覆：「費德勒在記者會上批評喬科維奇利用傷停休息來擾亂對手，『我不相信他的傷勢』。費德勒解釋，喬科維奇在幾天前就已試圖用不公平的方式惹惱瓦林卡。」這起事件在塞爾維亞引發不小轟動，成為頭條新聞，佔據許多報紙版面。

於是一些喬科維奇的支持者開始對費德勒惡言相向，一點也不令人意外。這些人裡面包含他的父母，斯爾詹（Srdjan）和迪迦娜（Dijana）。二〇〇八年，當他們的「諾里」（Nole，喬科維奇的暱稱）在墨爾本準決賽擊敗了費德勒，贏得他的第一座大滿貫冠軍時，他們的表現證明了這種情況。不過，那時候沒有人知道費德勒患有淋巴腺熱。而且，他已經在第三輪與揚科・提普塞拉維奇（Janko Tipsarevic）進行了一場激烈的五盤大戰。喬科維奇的母親談到她兒子戰勝費

＊ 引自《網球內幕》

德勒時，向《雪梨晨驅報》（*Sydney Morning Herald*）表示：「先王駕崩，新王萬歲」（The king is dead, long live the king）。他父親則表示，費德勒的時代已經結束，從今以後他將無法跟諾瓦克匹敵。

五年後，斯爾詹·喬科維奇在塞爾維亞報紙《信使報》（*Kurir*）上攻擊費德勒，再次顯示出他究竟有多麼瞧不起費德勒，以及日內瓦爭議對他造成多大的侮辱。「他可能仍然是史上最佳球員，但根本不是好人。他在日內瓦的台維斯盃上攻擊諾瓦克，是因為他意識到諾瓦克是他的接班人，所以試圖利用一切機會詆毀他。」斯爾詹所指的那場在日內瓦的比賽，費德勒以六比三、六比二、六比三獲勝，喬科維奇當時只是世界排名第二十一名的球員。

後來他們的比賽越來越頻繁，但大多時候被費納對決的光芒所掩蓋。某程度是因為他們兩人的打球風格比較沒有那麼強烈的對比，但也因為多年以來，喬科維奇只是第三者，第一個偶爾在他們之間搞破壞的追求者。因此，起初費德勒與喬科維奇會在重要決賽碰頭只是例外。他們多半在準決賽相遇，截至二〇二〇年底，他們在大滿貫賽事的十七次交手中，至少十一次是在這一輪賽事，包含二〇〇八年到二〇一三年期間的連續九次對戰。

他們首次爭奪大滿貫冠軍是在二〇〇七年美網公開賽上，喬科維奇最後以直落三盤敗北。接下來他們的三場大滿貫決賽都是幾年後的事：二〇一四年和二〇一五年的溫網以及二〇一五年的美網。三場都是塞爾維亞人獲勝。四年後，他們的第五次大滿貫決賽和最精采的大滿貫賽事，同樣在溫網，喬科維奇再次奪冠。

雖然費德勒從未在紐約與納達爾交手過，但他在那裡跟喬科維奇交手過六次，前三場獲勝，後三場失敗。儘管他與喬科維奇大多時候都是相互尊重，但就個人而言，他們的關係從未像他與納達爾那樣密切。

費德勒與莫瑞的關係也是如此，直到二〇一七年蘇格蘭人出現在費德勒在蘇黎世的慈善表演賽，這段關係才變得比較穩固。後來費德勒也禮尚往來到格拉斯哥（Glasgow）出席莫瑞的慈善表演賽，甚至為這個場合穿上蘇格蘭裙。起初，兩人之間的關係也有些緊張。莫瑞不喜歡費德勒公開批評他，說他打得過於防守，離底線太遠且太過謹慎。

一開始費德勒與蘇格蘭人的競逐落後，因為他在兩人前面八場比賽中輸掉六場。然而，到二〇二〇年底，在他們打過二十五場比賽後，費德勒以十四勝十一負領先，並在二〇〇八年紐約、二〇一〇年墨爾本和二〇一二年溫網三次大滿貫決賽中擊敗莫瑞。在溫網之後短短四週，費德勒又在同一場地遇到他，這次是意義重大的決賽，兩人準備爭奪奧運金牌。但結果讓費德勒大失所望，他一點機會也沒有，以六比二、六比一、六比四的懸殊差距輸掉比賽。

不過，兩天前他已先經歷了一個難忘的奧運時刻，他在準決賽擊敗戴波特羅。這場比賽成為職業網球開放時代以來最長的三盤比賽，歷時四小時二十六分鐘，以三比六、七比六（五）、十九比十七結束比賽。或許是因為這場勝利，費德勒很快從奧運決賽的失敗中走出來，彷彿獲得金牌似地慶祝他的銀牌。也或許是因為他已經贏得一枚金牌——在四年前的北京奧運，他與瓦林卡聯手拿下雙打冠軍。

在漫長的職業生涯裡，費德勒的打法和技巧出現一些重大改變。他經歷過網球拍與網線的變革、場地的減速與調整、強力網球的順勢興起以及發球上網文化的衰落。到二〇二〇年年底，他總共打了一千五百一十三場單打比賽，與三百四十五位頂尖選手交手過，並贏了其中一千兩百四十二場比賽。此外，他會盡量讓有前景的年輕球員與他一同訓練，在比賽前跟他熱身，甚至邀請他們參加整個訓練營，最好是在蘇黎世湖或杜拜。這個受邀名單也相當可觀。

儘管擁有一流的水準，到二〇二〇年年底，費德勒的生涯對戰紀錄還是有落後二十六位對手。但其中有十四位選手，他只交手過一次，而且幾乎都是在職業生涯的早期階段。除了喬科維奇與納達爾之外，他至少交手過兩次但輸多贏少的十二位對手包含：對戰艾立克·柯瑞加兩勝三負、對戰多明尼克·艾巴提（Dominic Hrbaty）一勝兩負、對戰湯瑪斯·恩奎斯特一勝三負、對戰韋恩·費瑞拉一勝兩負、對葉夫蓋尼·卡菲尼可夫兩勝四負、對古斯塔沃·庫爾登一勝兩負、對帕特里克·拉夫特〇勝三負，以及對佛朗科·斯奎拉里〇勝兩負。實際上，所有這些失敗都發生在他成為冠軍之前的那幾年。南非球員費瑞拉回想：「那時候他也打不出反拍上旋球，所以我從未告訴任何人我對他的交戰紀錄領先。」

費德勒的比賽總是以精準與多變的發球為主，雖然是逐漸發展改變，但整體來看，這是多年來比較引人注目的。在他職業生涯的早期階段，當時許多地面材質的球速較快，他發球和截擊的次數也比後面幾年多。此外，他喜歡用多變且獨特的擊球策略來擊敗對手，欺騙對手，利用他們的弱點——放短球、打長球、時左、時右、時快、時慢、忽高、忽低、削球、上旋球……。

「在九〇年代，每個人都有一些拿手招式。無論是很好的發球能力、強大的正拍、強大的反拍，或是出色的截擊能力，但幾乎沒有人很會發球又同時正反拍都打得不錯，」三十六歲的費德勒說：「不過情況已經變了。現在每個人都從兩側大力擊球，你再也沒有片刻的安寧。這些能力已經成為比賽的基礎，雖然球員的靈活度和網前優勢各有不同，但大家都會一直從底線大力擊球。」所以他不得不調整自己的戰術：「因為變得更難打敗或欺騙對手，有時候必須以火剋火。這就是為什麼我開始打得更有侵略性。過去我很常用反拍削球回擊，現在我更常用上旋球回擊。」

費德勒早年便嚮往自己有一個漫長的職業生涯，並為實現這個目標而努力。他在二十五歲時說過：「舉例來看，網球的職業生涯比高爾夫球還短，令人遺憾。有些高爾夫球選手已經打了三十年的巡迴賽，經歷了四、五個時代。網壇大概是十年，也就兩個世代而已。不過阿格西是個例外——他經歷過馬克安諾的時代，接著是山普拉斯的時代，然後現在是我們的時代。」他很開心有機會跟山普拉斯和阿格西比賽。「等到我三十歲，將會有比我年輕十歲左右的新生代球員出現，我會想看看他們會打得有多好。這就是為什麼我真的很想待到二〇一二年，到時候奧運將在溫布頓舉行，對我來說簡直是夢想組合。」那時候的他完全不知道，自己的職業生涯會持續走到超過二〇一二年。

事實上，他能夠在如此長期保持巔峰狀態，並在職業生涯後期繼續拿下大滿貫冠軍，這是各種因素共同作用下的結果。費德勒的體能師帕格尼尼講得簡潔有力：「在我看來，他是最好的網球運動員。」他在二〇一八年夏天告訴我：「而且在網球界，你不必在每個起點都跑得一樣快。你必須堅持快速；你需要一個重複的反應速度，而不是像百米跑者那樣一口氣衝刺。在耐力方面，不同年齡層的運動員也會有所不同。三十六歲的馬拉松跑者還不算很老，換成短跑運動員的話就會被認為很老。他還待在這裡幹嘛？但在網球界，還有其它重要的價值。」

讓費德勒如此強大的正是他的整體綜合素質，一種包含運動能力、球感、天賦、全心投入、智慧、無所畏懼、期望、紀律、協調性以及願意犧牲的獨特組合。他之所以能夠維持巔峰長達二十多年，也是因為他在戰略上的深思熟慮和高瞻遠矚的規劃。他在早期就開始將自己的一年時間分成幾個訓練階段、比賽階段和恢復階段——安排得比其他球員還多。在這些策略的執行過程，他的團隊也付出了重要的貢獻。費德勒很快意識到，一個網球運動員不可能一年三百六十五天都發揮出全部潛力，有時候少即是多，即使是暫時的放棄和撤退也能有豐碩的收獲。

二十一、永不妥協

想贏得大滿貫賽事並成為世界上最佳球員之一，你需要具備卓越出眾的天賦——而在這方面，費德勒生來就很幸運。「他太有天賦了，對他的對手來說似乎不太公平，」出自於ATP巡迴賽內部週刊第一篇關於他的報導。

美國作家兼大學講師大衛．福斯特．華勒斯（David Foster Wallace）在二〇〇六年一篇著名的文章中，精闢說明了這些才能。華勒斯本人曾是地區級頂尖運動員，在標題為《費德勒打球猶如宗教體驗》（Roger Federer as Religious Experience）的文章內，他提出「費德勒時刻」（Federer moments）的概念，「就是指，當你觀看這位年輕的瑞士人打球，會看到下巴掉下來，眼睛凸出來，然後驚呼連連，讓你的另一半會從房裡跑出來問『沒事吧？』的這些時候。」福斯特．華勒斯描述費德勒比賽的優美與複雜，有時似乎違背了物理定律，並引用網球錦標賽上一位司機的話來形容，看費德勒的比賽「猶如一場瘋狂的宗教體驗」。對於那些主要在電視機前觀看網球賽的人，福斯特・華勒斯也指出現場比賽令人印象深刻：「事實上，電視網球之於網球直播，猶如色情影片之於真實感受人類性愛。」

費德勒的趣味性與精湛球技、他的精準度與不可預測性、他的豐富多變與高速打法、他的才能與智慧，這些都是他天賦卓越的鮮明印記。這些特質讓他很快成為網球運動裡最引人注目的運動員，但光憑這些還不足以讓他登上冠軍，也無法讓他稱霸網壇那麼久。這些特質或許可以給他帶來幾場漂亮的勝利，並可能（也在他自己的估計之內）讓他進入世界前十名。然而，在網球界，這樣的排名只是基礎營，邁向巔峰的最艱難階段還在後頭。而且，就像站在山脈最高的頂端一樣，網球界的空氣也會隨著你爬得越高而變得越稀薄，隨著你離目標越近，要求也越多樣化，每一步都變得越來越困難。

任何看過費德勒在球場接受採訪的人——總是侃侃而談、精通多國語言、詼諧幽默——都不禁承認他是為人謙虛、風趣，對自己和自己的命運都很滿意的人。他散發出一種「完美先生」的氣息：輕鬆、才華洋溢、友善、英俊、成功、那種對生命的渴望與活力具有感染力，並且在任何他能做的地方行善。

然而，這些印象是錯覺，掩飾了他性格中截然不同、更嚴肅的一面，若沒有這一面，他永遠不會有今天的成就：一個毫不妥協的領導者性格，不僅凡事要求自己，也會以此要求周圍的人，他把實現目標放在第一位。他無法容忍事情有絲毫馬虎；他期望自己的團隊具有極大的靈活性和犧牲的意願，他要求達到最高標準。那些不符合這些要求的人可能會被拋下。即使在面對艱難的抉擇，他也能保持客觀，因為最後他的成功幾乎總是證明他的決定是對的，所以他骨子裡這種強硬性格往往被忽視或低估。

他的體能師皮爾·帕格尼尼曾這樣說：「為了能夠充分開發自己的天賦，他將自己的整個人生哲學都應用於發揮天賦上面。」

這個使命最重要的特質就是，一旦確定自己想走的路，面對人生的各個部分都會毫不妥協。隨和、友善的態度，以及身為表演家的公眾形象掩蓋了他的真實樣貌：費德勒同時也是一位強硬、目標導向的完美主義者，他的要求極高，做事鉅細靡遺。他也承認，這項極具專業、收入豐厚的個人運動需要超乎常人的自我中心，沒有多愁善感的餘地。

然而，這種對待自己和別人的嚴厲冷酷，並不符合他溫柔、感性和同理心的性格。正是這種柔情似水的一面，經常在他面對巨大勝利或痛苦失敗後出現令人動容的場景。但費德勒很快意識到，為了實現自己的目標，他必須具備鋼鐵般的韌性。他對完美的追求性格從小就很明顯，所以沒有什麼代價太高、犧牲太大的問題。他在十三歲的時候，自己決定離家去完成瑞士網協的青年選手培養項目，令父母大吃一驚。十來歲的青少年必須忍受踏出舒適的家庭環境，離開自己的父母與朋友，他必須和語言不通的寄宿家庭共同生活，在承受思鄉之苦的同時，努力接受訓練和學習。他不再是最頂尖的運動員，此時的他是這個項目中最年輕、實力相對較弱的選手，但他還是鍥而不捨地堅持自己夢想。

費德勒永不妥協的性格就像貫穿其職業網球生涯的主線。當他意識到自己身體必須變得更強壯時，他聘請了最好的體能教練，讓自己接受嚴格的訓練計畫。當他意識到身為中歐人，經常會碰到許多重要賽事的高溫問題時，他將自己的訓練基地遷移到杜拜。在氣溫超過攝氏四十度的仲夏裡進行訓練是鍛鍊的最佳方式，使他得以適應澳洲、加州和佛州等賽事的嚴酷環境。他公開表示，目的是為所有能想到的環境做好準備。

當他意識到記者會和媒體採訪是網球運動員日常生活中很重要的一部分時，他幾乎毫無保留地敞開心扉，把他們視為提高網球和自己知名度的機會。當他越來越需要出席上流社會的時尚、紅毯活動，注意到穿西裝打領帶會不舒服時，他和米爾卡決定無論何時外出吃飯都要盛裝打扮，直到最後他真的對此感到很自在。

與他的大多數同行相比，他願意接受網球運動中相對不那麼令人愉快的一面，並努力達到最好。無論是長途跋涉到各地巡迴比賽、不斷面臨時差、在飯店的流浪生活，抑或是對賽事活動、贊助商和媒體肩負越來越多的義務，他對事情總是試圖正面解讀，避免捲入消耗精力的枝節問題。他的哲學理念很簡單：做到最好，莫忘目標。他變得越成功，就會越堅定地走上這條路，一切也會變得越來越容易。

費德勒在職業生涯早期就展現出自己是天生的領導者，如果他看到能讓產品最佳化的機會，他不會害怕面臨困難——在這個例子裡，這個機會就是他身為網球運動員的本領。有次在接受其贊助商的採訪時他說過：「不知為何我內心總有領導人特質。無論是踢足球還是在校園的時候。我經常引人注意，但從來沒有因為成為關注的中心而感到不舒服。剛開始我還是很害羞的孩子，但打網球後很快就改變了。」*

他解釋說，一個好的領導人在事情變艱難的時候，不應該害怕站在最前面。「處理危機的方式是辨認領導人的關鍵。他當然需要具備相當程度的自信心，也必須能夠扛起重責大任。我不僅在網球和我的基金會中扮演領導者的角色，在我的團隊裡面也是如此。而且那時候我一再瞭解到，一方面給予明確的指示，但另一方面傾聽並接受批評是多麼重要。」

經過一段時間，他越來越確定了公關方向。他將自己視為他團隊的發言人，尤其是因為他必須參加許多記者會與訪談。在發表公開聲明時，他的團隊成員明顯居於幕後。米爾卡完全停止對外工作；史特凡．艾柏格只有在真的別無選擇時才會與媒體談論他在團隊的角色。儘管伊凡．盧比西奇喜歡交談，也善於溝通，但加入團隊以後，他也對公眾沉默很久。同樣的情況也發生在費德勒經常更換的物理治療師，他們甚至不能取得肖像。就連前頂尖選手、資深電視專家瑪麗．喬．費南德茲（Mary Joe Fernández）也無法接受有關費德勒的採訪，儘管他是她丈夫湯尼．葛

---

* 引自 *CS Bulletin Special*

錫的商業夥伴。只有費德勒的父母、塞弗林・盧希和皮爾・帕格尼尼會接受媒體的採訪，而且只是偶爾幾次。這項媒體政策確保了風平浪靜與易管理性，也避免掉老闆事後不得不處理的任何問題。

費德勒的一些人事決定也體現出強硬作風。在談到應該聘請哪個人擔任他的第一位私人教練，選擇兒時好友彼得・卡特或彼得・隆格時，費德勒決定不聘請澳洲人，因為他對職業賽事方面的瞭解不如瑞典人多。甚至在他二十歲生日之前，費德勒在大吵一架後迫使瑞士網協將雅各布・赫拉塞克從隊長位置撤換下來。赫拉塞克是第一位打進世界前十名的瑞士選手，瑞士網協自二〇〇〇年起與他簽定了一份為期五年的合約。然而，二〇〇一年四月在納沙泰爾（Neuchâtel）舉行的台維斯盃比賽中，兩人爆發激烈衝突。費德勒擊敗法國選手尼古拉・艾斯庫德（Nicolas Escudé）後，半夜宣布：「事實就是不可能再跟雅各布・赫拉塞克合作。我們之間的問題已經存在很久，但現在就是無法解決。對我來說，這樣站在球場上一點也不好玩。」他需要一個身邊可以互相討論、彼此瞭解、享受打球樂趣的隊長。「但和赫拉塞克無法如此。」而且赫拉塞克與費德勒的個性迥異，他是個辦事有條不紊、遵守紀律的員工，希望以獨裁方式領導團隊，並盡可能維持球隊的小型規模。後來網協很快與他解除合約，改由彼得・卡特接任球隊管理，彼得・隆格從旁協助。

此外，費德勒突如其來與瑞典私人教練分道揚鑣，同樣的情況也在後來接替的教練湯尼・羅切身上重演。這種毫不妥協的決心是費德勒以前沒有的特點。他在二〇〇四年說過：「我十四歲時會為了一件小事跑去找教練，或者打電話給爸媽，問我該怎麼做。現在的決定更加重要，甚至有些很難抉擇，但我必須獨自面對。因為這是我的事業，由我自己來決定。這是一個很重大且艱難的改變。」

很快地，費德勒的私生活也採取同樣策略和一貫作法，小地方也不放過。既然他必須僱用保母（和後來的教師）照顧孩子們、負責孩子們巡迴賽期間的在家學習，這些人就必須滿足嚴格要求規範，並簽署一份多頁合約。嚴格到應試者（男性不符）甚至必須聲明自己沒有任何感情狀態的程度，因為工作需求會讓她們連續好幾週都不能休假。費德勒喜歡親自面試，他總是果斷、嚴格、想法明確。

後來，二〇一四年，費德勒位於蘇黎世湖畔沃勒勞鎮（Wollerau）的兩層閣樓別墅興建時，居家保全公司塞科利達（Securitas）派了一名員工在工地現場巡邏，確認建築工人沒有拍下任何照片。其它諸如他與米爾卡的婚禮、孩子的出生等私人活動也都經過精心策畫，確保消息滴水不漏。一如在網球場上，費德勒在日常生活裡也盡可能努力維持高度掌控——即使他不喜歡被稱為控制狂。

儘管如此，他從不讓自己受到眼前誘惑的干擾，總是縱觀全局並考量長久的職業生涯，但就如同任何出類拔萃的人，他也需要運氣。誠如他先前所言，他的成長過程很幸運有「世上最好的父母」的陪伴。還有，總是遇到對的人的好運，從米爾卡到帕格尼尼，從他大部分的教練到經紀人湯尼・葛錫。以及，沒有因傷結束職業生涯的運氣。透過專注於自己打球風格的效率、深思熟慮的訓練結構以及周詳的長期規劃，他成功地在傷癒後復出。

在其他頂尖球員因為私生活分神或被拖累的同時——例如約翰・馬克安諾與泰妲・歐尼爾（Tatum O'Neal）或阿格西與布魯克・雪德絲（Brooke Shields）的婚姻關係——費德勒的情況卻正好相反。米爾卡總是能夠體諒並接受過著網球巡迴賽事的生活，而且一直擔任他的後盾——米爾卡對於費德勒職業生涯的貢獻、無條件的支持，評價再高也不為過。

費德勒的父母家庭是他職業生涯的理想核心。運動和網球一直在琳娜與羅伯特的生命裡扮演著重要角色，但他們並沒有強迫兒子接受，反而是明確地指引他方向，要求他應該有尊嚴並全心投入從事這項運動。原則上，他們是完全無條件地支持他，讓他能夠在沒有其它壓力的情況下展開自己的職業生涯。不過，點燃這項事業的火花並不是他們，而是羅傑本人。這就是費德勒家庭與其它網球家庭的根本差別，其它家庭的父母會將他們的夢想、願望及未實現的目標投射到孩子身上，進而激發孩子——或給予孩子過多的負擔。

費德勒以最單純的動機來追求這項運動：盡量打得更好，並在這個過程中享受樂趣；如同他在十五歲時告訴我的那樣，充分發揮自己的能力，努力把網球「打到極致」。他對於勝負或累積更多獎金、聲望或名氣不感興趣，更不喜歡說對手壞話。

網球對他而言始終是一項運動，他也決心要繼續保持下去。「有時候只是因為能夠打球而感到快樂，」他曾說：「很遺憾，有些人和媒體不明白打網球是可以單純享受樂趣。他們總是認為你必須贏得一切，必須總是獲勝，否則就一文不值。但或許應該退一步問問自己：當初為什麼開始打網球？因為我喜歡網球，這是我最喜歡的愛好，也變成我的職業。有些人就是無法明白這點。」

即使在擊出數百萬顆球之後，他仍然可以保有赤子之心的打球喜悅，以及對這項運動的熱愛，這是他職業生涯中最了不起的一面。這也是為什麼他的賽前訓練往往吸引大批群眾圍觀，看台經常在他進入球場前早已擠滿了人，世界各地有費德勒的表演賽也成為許多人趨之若鶩且場面浩大的活動。在輕鬆的氛圍，他可以向觀眾展現球技、擊球招式的變化以及有趣的插曲，這是正常比賽所看不到的。

在攻頂路上，費德勒因其簡樸和挑剔的個性獲益，總是牢記什麼才是他真正重要的事。他不允許自己受到那些不符合自身理念的短期誘惑所干擾，也不會汲汲營營地追求每筆可能的ATP積分或獎金。

這樣的態度讓他更容易依據運動標準來進行賽事安排，包含戰略訓練和恢復階段。儘管他參加很多賽事，但他也很享受與家人相處的那幾週，遠離一切事物，然後再帶著充沛活力、全新幹勁回到網球場上。這表示他幾乎沒有任何體能耗損的跡象，並保有打網球的樂趣。

然而，即使如此驕傲且自信，但他從來沒有把自己看得過重。當他表現出強硬的一面，他關心的是事業而不是自我。因為如此，他得以保留一種與許多知名人物不同的特質：也就是他的自然純真。他的世界主義性格、對其他人的關懷和積極的態度，讓他在媒體和觀眾的目光下能夠像在家裡客廳一樣自然地行動。他也馬上意識到，對他來說，想在生活取得成功並忠於自我，最好的辦法就是不要試圖扮演某個角色。在媒體面前一直扮演某個角色會讓人筋疲力盡，一旦面具滑落，最後可能整個人形象毀滅。

費德勒一直是這方面的高手，懂得有效運用他的能力。他知道什麼是他可以委託別人協助，什麼是他必須自己去完成的。在這個過程中，他成功不讓自己因為諸多必須處理的義務被消磨得疲憊不堪。帕格尼尼也注意到這點：「對他來說在一天之內安排許多事情很容易。他對於每件事都能全神貫注並集中心力——有時我覺得他甚至可以因此恢復精神——例如，在面試或洽談贊助的會議時。其他人會感到疲憊的事情，他卻可以藉機充電。」

任何有幸在大型球場前排觀察過費德勒的人都會注意到另一個特點：他能夠輕易地忽略周遭環境，專注於一場比賽、一個對手、下一分、下一球，彷彿他人在瑞士山區的某個偏遠球場進行訓練般。在亞瑟艾許球場（Arthur Ashe Stadium），全世界最大的網球場，即使是氣氛緊張、全場鬧哄哄的夜間比賽，費德勒也能在自己的小泡泡裡處之泰然。彷彿他在一扇厚厚的玻璃窗後面，與周圍發生的事情阻隔開來。他似乎沒有發現兩萬多名觀眾正注視他的一舉一動，電視台攝影機將他的每一個動作畫面傳送給全世界的數百萬人。就連偶爾從看台傳來的起鬨聲音，他似乎都沒有留意到。

心智強度（mental strength）極其重要，尤其是在個人運動方面，費德勒似乎天生具有強大的心智力量。這股力量體現在他卓越出眾的才能上，他能夠一遍遍地喚起自己的最佳水準，將全部精力集中在那一刻並發揮到極致。費德勒是個懂得把握當下的人；他充分利用每一刻，有時候會讓人以為他的時間比別人多。這對網球比賽尤其珍貴，因為幾分之一秒的時間也很關鍵（只要你的手腳夠快的話）。

此外，在面對被標榜為賽事奪冠熱門選手或外界過高的期望方面，費德勒幾乎沒有遇過什麼問題，這部分對於他的職業生涯也很有幫助。與其他人相比，他相對能夠利用自己的成功和突破巔峰來讓自己變得更強大、獲得更多的自信，進而成為長期位居世界排名之首的球員。費德勒的獨特性始終源自於他對網球無條件、前所未有的熱愛，這種癡迷似乎往往比他的個人感受更加重要。帕格尼尼指出，即使他知道不可能一輩子打職網，但他對網球的熱情卻隨著職業生涯進入尾聲而與日俱增。

他的奉獻精神也是為了盡量回饋給網球與支持者。他曾說過：「我想讓網球運動提升到比我剛開始打網球時更好的狀態。」他似乎從來沒有壓力，即使輸球之後，他也總能在媒體面前表現得沉著冷靜。人們經常納悶他這種內心的平靜是從何而來。也許是因為他早已突破了身為網球運動員的目標，所以覺得其它獲得的一切都是美好的額外賞賜（wonderful bonus）。外界經常聽到的說法，他說他是一個「成就大於預期的人」（overachiever），他的成就遠遠超乎自己的意料之外。他的突破性成功，最明顯是他的第一次溫網勝利，讓他在職業生涯早期就擺脫名次束縛，並且突然進入他從未想過自己能夠達到的領域——而且還能繼續走得更長遠。

費德勒不是那種戴著面具、講著符合他人預期的話來交朋友的人。這就是為什麼他經常看起來沒有納達爾那樣熱情親切，舉例來說，納達爾在每次採訪中都會感謝某人，並跟紀錄他訪談的速寫員打招呼和親吻道別。但費德勒依然保有風趣個性——比如主動現身在澳洲替湯尼·葛錫舉辦的生日派對上，他和湯米·哈斯、格里戈爾·狄米特羅夫一起合唱了歌曲《難以說抱歉》（Hard to Say I'm Sorry）。一旁伴奏的是湯米·哈斯的岳父、這首歌的作曲人大衛·福斯特（David Foster）。（幾個月後網路出現他們合唱這首歌的第二個版本「單手反拍男孩」〔One-handed Backhand Boys〕，經過專業剪輯過後，效果出乎意料地好。）

凡事都有一體兩面，有些人偶爾會將他的這種主動行徑解讀為自大或傲慢，認為他有時候過於放大自己的重要性，但這部分是他可以接受的。畢竟，整個網壇都會因為他出現在公眾面前而受惠不淺。

二十二、神秘的蒙娜麗莎

正如我先前所提的，與米洛斯瓦·「米爾卡」·瓦夫里內克（Miroslava ‘Mirka’ Vavrinec）的感情關係是羅傑職業生涯成功的一項關鍵因素。彷如命中注定般，就在費德勒職涯有了重大突破之際，她卻不得不中斷自己的運動生涯。如果命運不是這樣安排，那麼費德勒的職業生涯、他們倆人的關係、乃至於他的整個人生都可能會有完全不同的走向——而且可能不會發展得更好。

米爾卡在二〇〇二年四月受傷休息後經歷了痛苦難熬的幾個月。她無所事事地坐在家裡，觀看電視上的網球賽事，心裡很不好受。當羅傑二〇〇三年在溫網奪冠時，她的腳傷還沒痊癒，職業生涯自然而然地宣告終結（現在更不可能回歸）。之後她將全部心力擺在她另一半的運動人生上面，並找到新的目標，一個她可以彌補、甚至超過自己尚未實現的網球夢想目標。這個目標不是擔任駕駛，而是重要的副駕。

另一方面，羅傑是她在這段艱難時期的最大支持。二〇〇四年在溫布頓，在她少數接受的私人採訪中，她告訴我：「如果他贏了，就好像我也贏了。我跟他每天朝夕相處，我明白這代表的意義。他與我分享一切，讓我回到網球生活。而且因為他是世界第一，所以每件事都比我自己打球還要緊張。」

米爾卡為了自己的興趣願意擔任輔助角色，她說：「目前他與他的網球比我還要重要，但我能夠諒解。我的時候還沒到。待在網球幕後，這是我們談過也彼此同意的。」

米爾卡擔任他的私人助理，負責處理他的邀約、採訪申請與媒體聯繫、以及旅途行程和住宿飯店的安排。羅傑也需要她的協助，因為當時羅傑正重新編排自己的隨行人員。二〇〇三年六月底，就在他首度拿下溫網冠軍的前幾天，他與美國運動經紀公司ＩＭＧ的合約終止了。他當時解釋：「有些事情我無法講也不能解釋，只能說有太多事情不合我意。」

費德勒只想跟他私底下信任的人合作。除了米爾卡和帕格尼尼之外，這個緊密的信任圈還包含他的父母，他們成為費德勒內部管理團隊的新核心。琳娜於二〇〇三年秋天辭去工作三十三年的汽巴公司，專職替她兒子打理事務，並成立Hippo GmbH管理公司，總部設在伯特明根。（至於公司名稱為何使用河馬〔Hippo〕，費德勒表示，他跟米爾卡去母親的故鄉南非度假時經常觀察河馬，也因此愛上了河馬，因此才以此為名。）

羅傑與米爾卡搬進他們第一間鄰近奧伯維爾（Oberwil）的共享公寓，距離他父母在伯特明根的住處不遠。米爾卡也利用自己沒有比賽的期間推出化妝品牌，因此成立了化妝品公司「RF

Cosmetics AG」，並聘請約居曼・班克（Joachim Benke）擔任總經理。結果這項事業成為費德勒場外成功故事裡一次嚴重的非受迫性失誤，而且投入不少的資金。雖然他的新香水（「觸感」（Feel the touch））廣受好評，但產業專家立即斷定，在這個競爭激烈的市場上推出化妝品系列產品非常冒險，而且考量到他還年輕，時機不夠成熟。因此，二〇〇六年，該公司宣告關閉並停止生產。

儘管米爾卡在工作上扮演著助理角色，但很快她就明白自己不是處理媒體關係的合適人選。隨著記者們的採訪與報導需求日益增加，而她男友能夠參與的行程有限，夾在兩者中間的米爾卡感到越來越疲憊。她時常不得不謝絕採訪要求，因此久而久之也不利於她在記者間的名聲。與媒體的緊張關係加劇。有一次在澳網，我親眼目睹她與一名記者在球員餐廳外面大聲爭吵、相互怒罵，那名記者習慣以貶低口吻報導她。

米爾卡的採訪或聲明三番兩次被斷章取義的刊登出來、或被視為不公開的言論，這些事情也令這對年輕夫婦相當反感。米爾卡生性開朗、健談、而且平易近人，但這些特質卻有時遭人濫用。費德勒決定帶她離開火線，從今以後，她乾脆不再接受任何採訪，日後她將貫徹執行這項決議。費德勒於二〇〇六年底跟我說：「這是保護我們私下生活的最好辦法。」

三年後，他更具體地解釋這個情況。「一開始有太多消息走漏出去，我不喜歡這樣。我希望能夠信任我周圍的人，以防某些事情需要保密的情況。後來某次我建議米爾卡不要再接採訪邀約了。她的內心很掙扎。因為她需要與媒體保持聯繫，經常對外發言，而且總是當那個不得不拒絕的壞人。一開始回絕掉五成的採訪，接著是九成，然後是九成九，最後是全部都推掉，因為我沒有時間。這是一項吃力不討好的工作，她很高興不用再做這份工作了。」

在同一次的談話中，他坦率地講到兩人關係：「我們知道，我們的生活有很美好的一面，但也有非常辛苦的一面。自己總是得站在鎂光燈下，總是不得不過著與自己所喜歡的不一樣的生活。但她一直非常支持我，我也支持她。我們喜歡獨處——我們也需要獨處，因為我們在公眾場合經常被人群包圍。」他也解釋，米爾卡在他生命中扮演的主要角色是他的妻子與孩子們的母親，但同時也是他團隊裡重要的成員。「她勇於說出內心想法，是一個堅強的人。我不希望我的團隊只會點頭。我希望每個人都能對我實話實說。」

有一次，澳網節目請我為他女友作人物特寫，他自己主動談起她。他描述了她在他們倆還沒有孩子前的新任務：「她負責預訂機票、訂飯店、跟ATP合作以確保比賽期間一切順利，也負責我在比賽以外的所有事物。她為我規畫行程、安排我們的假期。」米爾卡還是費德勒的重要顧問：「她經歷過很多事情，可以與我分享。」

米爾卡性情溫和，但也有強硬的一面，這部分在她的網球生涯中表現得非常明顯。她為費德勒犧牲很多，但這並不妨礙她將自己的想法告訴費德勒。舉例來說，如果她覺得費德勒已經跟台維斯盃球隊的人同行夠久，她會讓他知道。二〇一〇年秋天，瑞士網壇一直有這樣的傳聞，說是她勸服費德勒不要跟著台維斯盃球隊前往哈薩克。後來瑞士代表隊因為他的缺席受影響，從世界組（World Group）降級。

米爾卡是個全能型選手，在緊急情況下，如果費德勒願意，他甚至可以跟米爾卡進行賽前熱身。例如，二〇〇七年漢堡德網公開賽決賽之前的熱身，他在那場比賽中迅速取得自己最好的一場勝利，並成為兩年來第一位在紅土擊敗納達爾的選手。他開心得在場邊擁抱她，並在賽後訪問上對她讚不絕口。當時費德勒公開示愛的情況還很罕見，但這種表現隨著時間變得更加頻繁且明顯。

他在澳洲講了一段或許是他公開說過最甜蜜的話，那時米爾卡已經是他的妻子，兩人也已是四個孩子的爸媽。他摘下第十八座大滿貫冠軍後表示：「當我還沒贏得冠軍頭銜時，她跟我在一起，後來我贏得八十九個冠軍頭銜，她依然陪伴我身邊。她對我而言是很重要的角色——她明白，我也明白，大家都明白。我很開心她是我的妻子和我的第一位支持者，總是對我說真話。」

一年後，在贏得生涯第二十座大滿貫冠軍後，他對外表示：「我的妻子讓這一切成為可能。沒有米爾卡的支持，我不可能打這麼久。我們幾年前開誠布公的討論過，問她是否還喜歡現在這樣的生活。我很開心她這麼支持我，接下照顧小孩的工作。我不想跟我的孩子們分開超過兩個星期，若沒有米爾卡，這種生活將無法運轉。」

由於米爾卡已經很久沒有接受採訪，所以這些年來她對公眾而言是個謎。就像羅浮宮裡的達文西名畫《蒙娜麗莎》一樣，幾乎每個人都知道她，卻往往難以解讀她臉上的表情。在這個幾乎每個人都透過社群媒體評論所有事情的時代，她保持沉默，彷彿躲在一面玻璃牆後方——但她的身影又隨處可見。這點只會讓她更加神秘、難以理解且讓人感興趣。二〇一七年，她是瑞士Google搜尋次數最多的女性。

二十三、時尚穿搭

在網球場以外，費德勒絕不是一個勇於冒險的人。跳傘或高空彈跳令他深惡痛絕——與他的教練塞弗林·盧希形成對比——比起冒險假期，他更喜歡跟家人一起去馬爾地夫的寧靜海灘渡假。在辛辛那提比賽時，場地就在國王島遊樂園旁邊，他於二〇一八年說過：「我已經開始害怕我四歲兒子們玩得很開心的景點。」而有一次他確實展現出對極限冒險的興趣——為了電視節目的拍攝，他用繩子從冰冷的瀑布攀盪下來——但那只是因為冒險家兼紀錄片製作人貝爾·格瑞斯（Bear Grylls）向他保證過，絕對不會讓他發生真正危險的事情。

儘管費德勒的休閒活動平淡無奇，中規中矩，但他在外從來沒有庸俗的名聲。成功令人嚮往，再加上由於他越來越努力在各個場合散發出品味與優雅的氣息，他很快被視為時尚指標、理想的女婿類型，所以非常適合拍廣告。二〇〇六年，瑞士雜誌《*Schweizer Illustrierte*》曾如此評價：「完美的擊球，完美的裝扮，羅傑·費德勒是地表上無懈可擊的男人。沒有明星架子，沒有醜聞，在任何場合都是王牌。」該雜誌引用了時尚風格顧問柯利福．禮里（Clifford Lilley）的話：「費德勒有自己的風格和品味，想買也買不到。他讓我想起年輕時卡萊．葛倫（Cary Grant）。」

費德勒從一個穿牛仔褲的運動迷變成世界時尚人物，這個巨大改變發生在二〇〇五年，那時候他剪掉了一頭及肩、看起來總是有點凌亂的長髮。從那時起，他開始以優雅的短髮造型和越來越時髦的服裝現身。米爾卡是改變其造型的背後動力，帶領他走進了時尚界。費德勒是個滿懷感激且樂於接受新事物的學習者。二〇一七年，時尚雜誌《浮華世界》（*Vanity Fair*）將他列為全球最會穿衣的男士排榜第二名。不久後，他將網球界和公開露面的場合視為一個可以盡情地從視覺上展現自己的舞台。美國版《時尚》（*Vogue*）雜誌總編輯安娜．溫圖爾（Anna Wintour），時尚圈最具影響力的一位女性，經常出現在費德勒的球員包廂。有時候，費德勒也會成為米蘭、巴黎或紐約時裝秀的座上嘉賓。

溫布頓後來成為他最重要的個人伸展台。為了展示他對這項最傳統賽事的欣賞，同時也為了替全英俱樂部帶來多樣性（該俱樂部一直堅持以白色為服裝的主要顏色），他開始在他最喜歡的比賽穿上特別的服裝和配件。二〇〇六年，他身穿著白色外套現身，胸前口袋上面有一個金色刺繡的標誌——但這個標誌跟後來人們所知道的名字縮寫RF沒有任何關係，樣式只是一個經過設計的F，下方搭配一排小小的「Federer」。翌年，他多套一件金色鑲邊的羊毛衫，搭配他有時熱身會穿的摺痕長褲，還有一個很大的白色背包。

但這身行頭並不是人人都喜歡。

屢獲殊榮的體育專欄記者賽門．巴恩斯（Simon Barnes）於二〇〇七年評論道：「羅傑．費德勒好像刻意尋找自己在歷史的定位。說真的，他看起來就像一個相當浮誇的油漆工和裝潢人員。所有這些復古時尚的玩意兒確實傳達出這樣的訊息：你們看到的不只是一位冠軍，還是一位傳奇人物，你們在見證歷史。」

那一年，費德勒穿著他那套標新立異的運動服出場，故事並沒有完全按照腳本進行：連續第五次贏得溫網，追平比昂．柏格的紀錄，他還沉浸在興奮之中，結果把自己的長褲穿反了。當他在頒獎典禮上想把手放進口袋時，發現方向不對，這才注意到自己出糗。「別人幾乎看不出來，」他後來表示：「但英國媒體有發現，然後問：『怎麼回事？拉鍊在後面。』真的非常尷尬。」*

但費德勒最最大膽的溫布頓造型尚未出現。二〇〇九年他現身中央球場時，身上穿了一件讓人聯想到殖民時期軍裝的白色外套，上衣、長褲和鞋子都有金色邊紋點綴，Nike的商標和他的名字縮寫也都是金色。連他的白色背袋現在也有一面是金光閃閃的。這不是每個人都喜歡的風格。

英國《鏡報》（*Mirror*）表示，他看起來「像介於派伯中士（sergeant-pepper）造型與電影《軍官

* 引自《GQ》雜誌英國版

與紳士》（*An Officer and a Gentleman*）裡面人物的混合體」；《每日電訊報》（*Daily Telegraph*）立即將他推入世界最不會穿搭的運動員名人堂。

費德勒坦言：「我知道這樣讓人覺得有點侵略性。別人不是喜歡就是討厭，你不可能總是當個走中間路線的好人。」*他後來承認可能也有點過度使用金色，但原本設計目的是為了和獎盃有所連結。

某些批評人士眼尖發現，同年他在決賽第五盤擊敗安迪．羅迪克後，立即穿上繡有金色「15」字樣的外套，以紀念他的第十五座大滿貫冠軍，打破山普拉斯紀錄，此舉動有點不得體。根據《紐約時報》的說法，這是「令人震驚的幸災樂禍事件」，有如「賞了羅迪克一記耳光」。

費德勒後來二〇一八年在英國版《GQ》雜誌替自己辯解：「在溫布頓，我們試圖重現網球比賽的歷史，當時選手們會穿著外套或羊毛衫出場。我們嘗試推陳出新突破極限——有時候我們做得有點過頭。但沒關係，有些時刻令人難忘，我願意冒險看看。」

二〇一三年，他在溫布頓又踩到另一條線，因為他穿著橘底球鞋參賽，但主辦單位很快就發現，並強迫他換上別雙白底球鞋。

費德勒在球場外也大膽地挑戰時尚。二〇一七年，在紐約時裝盛典大都會博物館慈善晚宴Met Gala，他以一襲Gucci黑色晚禮服登場，背面繡著水鑽眼鏡蛇；二〇一七年四月，他被《GQ》雜誌評選為「最時尚的男士」，並刊登在雜誌封面，照片裡他慵懶地躺在寬敞的皮革沙發，短褲搭外套，手上拿著澳網獎盃。

有些人喜歡批評他個性裡更有創造性的一面，有些人只是單純喜歡；他本人顯然喜歡透過自己的時尚選擇來表達自己，而更關鍵的是，他從來不把自己看得太重。他是行銷人的夢想，他願意接受大膽的時尚選擇，這點有助於他在比賽之外發展出另一個驚人的商業版圖。

＊ 引自《紐約時報》

二十四、打造個人品牌

琳娜・費德勒在閱讀第一篇關於她兒子的長文採訪時，簡直不敢置信自己看了什麼。她對他所說的話感到很陌生。記者問說如果他贏得一大筆獎金，會拿去買什麼，他的回答是：「一輛賓士」。她所認識的羅傑不是這樣的人。他還是個學生，連汽車駕照都沒有，而且完全沉迷運動上面。出於好奇，她打電話去該週刊的編輯部，詢問羅傑是否真的這樣說過。後來他們調查了一下，發現確實是編輯聽錯，羅傑的回答並不是「賓士」（Mercedes），而是「更多的CD」（more CDs）。

從這件軼事可以看出，費德勒一向謙虛節制。生活品質對他而言就像美妙的音樂一樣，比物質財富更重要。多年來他透過賽事勝利獲得的財富，只是他真正感興趣的事情——盡量把網球打到最好——所產生的令人愉快的副作用。諷刺的是，他後來還是開了一輛賓士，因為二〇〇八年春天他與中國賓士公司（Mercedes-Benz China Ltd）簽訂一份為期數年的廣告行銷合約。十年後，這份合約範圍擴大到全世界。

幾年下來，他成為世界上收入最高的品牌大使運動員——儘管就金錢來說，網球運動員通常排在最佳足球員、籃球員、拳擊手、高球選手、國家美式足球聯盟（NFL）、棒球員以及其它世界體壇巨星之後，尤其是在美國。

雖然聽起來很奇怪，但費德勒的謙虛卻是他成功作為廣告夥伴的一個主要原因。不是刻意塑造而來的明星，而是腳踏實地、始終保有自我意識的鄰家男孩。

他在職業生涯的後期跟我說過：「一些很小的事情就能讓我心滿意足。可能是跟朋友共進晚餐、與我喜歡的人團聚、或是給我的孩子唸本書。可能是最簡單的小事。」

費德勒只有在他職業生涯的初期遇過經濟問題。一九九八年，在他十七歲的時候，幸虧有獎金和瑞士網協的支持，才得以支付他的所有開銷。他收到了Nike的衣服、Wilson的球拍、Babolat的網球線、以及一家瑞士電信公司幫他支付手機帳單。「我父母負責財務方面的事情。我甚至不想知道我能拿到多少錢，因為那樣會改變我對網球的態度，」青少年時期的他如此說。

他很早就被當時美國主要的網球經紀公司IMG簽下，然而，剛開始的贊助機會少之又少。經過多年時間，費德勒才在網球界和瑞士以外地區打開知名度，成為受歡迎的廣告合作夥伴。在他摘下第一座溫布頓冠軍之前，除了Nike和Wilson的運動品牌合約，以及勞力士的手錶代言之外，他幾乎沒有任何廣告協議。

如前一章所述，二〇〇三年他在溫布頓有了突破性表現之前，他離開了IMG經紀公司，並成立自家的內部管理公司。他當時解釋，目的在於建立簡短的溝通和決策管道，以及更好掌控自己的職業生涯。這個組織結構的核心由他父母、他女友米爾卡、二〇一四年意外逝世的律師伯恩哈德・克里斯汀（Bernhard Christen）以及財稅顧問羅爾夫・奧爾（Rolf Auer）所組成的。費德勒的活動由Hippo GmbH公司來處理，四年後該公司被併入Tenro AG公司——「Ten」是網球的英文前三個字母，「ro」是羅傑的英文前兩個字母。後來該公司結構擴編為Tenro Holding AG控股公司和Tenro Event AG活動公司，後者負責籌辦與支持體育、藝術及文化領域的活動。

費德勒這幾年對市場行銷的態度也轉變了許多。「羅傑已經變成一位完美主義者。他對每件事情都考慮得非常周詳，總想知道事情當前發展的確切細節，」*他母親於二〇〇四年表示。

起初，除了一份新的錶商合約，艾美錶（Maurice Lacroix）品牌在二〇〇四年夏天取代了勞力士，幾乎沒有其它贊助協議。那年秋天，費德勒坦言他的團隊規模可能太小。「有很多事情等著我們去做，尤其是我母親和米爾卡負責的部分。我不是一個追求金錢的人，但我現在正處於人生中最好的階段，我不想虛晃度日。」

他所欠缺的是，資歷豐富的經紀人所建立的國際人脈。因此，二〇〇五年，他再次與一家大型經紀公司合作，只是這次情況不同，他站在有利位置。讓人有些意外的是，儘管兩年前他已經與IMG經紀公司分道揚鑣，但這回他還是選擇同家公司。與此同時，該公司老闆已經換成億萬富豪兼投資人泰德·佛斯特曼（Ted Forstmann），而他不惜餘力想把費德勒找回來，為此付出一切必要努力。後來由九度大滿貫得主莫妮卡·莎莉絲（Monica Seles）推開這扇大門。她遇見羅傑和米爾卡，向他們推薦IMG公司，並推薦一位適合擔任費德勒經紀人的人選：安東尼·路維森·「湯尼」·葛錫（Anthony Lewisohn 'Tony' Godsick），他已經負責打理莎莉絲的網球業務多年。

葛錫一九七一年於紐約出生，骨科醫師和教師之子，來自一個有趣的家族。他的外祖父小理查·路維森（Richard Lewisohn junior）是紐約市議會財務委員會的一員，積極參政。他的外曾祖父理查·路維森是德國出生的外科醫師，在如何防止輸血時血液凝固方面有過突破性的發現。

湯尼·葛錫則一直是體育狂粉。他小時候打美式足球，是紐約所有傳奇俱樂部的粉絲，從遊騎兵隊（Rangers）到尼克隊（Knicks）、從巨人隊（Giants）到洋基隊（Yankees）。他就讀位於新罕布什爾州（New Hampshire）的達特茅斯學院（Dartmouth College），一九九一年開始在IMG經紀公司實習，並在那裡第一次接觸到莫妮卡·莎莉絲。兩人馬上一見如故。一九九三年三月，莎莉絲請求IMG當時老闆馬克·麥考康梅克（Mark McCormack）簽下這位只比她大三歲的實習生，讓他擔任自己的經紀人。麥考康梅克也同意了。但短短幾週後，一九九三年四月三

---

* 引自《巴塞爾報》

十日在漢堡一場比賽期間，莎莉絲換邊時遭到其對手施特菲・葛拉芙（Steffi Graf）的瘋狂球迷從背後捅了一刀。球迷持刀攻擊對身心造成的創傷，讓她花了兩年多的時間才復出。

葛錫在ＩＭＧ公司位於俄亥俄州克里夫蘭（Cleveland）的總部累積經驗，直到一九九五年夏天莎莉絲重返職業巡迴賽。他在一次難得的採訪中告訴我：「當時我才二十四、五歲，就跟著史上最偉大的一位球員南征北討。我就是靠這樣入門的。」二〇〇四年四月，他與瑪麗・喬・費南德茲成婚，費南德茲曾是世界排名第五的球員、兩屆奧運雙打冠軍，亦是莎莉絲的好友。第二年，他們女兒伊莎貝爾（Isabelle）出生，三年後又生了兒子尼古拉斯（Nicholas，後來他成為非常優秀的網球運動員，經常得到費德勒的幫助）。

除了莎莉絲（二〇〇三年最後一次參加大滿貫賽事），葛錫也帶過安娜・庫妮可娃（Anna Kournikova）、湯米・哈斯、達妮艾拉・韓杜雀娃（Daniela Hantuchová）以及琳賽・戴凡波（Lindsay Davenport）等選手。費德勒贏得二〇〇五年美網冠軍的第二天，葛錫在紐約第一次見到了費德勒，兩人馬上感覺彼此默契不錯。費德勒同一週與ＩＭＧ簽約。葛錫和他的家人很快就成為費德勒固定且關係密切的隨行人員。

葛錫立刻為費德勒的職業生涯注入商機，他將他的委託人定位成「全球體育偶像」——這是葛錫最喜歡的一個說法——並善加開發他的市場潛力。從二〇〇六年開始，現有合約不是重新協商就是提前被買斷——像是與艾美錶的合約，後來被勞力士以獲利更豐厚的協議所取代。還有一些新合約，例如與瑞士咖啡機製造商優瑞（Jura）的合作。費德勒也跟運動服裝廠商Wilson簽訂一份「終身」契約。

費德勒的內部管理團隊沒有簽訂任何草率或考慮不周的贊助合約——實際上，幾乎沒有任何合約，這點也有助於葛錫做好經紀人工作。這位美國人對於職業網球中複雜的合約如何簽訂有一定的瞭解和經驗，而且他思路很清晰。他只對高價值的長期合作關係感興趣。正如他所言，合約夥伴應該共同經歷一段「好的跟沒那麼好的」漫長之旅。「我有一張空白畫布，我們能夠畫出一幅非常不可思議的圖。」不過他強調，自己已經成為費德勒團隊的一員。

「我們一直渴望將羅傑與跟他已有某種關聯性的品牌結合，」他說：「我們要尋找那些各產業領域的龍頭，而且基本上是全球性的績優公司。當然，我們也會在他自己家鄉市場找尋合作夥伴。雖然他已經成為全球偶像，但不忘記他永遠是瑞士人這點也很重要。」

然而，二〇〇七年春天，費德勒與某間公司簽訂他的第一份重要廣告合約，該公司既與網球無關，也不是瑞士企業。在杜拜，他跟老虎伍茲、法國足球運動員提埃里・亨利（Thierry Henry）三位成為刮鬍刀製造商吉列（Gillette）的新大使。這份合約對費德勒而言是一個里程碑，該公司在一百五十個國家推展廣告活動，多元的行銷策略讓他一夜之間成為國際巨星，也使他開始在網壇和體育界以外的世界大受歡迎。

繼吉列之後不久，來自商務和私人航空領域的利捷（NetJets）公司也加入他的合作夥伴行列。由於這樣的合作關係，他開始越來越常搭乘私人飛機，主要是為了縮短飛行時間。二〇〇八年春天，他與中國賓士公司簽訂合約，將與中國網球聯合會（Chinese Tennis Federation）合作建立發展項目，以提高網球在中國的普及程度，促進青少年球員的發展。

對於面向國際市場的瑞士公司來說，費德勒馬上成為一個炙手可熱的廣告合作夥伴。他所代表的價值被視為是典型的瑞士象徵，比如說可靠與優秀。

Nike開發的RF標誌，是根據費德勒夫婦二〇〇三年短暫推出的化妝品牌原始設計，稍加修改而成。後來二〇一八年，費德勒不得不暫時停止使用這個標誌，因為他與Nike的十年約到期，並與日本品牌Uniqlo另簽了一份新的長期合約。Uniqlo主打日常服飾，新協議讓他有機會在網球生涯結束後繼續朝時尚產業發展。二〇二〇年，費德勒從Nike手中拿回他的RF標誌使用權，並確保將來可以在自家公司Tenro AG授權的所有產品中使用。

儘管有這些國際商業協議，他的場外活動核心仍在國內市場。除了與瑞士乳製品公司伊美（Emmi）、勞力士和優瑞的合作，他也與瑞士蓮（Lindt）巧克力和瑞士國民保險公司（Nationale Suisse）達成贊助協議。二〇〇九年秋天與瑞士國民保險達成協議的幾天後，他接著與瑞士信貸簽署一份為期十年的協議，其中一項條款規定每年有一百萬美元直接匯入羅傑・費德勒基金會（Roger Federer Foundation）。

很快地，費德勒的身影隨處可見，尤其是在瑞士。他的數位看板在蘇黎世機場迎接賓客，邀請訪客與他自拍合影。他的形象出現在瑞士各地的廣告招牌、雜誌和電視上面。二〇一五年，他成為電信公司Sunrise的代言人，為了Sunrise，他從高聳大樓一躍而下或懸吊在直升機上；或者化身為《魯賓遜漂流記》（*Robinson Crusoe*）的主角，蓬頭垢面地出現在荒島上，試著使用他的球拍生火；或者跟機器人打網球，精準地將球打到最遠目標……。很快地，他的合作廠商多是瑞士企業，讓他覺得必須回絕掉一些利潤豐厚的提案。雖然有些公司非常適合他，例如優質音樂系統的製作廠商（他之前說過要買「更多CD」），但他擔憂「過度宣傳費德勒會適得其反」，需要謹慎保持平衡。

即使在國際市場，費德勒的身影也是無所不在。無論是威尼斯聖馬可廣場（St. Mark's Square）的巨幅廣告，在曼哈頓和法拉盛草地公園之間的廣告牌，倫敦或紐約的計程車上，還是墨爾本火車站的超大海報——走到哪裡，都看得到費德勒。

與之前絕不為酒精飲料打廣告的承諾相反，他後來成為酩悅香檳（Moët & Chandon）的品牌大使，並與義大利麵製造商百來味（Barilla）簽訂合約，二〇一八年也與德國行李箱製造商Rimowa達成協議。

為了幫費德勒找到獨特角度來推廣自家商品，同時又能展現他的個性或技能的不同面向，他的合作夥伴所展現出的創造力、投入程度和靈感引人注目。例如二〇二〇年，費德勒意外造訪義大利兩名女孩位於菲納萊利古雷（Finale Ligure）的住家，讓她們驚喜不已。這對十一歲和十三歲女孩先前在社交媒體發布一段影片，內容是她們第一次新冠肺炎封城期間在自家屋頂隔空打網球，後來影片爆紅。於是費德勒的義大利合作夥伴百來味在採訪兩位女孩時，特意安排讓費德勒突然現身，女孩們簡直不敢相信自己眼睛，費德勒還與她們一起打網球——當然也是從屋頂隔空對打。這段影片立即在網路瘋傳。

從總收入來看，費德勒已經穩定攀升至世界收入最高的運動員榜首。《富比世》預估，二○○九年他從獎金、出場費和贊助合約中獲得的年度總收入為三千三百萬美元，位居運動員收入排行榜的第十一名。但十一年後，他的年收入增加兩倍多，達到一億零六百二十萬美元，首度成為世界上收入最高的運動員。《富比世》估計，光是廣告、贊助合約和表演賽就有一億美元，其餘來自正式比賽獎金——並預測費德勒二○二二年的總收入可能超過十億美元，讓他成為繼老虎伍茲、麥可·喬丹、佛洛伊德·梅威瑟之後第四位億萬富翁運動員。

二○一三年夏天，葛錫與費德勒都離開了ＩＭＧ公司。他們覺得這家經紀公司對他們而言已經變成綁手綁腳的累贅，太多人試圖對費德勒的職業生涯有意見。於是，有了投資人伊恩·麥金隆（Ian McKinnon）和德克·齊夫（Dirk Ziff）的幫助，在ＩＭＧ旗下工作十九年的葛錫和費德勒決定以俄亥俄州佩珀派克（Pepper Pike）為基地，成立了運動娛樂經紀公司「Team 8」（英文「隊友」〔teammate〕的雙關語）。葛錫表示，他們的目標不像其它經紀公司那樣，簽下越多客戶越好，再來預期其中幾個能夠持續地發光發熱，而是「努力打造一家精品型的運動經紀公司，固定只有少數幾位指標性的運動員。」*

討論到「Team 8」公司名稱的雙關語時，葛錫解釋，作為一個團隊的概念是公司使命宣言的基礎。「反正我不喜歡經紀人這個詞，我比較喜歡稱為合作夥伴。我們的目標是相互溝通、集思廣益、凝聚創意，共同創造附加價值。」最重要的一點是誠信。「你的聲譽是關鍵，不能拿它來開玩笑。」但他也堅持，事情應該保有樂趣。「如果你做的事情沒有樂趣，別人是感受得到的。」

除了費德勒，Team 8旗下的運動員還有戴波特羅和狄米特羅夫（後來於二〇一七年底離開），以及瑞士冰球守門員亨里克・朗德奎斯特（Henrik Lundqvist），後者在紐約遊騎兵隊獲得極高聲望。Team 8亦接手柯莉・高夫（Cori Gauff）的經紀合約，她是女子網球界最有前景的一位球員。最初加入Team 8管理團隊的人有巴西人安德烈・席爾瓦（André Silva），他在職業網球協會（ATP）擔任影響力強大的職位長達十四年之久，還有克里斯・麥考康梅克（Chris McCormack），其祖父就是創立IMG的馬克・麥考康梅克。

在費德勒第八次贏得溫網冠軍後，《每日廣訊報》請總部位於倫敦的品牌諮詢公司Brand Finance計算一下全球羅傑・費德勒品牌的價值。根據分析師們相當保守的預估，他的廣告影響力為三億八千萬美元，這讓費德勒在世界最具商業價值的網球俱樂部名單中排行第十三位；注

---

* 引自《紐約時報》

意，是俱樂部排行榜，不是球員。

葛錫曾向《紐約時報》說：「我可以把羅傑·費德勒行銷得很好，但沒有人比羅傑更會行銷羅傑了。」二〇一八年在芝加哥拉沃盃（Laver Cup）網賽期間，這位經紀人更進一步表示，「以網球運動員來說他是優秀的網球選手，以一般人來說他更是相當出色的人，而且我能見到他的時間比一般球迷還要多。」*葛錫以前曾多次為了基金會的事情跟費德勒開會，所以他能夠證實：「他在戰略上非常聰明。」葛錫甚至大膽預測費德勒在職業生涯以外的成果：「他會在他想做的每件事上都取得成功。我認為他甚至會取得更大的成功。」

二〇一九年費德勒開啟新的篇章，他加入了瑞士運動鞋生產商ON，不僅擔任合作夥伴和品牌大使，也是該公司的投資人。據統計，他投入五百萬到一億瑞士法郎。在個人聲望、創新行銷手腕和社群媒體力量的推波助瀾下，他立即竭盡所能，確保這家雄心勃勃的公司獲得大量的關注與成功。這裡似乎是費德勒踏入下一階段商業生涯的第一步。正如葛錫所言，費德勒的商業生涯可能與他迄今為止成就輝煌的網球事業一樣成功，甚至有過之而無不及。

* 出自Tennis.com

二十五、家庭生活

羅傑和米爾卡從未讓八卦報紙和狗仔隊的日子輕鬆點，他們總是將自己的私生活保密到家——滴水不漏。雖然羅傑暢所欲言地談論網球、個人生活和職業生涯，但講到私生活方面卻格外謹慎。為了在繁忙的巡迴賽日常生活和保護個人隱私之間找到一個平衡，他喜歡趁賽事空檔消失在公眾視野，最好所有人都不知道他什麼時候在什麼地方——在現今社群媒體盛行和人手一機的年代，這可不是件容易的事。

「有時候覺得累到不行，」二〇一八年在談到網球巡迴賽的日常生活時，他表示：「這就是為什麼規畫如此重要——這樣我才能隨時完全登出比賽狀態。如果大家一直關注，我就會感到筋疲力盡，再也無法享受整個過程。但如果可以暫時遠離所有事物，然後活力滿滿地回來，我總覺得：『這才是生活應該有的樣子。』這種平衡作法對我來說非常重要。」

在職業生涯剛起步之際，費德勒必須努力爭取網球界以外的關注，但多年下來，他的國際知名度越來越高，以致於他不得不採取更嚴格的預防措施，來確保自己的私生活與公眾生活之間維持一條分界線。「過去幾年外界的關注度大幅增加，」他在二〇〇九年夏天說：「大家對我的私生活越來越感興趣，但米爾卡不想引起大眾注意，她不想被別人知道，也不想被拍到。」

二〇〇一年，費德勒與未來妻子的戀情很快成為網球巡迴賽的公開秘密。那年夏天，瑞士一家報社無視他不願公開新戀情的想法，讓費德勒憤怒回應：「我不認為這件事情需要公開，」並抱怨道：「我和女友談過了，她不想讓別人知道，因為這樣別人只會談論我們的關係，而不再是談論網球。」

他們倆人不急著步入婚姻。二〇〇四年十二月十一日，費德勒擔任德國週六晚間電視節目《想挑戰嗎？》（*Wetten, dass . . .?*）的嘉賓，當時流行歌手羅比·威廉斯（Robbie Williams）當著一千四百萬觀眾的面，拿這個話題調侃他。

威廉斯：那麼你們快要結婚了嗎？

費德勒：沒有計畫。

威廉斯：但你們訂婚了吧？

費德勒：還沒。

威廉斯：你們交往多久了？

費德勒：四年了。

威廉斯：（翻白眼）四年？（敲敲他的手錶）拜託！是時候了！當著鏡頭面前就地結婚吧！

攝影機漸漸帶到米爾卡的畫面，她在看台上尷尬地笑一笑，把頭髮往後撥，這時候費德勒回說：「瑞士不是好萊塢。」

後來又過了四年，兩人終於結婚。二〇〇八年初，費德勒依然表示：「結婚的事還沒決定。組織一個家庭、有個小羅傑會很棒，但那不是今天或明天的事。」他們一直將結婚日期保密到最後一刻。二〇〇九年三月十二日在印地安泉大師賽開打前，他們在費德勒的網站發布一則簡短聲明：「今年夏天我和米爾卡即將為人父母！我們很高興能夠共組家庭，對我們而言是一個即將實現的美夢。我們很喜歡小孩，也很期待我們的第一個寶寶。」

很明顯，這則聲明不完全是事實，因為最後一句應該寫成複數型態。在印地安泉大師賽上，記者問到懷孕的事時，他仍避而不談。但其實這對新婚夫婦早在一月中旬就知道他們將會有對雙胞胎（他在得知這項消息後的首場比賽，以六比三、六比〇、六比〇的成績擊敗了戴波特羅）。瑞士某家週刊在頭版倉促（且錯誤地）宣布，「一位男孩為他帶來好運」。

記者媒體都是等到婚禮已經舉行後才知道，再次以新聞快報發布這則消息。二〇〇九年四月十一日，費德勒官網寫道：「親愛的球迷們，今天在我的家鄉巴塞爾，米爾卡與我在至親好友的見證下結婚了。在這個燦爛的春天有一場最美的體驗。費德勒夫婦祝大家復活節快樂！」

他們的婚禮先在巴塞爾的結婚登記處舉行，接著眾人到一座巴洛克風的古老別墅Riehener Wenkenpark莊園慶祝。他父親告訴我：「羅傑不希望有上百人參加、也不想要有攝影師跟狗仔隊。」在這次獨特的聚會裡，只有四張受邀賓客所拍的照片對外公開。

捉迷藏的遊戲還沒結束，就連他們第一對雙胞胎女兒——米拉・羅絲（Myla Rose）和夏琳・麗瓦（Charlene Riva）——的出生地依然是個秘密。七月二十四日，費德勒網站上出現另一則好消息：「羅傑・費德勒與妻子米爾卡自豪地宣布，雙胞胎於七月二十三日星期四深夜誕生。這是我們人生中最美妙的一天。米爾卡、米拉和夏琳都很健康，她們的情況都非常好。」

當時唯一找得到的全家福照片，是由費德勒爸爸父親羅伯特所拍攝，並發布在推特上的。羅傑立即表示，他不打算將自己的事業擺到第二位：「當我夢想成為世界第一時，我總是希望若有孩子的話，孩子還能看得到我打球。」

費德勒曾經講述他初為人父的那幾年是怎麼渡過的：「女兒剛出生的前三年，我對網球生活的記憶有點模糊。我可以記得跟她們相處的每一刻，但我不記得我在二〇一〇年、二〇一一年以及二〇一二年的一些表現狀況。我很開心能夠擁有她們、能成為父親、能和米爾卡共組家庭。」* 米拉與夏琳二〇一二年第一次公開露面，看著她們的父親迎來生涯第七座溫網冠軍。

二〇一四年五月六日，里歐（Leo）與藍尼（Lenny）誕生。跟大五歲的姊姊們不同，他們是異卵雙胞胎。雖然費德勒已經快過三十四歲的生日，但年齡並沒有阻止他繼續職業生涯。然而，為了因應更多狀況，他的隨行團隊擴大，計畫也變得更加重要。有了米爾卡與四個孩子，巡迴賽期間與他同行的人越來越多：教練群、物理治療師、幾位保母、後來還有女兒們在家學習的家庭教師，偶爾還有廚師，通常經紀人湯尼．葛錫（和他的妻子費南德茲以及孩子伊莎貝爾與尼古拉斯）也會跟著，當然還有琳娜與羅伯特，他們現在身為祖父母面臨雙重挑戰——他們總共有六個孫子，因為女兒黛安娜也於二〇一〇年生下龍鳳胎雷蒙（Ramon）和愛蜜莉（Emilie）。當費德勒一家人抵達比賽現場時，人丁多到需要四輛大型接駁車到機場接送，一行人宛如大車隊出遊。

二〇一七年溫網公開賽開打之前，他告訴《亮點》週刊（*Stern*），他現在必須承租兩棟房子，兩個女兒可能跟他和米爾卡睡在同一間。他還透露：「整個比賽期間，我都睡在有六個人的房間裡，有時候沒辦法商量事情。」

這樣的安排難免造成夜晚睡眠品質不好，對一個精英運動員來說，完全不是理想的準備措施，但帶著全家人一起巡迴比賽，費德勒能夠結合職網生涯與家庭生活兩者的優點。對其他運動員而言，南征北討四處參加比賽，往往意味著必須長時間不能見到家人，犧牲家庭的代價可能十分嚴重。雖然攜家帶眷需要周詳的計畫，但費德勒夫婦已經找到最好的作法。正如他二〇一八

＊ 引自《網球內幕》

年在印地安泉大師賽上告訴我的，「因為我們知道什麼作法可行、什麼不可行。有了四個孩子，他們永遠是最優先考量的事——這也是我減少比賽的原因之一。過去我們總以為自己什麼都辦得到，但很快會發現，最後只是折騰自己。」他接著說：「我只是跟孩子們一起學習。有時候他們希望自己待在正常的學校，但同時他們也明白，自己很幸運可以經歷這麼多，能夠環遊世界、探索事物，而且我們一家人總是待在一起。」

到了職業生涯的後期，費德勒也因為過去拿下許多勝利戰果和在網球界的多年服務，不必再完成每年賽季的最低參賽次數，他可以按照自己合適的時間來規劃賽程。「因為我不用再參加那麼多的比賽，我們整個節奏變得更好。我們可以待在杜拜一個月，在澳洲待一個月，在山上待一個月，在美國待一個月……。比以前寧靜多了。」

兩個兒子出生後也開始跟著四處巡迴比賽，費德勒覺得自己必須放慢腳步。「我陪伴女兒做過很多事：換尿布、洗澡、晚上哄睡。但跟兒子在一起，我發現自己跟不上他們，我消耗太多的精力。我無法長期這樣下去，所以不得不給自己一點時間休息。幫忙哄睡、洗澡，這些都很累人。現在我更喜歡跟孩子們一起出遊、去健行、去博物館、烤肉，那些是我擅長的事。」*

「而且我們很幸運，在瑞士，我一結束巡迴賽後回到家，我們就能過著相當正常且平靜的生活。瑞士人很體諒我的隱私，他們對於我仍喜歡回到瑞士引以為豪。我們在那裡的時候不需要躲躲藏藏。」†

雖然他的兒子們對球類運動似乎比女兒們更感興趣，但他很輕鬆看待孩子們的體育抱負。問到是否想讓他們打進階網球時，他說：「反正我不想在巡迴賽上再花三十年。」但他也強調要鼓勵孩子們打網球，「網球是少數我希望他們去做的事情。打不打網球沒關係，但我告訴他們：『我們的所有朋友都打網球，我們朋友的孩子也都打網球』。」「我希望他們學會一種樂器和網球。不一定要成為專業，完全不用。如果大一點可以一起學那就太好了。但他們應該在他們想玩的時候玩。」

然而，他也意識到，儘管比賽戰績滿滿，他作為教練的可信度還是會受到孩子們的質疑。「有一次我想指導女兒怎麼打，我跟她說：『妳做錯了，妳應該這樣做。』結果她回我：『不對，我的教練說應該那樣』。」不過，他也替自己辯護：「必須說，她並沒有按照教練的吩咐去做。」‡

---

* 出自《亮點》週刊

† 出自《亮點》週刊

‡ 出自《法蘭克福廣訊報》（*Frankfurter Allgemeine Zeitung*）

二十六、世界公民

二〇〇六年在日內瓦的一次採訪中，費德勒告訴我他為什麼選擇杜拜當作他的第二訓練基地：「在我第一次贏得溫網冠軍後，我去了義大利薩丁尼亞島（Sardinia），第二次奪冠後，我問米爾卡：『我們要去哪裡？我需要海灘、溫暖的天氣和安全。』於是我們決定去杜拜，住在阿拉伯之塔（Burj al Arab，外形猶如巨型帆船的七星級酒店）。起初覺得有點奢華，好像住在博物館裡，但後來我們慢慢喜歡上這裡，所以今年稍晚時候我又回來參加訓練營。酒店裡有個很棒的健身中心，隔壁有訓練與按摩設施，完全滿足我的需求。」

這裡的整體設備安排對他而言比巴塞爾更好，當時他人還住在巴塞爾。「我從物理治療師那邊開車去參加體能訓練，接著再回家，整路都在塞車讓人心煩氣躁，所以我問自己：你看，杜拜的訓練條件非常好。當你休假的時候可以躺在沙灘上或做其它事情。」

他開始發現在瑞士訓練期間很難恢復狀態，因為他會經常分心。「我寧願坐飛機去一個可以讓我完全放鬆、或者能夠全神貫注投入訓練的地方待上兩週。」他也看到杜拜的另一個優勢：氣候。網球賽事基本上是跟隨夏季的腳步。在墨爾本的一月份，球員們經常必須頂著華氏一百度（約攝氏三十八度）以上的高溫進行比賽。二〇〇四年三月，費德勒還在加州印地安泉中暑。「適應炎熱氣候對我來說很重要，但這種氣候在瑞士不可能見到的。二〇〇四年底在杜拜第一次與湯尼．羅切訓練時，我已經精疲力盡了。但這正是我所需要的訓練。」

二〇〇六年，他在杜拜碼頭區（Dubai Marina，酋長國最高級的地段之一）的摩天大樓買了一間豪華公寓，可以看到人造島「朱美拉棕櫚島」（The Palm Jumeirah）的景色，這樣他就不必一直住在酒店裡。然而，如果當時有人以為這是費德勒準備離開瑞士的前兆，那是他們的誤解。將訓練基地遷到阿拉伯聯合大公國（United Arab Emirates）是基於職業生涯考量的決定，費德勒總是強調瑞士是他的家，過去如此，將來也還是一樣。他也會繼續在瑞士繳稅，儘管他原本在杜拜可以獲得更優惠的稅收待遇。他當時表示：「我很少待在瑞士，這是我為自己的成功付出的代價。米爾卡和我都知道，再也不會有打得這麼好的機會。作為交換條件，我願意接受減少待在瑞士的時間。」剛到杜拜的時候，他問自己一切是否真的必要，「當成功來臨時，我很清楚：一切都是值得的。」

二〇〇五年夏天，費德勒開始在杜拜展開他的訓練營，接著十二月與湯尼．羅切簽約後，訓練計劃越來越多。這裡的地理位置優越，從瑞士直飛七小時就能輕鬆抵達，也是前往賽季起點澳洲的轉機點。而體能教練帕格尼尼定居於此，對費德勒亦有幫助。

在杜拜，他遇到了幾位記者，其中一位是他的贊助商代表，他向記者表示：「我們在這裡的生活過得很正常，海灘上散步、逛逛購物中心、去餐廳吃飯。當然我們會被認出來，而且時不時有人跟我們要簽名，但其實我還是可以做我想做的事情。」儘管這座城市經常因為過度高調鋪張而登上負面新聞頭條，他買下公寓後不久又經歷了一場金融危機，不過這些事情都沒有對他造成太大的困擾。「但我也不是那種會去尋找危機跡象的人。」由於訓練行程的安排，費德勒與家人常常必須在海灣國家渡過聖誕節，這是他不得不付出的其它代價。但他與米爾卡一定會讓節日增添一點瑞士風味，用聖誕樹佈置客廳，而且每當有朋友從瑞士帶來幾罐聖誕餅乾，尤其是肉桂星星餅乾和米蘭餅乾，他們總是很開心。

新的訓練基地亦帶來另一個正面消息，二〇〇五年稍早時候，杜拜航空俱樂部（Aviation Club）舉行的ATP網球錦標賽讓他很快找回歸屬感，並在那裡締造八度封王的紀錄。

這些年來，費德勒與許多國家的關係密切，尤其是澳洲、法國、英國、美國和德國。他不僅在這些國家大獲成功，還能用這些國家的語言表達自己的想法。儘管如此，他仍然是堅定的愛國人士。他在二〇〇七年說過：「這些國家提供我取得突破的各種機會，我正努力成為最好的瑞士親善大使。我每天都跟米爾卡講瑞士德語，而且總是希望看到瑞士國旗能在國際舞台上飄揚。」

在他職業生涯剛起步的時候，費德勒也是台維斯盃的狂熱支持者，轉入職業球員的前六年從未錯過任何一場比賽。直到他發現這項賽事會犧牲掉某些比賽，進而影響到他身為職業球員的機會，他才開始大幅減少自己的參賽次數。但聽到有人說他寧願為自己打球也不願替瑞士台維斯盃隊效力時，他非常生氣。「簡直一派胡言，」瑞士隊在里爾奪冠後一年，他告訴我：「我一直在為瑞士效力；我打球的地方總是能看見瑞士的國旗。我是來自瑞士的羅傑·費德勒，而且不僅在台維斯盃，無論到哪裡，我都為能夠代表瑞士打球而感到自豪。」

「他不再只是瑞士球員了，」二〇一八年，我在印地安泉大師賽與前世界第一的吉姆·庫利爾聊天時，他如此反駁：「他（指費德勒）現在是全世界的球員，他的地位比他出身的國家還要重要，是難得一見的人才。」

費德勒的母親是南非人，妻子出生於斯洛伐克，經紀人是美國人，教練群來自世界各地（澳洲、瑞典、瑞士、克羅埃西亞、西班牙、美國），這些從未削弱他與母國的連結關係。「世界各地對我的款待，無論我是以個人還是球員身分都獲得大家的接納，這是無與倫比的榮譽。能夠在不同地方都有賓至如歸的感覺很好，我真的覺得自己是世界公民，但我知道我的根在巴塞爾，我來自瑞士。我非常自豪能夠代表這個國家。我想在那裡渡過餘生、想讓孩子們在那裡上學。」*

---

* 引自《網球內幕》

二十七、網球界的慈善家代表

我跟羅傑・費德勒最特別的一次見面，是在巴西大城聖保羅（São Paulo）金融區，一棟不顯眼的商業摩天大廈的十樓。他穿著西裝、打領帶，搭乘直升機直接降落在頂樓平台，以避開大都市的交通壅塞，維持其繁忙的行程安排。那天是二〇一二年十二月七日，他正踏上「吉列－費德勒網球巡迴賽」（Gillette Federer Tour）的第一站，一個為期十二天的南美巡迴表演賽，在父親與湯尼・葛錫的陪同下，他將前往巴西、阿根廷以及哥倫比亞。

不僅見面地點特殊，費德勒此次出席的活動也與網球毫無關係。這是慈善基金會分享經驗與資訊交流的研討會，費德勒的銀行合作夥伴瑞士信貸集團（Credit Suisse）邀請了大約四十五位嘉賓，其中包含已故F1傳奇賽車手的姊姊薇薇安・塞納・席拉瓦・拉里（Viviane Senna da Silva Lalli），以及雷曼基金會（Fundação Lemann）董事會成員蘇珊娜・雷曼（Susanna Lemann）。她是豪爾赫・保羅・雷曼（Jorge Paulo Lemann）的妻子，講著一口流利的瑞士德語。保羅・雷曼則是擁有巴西與瑞士雙重國籍的億萬富翁投資銀行家，曾掀起全球的啤酒市場熱潮，也代表兩國打過台維斯盃。他和費德勒、葛錫已經是認識一段時間的朋友；幾年後，保羅・雷曼的妻子成為羅傑・費德勒基金會的董事會成員。

費德勒停留巴西期間，為期兩天的「慈善高峰會」（Philanthropy Summit）和各式研討會也在聖保羅舉行，這並非巧合。一方面，費德勒基金會的執行董事珍妮・韓戴爾（Janine Händel）在發表她的工作報告，另一方面，這位網球明星兼基金會董事長親自現身在最後的雞尾酒會上。他對每個人都很友善，跟任何想拍照的人合影並簽名留念。

韓戴爾解釋了為什麼基金會需要一個綜合性戰略非常重要。在二〇一〇年成為羅傑・費德勒基金會執行長時，她本人曾為基金會制訂過這樣的戰略。該基金會成立於二〇〇三年十二月，當時費德勒才二十二歲，只拿下一座大滿貫冠軍。起初，成立基金會的主要目標是促進南非青少年體育運動發展並資助弱勢兒童。費德勒那時候解釋：「我在短暫的網球生涯裡已經獲得很多，所以希望透過我的基金會回饋社會，包含幫助貧困之人。」幾年後，他又說：「我賺得夠多了，我不想只是一直穿著網球短褲到處比賽。如果藉由運動員身分可以引起人們關注這類議題，那樣很好。我也希望以個人身分發展，不想只是當個生活在光鮮亮麗世界裡的明星。回歸現實很重要。」

非洲南部是費德勒母親關注的重點。小時候，他們一家經常到那裡渡假，拜訪他母親的兄弟姊妹和其他親戚，並在南非各地旅遊。「因為她在那裡長大，所以我和南非關係一直很密切。對我而言，那裡也是一個克服仇恨與壓迫的國家典範。」

二〇〇四年五月，費德勒基金會與在瑞士設有分部的南非援助組織ＩＭＢＥＷＵ建立合作關係。隨後費德勒基金會進一步在衣索比亞、坦尚尼亞、辛巴威、馬利、馬拉威和瑞士推動各項計畫，透過與德國體育援助基金會（Sporthilfe）的合作方案，資助這些國家的青年人才。二〇一二年，合作夥伴又新增了冬季援助慈善基金會（Winterhilfe），專門提供經濟弱勢家庭孩童獲得課外支持。在非洲，前往納米比亞、波札那、尚比亞的服務團緊接而來，在衣索比亞、馬利和坦尚尼亞的服務團則階段性結束。珍妮·韓戴爾當時解釋：「我們的策略是跟少數幾個規模較大的夥伴合作，其它基金會將連同我們的額度把經費分配給約一百個合作夥伴。我們差不多有十二個合作夥伴，並與它們一同成長。」

費德勒向來力挺他的慈善工作。二〇〇四年十二月二十六日印度洋爆發海嘯，造成二十多萬人罹難，他主動呼籲巡迴賽的所有球員聯手採取行動。後來在印地安泉大師賽之前，世界前十名球員中有九名選手參加為海嘯遇難者籌款的表演賽，這樣結果是職業網球界前所未見。

一年後，聯合國兒童基金會（ＵＮＩＣＥＦ）在紐約總部授予費德勒親善大使（Goodwill Ambassador）稱號。作為親善大使，他走訪了印度南部海嘯災情嚴重的坦米爾那都省（Tamil Nadu）。

二〇〇七年，羅傑・費德勒基金會重啟，董事會也進行改組。二〇〇九年費德勒與瑞士信貸達成贊助協議，該銀行承諾往後每年支付基金會一百萬美元，為期十年，這項協議大力推動了基金會的發展。二〇一〇年中期，基金會在蘇黎世設立分部，珍妮・韓戴爾獲任為執行長。同年十二月，基金會舉辦了第一屆「為非洲而戰」（Match for Africa）慈善表演賽，費德勒與納達爾在蘇黎世的海倫體育場（Hallenstadion）上演精采對決。足以容納一萬人的體育場幾分鐘內就門票售罄。兩位球員都放棄比賽所得，費德勒也禮尚往來，隔天到馬德里與納達爾比賽，這次則是為了納達爾的基金會募款。

第二屆「為非洲而戰」於二〇一四年舉行，對手是史坦・瓦林卡。第三屆慈善表演賽在費德勒受傷後延期了幾個月，最後於二〇一七年四月十日舉行，對手是安迪・莫瑞。第四屆「為非洲而戰」也緊接著在同月舉行，因為費德勒將會出席紐約大都會博物館慈善晚宴，他正考慮將此趟行程與自己基金會的另一場表演賽安排在一起，最好是辦在美國一個他從未去過的地方。於是他聯絡了微軟創辦人、同是網球迷的比爾・蓋茲，開口問：「你能帶我去西雅圖嗎？」蓋茲立刻對這個想法充滿熱情。兩人在印地安泉碰面，並為這場表演賽拍了一段有趣的宣傳短片，費德勒在主要賽事迎戰約翰・伊斯納（John Isner）。第五屆「為非洲而戰」於二〇一八年在矽谷聖荷西（San José）舉行，這次對手是傑克・薩克（Jack Sock）。據湯尼・葛錫的說法，這場慈善表演賽雖然沒有花錢宣傳，但仍售出一萬七千張門票。二〇一七年的兩場表演賽帶來將近四百萬瑞士法郎的收益。

費德勒基金會於二〇二〇年二月七日舉辦了第六場表演賽，將他的慈善活動推到巔峰。這次不是「為非洲而戰」（Match for Africa），而是「在非洲開戰」（Match in Africa）。超過五萬一千名觀眾聚集在開普敦足球場，為了目睹費德勒在其母親家鄉與納達爾進行的友誼賽，這次觀看網球比賽的人數創下世界紀錄。單是這場活動就為基金會帶來超過三百五十萬瑞郎的收益。

截至二〇一九年底，費德勒基金會已經在各個慈善項目投入了五千兩百萬瑞郎，幫助了一百五十五萬名孩童和兩萬名教師提升技能。在那段時期，基金會與二十四個合作機構共同在七個國家展開活動。根據珍妮·韓戴爾的說法，羅傑·費德勒基金會每年投資約六百萬到七百萬瑞郎，成為世界上幾個主要的運動員基金會之一。湯尼·葛錫預估，到二〇一八年底為止，費德勒本人已為其同名基金會募到超過四千萬瑞郎的資金。韓戴爾解釋：「當然，這些款項並不是全部來自他的帳戶，但這些間接捐贈完全是靠他的名義而來。沒有他，就不會有『為非洲而戰』表演賽。」

與此同時，費德勒基金會已經從一個募款機構轉變成援助機構，對於受惠對象不僅是單純挹注資金，也會陪伴、監督並檢視可能改善的部分。例如，基金會替教師開發一套透過影片的自學課程，以提供他們在指導和教學方面的協助。這個名稱為「IACT」的計畫項目在尚比亞實施，旨在協助大約三千五百所由非專業教師進行教學的鄉村學校提升教學品質，這些教師指導的學生多達五百名。

對費德勒而言，只要是與他基金會有關，沒有什麼距離太遠、太花費精力的問題。他一次又一次親自前往非洲去看計畫項目的進度。二〇〇五年和二〇一三年，他飛到南非，二〇一〇年到衣索比亞，二〇一八年到尚比亞。他總是非常謹慎，沒有媒體炒作，只有少數人陪同。他曾說過：「很遺憾我不能經常去非洲，因為那裡沒有賽事。」*這幾趟非洲之旅也在精神上激勵他，「他們給了我神奇的力量。看到基金會對這些孩童、母親、教師、村長以及所有這些人的影響，實在令人著迷，我從中獲得意想不到的回報。它激發我去籌募更多的資金，讓我有繼續打網球的活力。」

由於費德勒這個名字的魅力與聲望，他的同名基金會不用依靠積極的宣傳廣告和募款，所以管理成本很低。從一開始行政經費就低於百分之八的標準，這是非常好的數字。費德勒很快明白，他的基金會將成為畢生事業，在職業生涯結束後，他希望更專注管理這項慈善工作，將來他的孩子也可能繼續朝這方面做下去。他說：「我從來沒有想過有一天會接下這樣的任務，」†並強調他覺得這項工作是多麼有意義且鼓舞人心。「網球、家庭和慈善——真的很棒。」

---

* 引自《網球內幕》

† 出自瑞士蘇黎世地方電視台 *Tele Züri*

二十八、教練大風吹

費德勒被要求在自己基金會網站上用三個詞來形容自己時，他選擇了：「真實（Authentic）、謙虛（modest）、忠誠（loyal）」。的確，忠誠是他最鮮明的特質之一。無論是友情、跟供應商或贊助商的合作關係、還是與球員或賽事的關係，你總是可以信賴他，他向來忠誠可靠，從他的一些合約來看，比如與哈雷公開賽或球拍廠商Wilson簽訂的合約都是「終身」。然而，他更換教練的頻率卻相對較高，與這項特質形成強烈對比。光是在職業生涯期間，他就與八位不同的教練合作過：彼得・卡特、彼得・隆格、湯尼・羅切、塞弗林・盧希、荷西・伊格拉斯（José Higueras）、保羅・安納科恩（Paul Annacone）、史特凡・艾柏格以及伊凡・盧比西，而例如納達爾則完全由他的叔叔托尼來指導，直到他覺得自己年紀太大無法再陪納達爾巡迴比賽才卸任。

羅傑對此解釋，這是由於他求知若飢，渴望吸取別人的觀點、見解和經驗，為了探索新的領域，或許能釋放一些過去沒有發揮出來的潛力。所以他總是願意與新教練合作。

他要求每位教練堅守不容妥協的承諾，而且無法接受任何折衷辦法。某次在台維斯盃比賽的那週，教練團裡有位成員在他訓練時自顧自地看起報紙，過沒多久，費德勒一記球就將對方手中的報紙打落。

坦白講，費德勒只保留對自己有益的教練。彼得．隆格即是個例子。二〇〇三年底，就在費德勒突破成為大滿貫冠軍，並有望登上世界第一的時候，這位瑞典人必須與費德勒分道揚鑣。他與隆格原本計畫召開記者會宣布停止合作一事，結果被消息靈通的記者於幾天前先行曝光，迫使費德勒和團隊不得不在短時間內發布新聞稿並安排媒體會面。

費德勒在記者會的心情明顯極差，他發現難以用言語說明他們拆夥的原因。他談到磨損跡象、談到從該年初已經持續一段時間，後來到模里西斯（Mauritius）渡假期間，他才終於做出這個困難的決定。《新蘇黎世報》（*Neue Zuercher Zeitung*）推測，「費德勒球場的第一夫人」米爾卡是他們拆夥的重要原因。

雖然費德勒可能無法清楚說明結束與隆格合作的原因，但顯然他覺得這位瑞典人已經完成階段性任務。隆格曾是指導他躋身世界前五十名、達到巔峰時期並拿下溫網冠軍的理想人選，而如今費德勒的狀態水準對隆格來說是陌生的。而且原因並不是費德勒已經找到替補人選，事實上，他在二〇〇四年沒有聘請教練的情況下，只能依靠前隊友兼好友里托．史塔布利的協助。不過，沒有教練似乎影響不大——那是他職業生涯中打得最好的一年，拿下了三座大滿貫冠軍。

與隆格分道揚鑣一年後，費德勒開始與湯尼·羅切合作，兩人合作關係從二〇〇五年持續到二〇〇七年，這段期間費德勒拿下兩座澳網冠軍、兩座溫網冠軍以及兩座美網冠軍。羅切指導他的一個主要部分是截擊技巧，亦同時提高他的體能狀態與運動量（work-rate）。費德勒說：「湯尼曾經問我：『你能夠連續打七場五盤比賽嗎？』當時我看著他，『我不知道。』他說我必須毫不猶豫用肯定句來回答那個問題。從那以後我就一直朝這個方向努力。現在我相信我能做到。」

然而，羅切無法（或者說不想）長時間全心投入在費德勒身上，兩人突然在二〇〇七年紅土賽季中期，即法網開打前不久結束合作——這次同樣沒有替補的教練人選。當年費德勒在羅馬大師賽中爆冷門，遭外來者菲利波·佛蘭德瑞（Filippo Volandri）橫掃提前出局，三天後，他在自己網站發布一則簡短消息，宣布兩人終止合作關係。

後來才知道，兩人拆夥後幾乎沒有任何往來。如費德勒所言，他們已經好幾個月沒有交談，連通電話都沒有。他期望他的團隊成員能夠更投入工作當中。當年六十二歲的羅切住在澳洲，他不想再四處巡迴比賽，這件事給兩人關係帶來很大的壓力——即使費德勒在聘請羅切當教練之前，肯定已經知道羅切對於巡迴比賽的想法。他解釋道：「我們很平和地結束關係。能有湯尼·羅切和羅傑·費德勒那樣豐富的經驗，卻無法合作獲得更多成果，我覺得很遺憾。」

然而，從兩人拆夥後的首場賽事（在漢堡的德國網球公開賽）來看，費德勒似乎做了正確的決定。他第四度贏得這項當年屬於大師賽系列的賽事——並首次在紅土決賽擊敗納達爾，以二比六、六比二、六比〇的戰果終結納達爾的紅土八十一場連勝。

儘管獲得這樣的成功，費德勒還是不想在沒有任何幫助的情況下前往巴黎，所以他請瑞士同袍塞弗林・盧希在法網提供協助。盧希是個性單純、無私且經驗豐富的球員，他已經是瑞士台維斯盃隊的隊長，也擔任過瑪蒂娜・辛吉絲的陪打員。起先商請盧希協助只是暫時的權宜之計，但隨時間下來，他逐漸變成費德勒信任的正式團隊成員，費德勒也覺得他提供了不可或缺的幫助。

盧希生於一九七六年，十七歲成為瑞士網球冠軍，之後便展開他的職業網球生涯，曾經打敗未來的大滿貫冠軍古斯塔沃・庫爾登。後來二十歲選擇放棄職業網球運動員的生活，只是因為他意識到自己比賽的侷限性。他覺得自己不可能提升到與那些頂尖球員競爭的程度，所以儘管夢想成為一位網球巡迴賽的明星，但他知道自己的實力在哪裡。

二〇〇二年剛接下瑞士台維斯盃隊長一職的彼得・卡特意外逝世，間接推動了盧希的教練生涯。那時擔任費德勒教練的隆格接手隊長職位，後來這位瑞典人將盧希拉進台維斯盃球隊，讓他擔任助理教練。三年後，「塞弗」（Seve，朋友們都這樣稱呼他）被提拔為隊長，此時的他才二十九歲。

隨著盧希和皮爾・帕格尼尼現在正式成為他團隊裡的重要成員，費德勒繼續尋找其他教練。他下一位聘請的教練是現居美國的前西班牙紅土專家荷西・伊格拉斯。兩人的合作從二〇〇八年四月開始，但最後只持續到年底就結束，這是費德勒打得很辛苦的一年——雖然他仍贏得美網冠軍。這位西班牙人得到美國網球協會的一個高階職位，兩人便終止了合作關係。

於是二〇〇九年，盧希再次成為費德勒的唯一教練，費德勒也在這一年初次成為父親，並贏得了法網和溫網冠軍。一年後，直到二〇一〇年溫網落幕，他才又聘請另一位教練，曾帶領山普拉斯拿下九座大滿貫冠軍的保羅·安納科恩。這位前頂尖運動員是一九八〇年代最具攻擊性和侵略性的網球選手，如同先前的伊格拉斯與後來的史特凡·艾柏格和伊凡·盧比西奇，他們都是透過盧希介紹踏進費德勒的圈子。這位睿智的美國人懂得置身幕後，不露自己鋒芒，而且訓練有方，但他還是等了將近兩年才等到與費德勒慶祝奪下大滿貫（二〇一二年溫網）的時刻——這也將是兩人合作以來唯一贏得的大滿貫冠軍。「這是我和許多人共享的勝利，」費德勒當時如此說，也特別提到了安納科恩，「因為我被視為天才，所以我的教練們通常很少受到認可。」

盧希得到的讚賞也不多，費德勒在二〇一七年倫敦ATP巡迴年終賽期間解釋：「那是因為他很少接受媒體採訪，但他也沒有興趣提高自己的聲望。他在這裡就是盡全力協助我打比賽。他是位很好的朋友，而且更是位優秀的教練。若單純只是朋友的話就不可能達成目標。他非常瞭解我的比賽和訓練習慣，知道我應該進行什麼訓練，知道什麼事情會讓我感到開心或難過。他也非常瞭解我的團隊，這就是為什麼他如此重要。我認為他沒有得到應有的認可。」

費德勒經常告誡不要把教練當作唯一救星，不要盲目相信教練的話。他說：「有時候年輕球員過度依賴教練或父母，聽取他們的意見固然重要，但最終承擔後果的還是球員自己。」米爾卡在他年輕時就建議過他，應對自己的職業生涯負責。費德勒指出：「當時她說：『你必須自己解決事情，因為是你自己要為每個所犯的錯誤付出代價，那為什麼不自己作這些決定？這樣的話你也會感覺比較好。你不應該只是因為別人犯錯會讓自己比較輕鬆就讓別人承擔錯誤。』這是很有價值的建議。」

二〇一三年十月，費德勒宣布，他與安納科恩經歷了「三年多的美好時光」後將分道揚鑣。其它許多成績就先不提，他們已經實現兩個最重要的目標——另一座大滿貫冠軍和重返世界第一。至於他的下一位教練，費德勒取得意想不到的成功：他順利說服自己兒時偶像史特凡・艾柏格重返職業巡迴賽。當時四十八歲的瑞典人說：「我從沒想過自己會來當教練。」費德勒在二〇一三年秋天跟他聯絡的時候，令他相當驚訝。

「我問自己能不能幫助到他，後來我認為我可以。而且羅傑能夠打得越久，對整體網球運動發展就越有利，」這位六次大滿貫得主在他與費德勒的第一場比賽（二〇一四年澳網）上如此說。他不認為自己的新任務是份工作，並強調：「我已經工作夠久了，現在是我的自由時間。」

艾柏格是費德勒靈感的重要來源。費德勒說：「有段時間我在想：『如果能與自己以前的偶像共渡一週，那豈不是件很棒的事嗎？』就算之後沒有任何結果，那又怎樣？」瑞典人以其創造性、優雅、進攻型打法、出色優異的截擊，以及謙虛、禮貌和公正的特質著稱。世界職業網球協會（ATP）甚至以他的名字命名了公正獎——史特凡·艾柏格運動精神獎（Stefan Edberg Sportsmanship Award）。

艾柏格於一九九六年退役，與妻子安妮特（Annette）、孩子艾蜜莉（Emilie）和克里斯托（Christopher）住在（Växjö）附近一片四十公頃的土地上，並成立一家資產管理公司。艾柏格曾是鮑里斯·貝克最強勁的對手，他為費德勒的進攻型打法帶來新的動力。艾柏格解釋了進攻型打法的原則、如何移動到網前、他的步法應該注意什麼，截擊型球員應該抱持什麼態度。費德勒曾說：「能夠與艾柏格在一起，喝杯咖啡、聊著飛過摩洛哥的海鷗，對我來說是激勵、鼓舞人心的事，我的夢想成真了。當然，我們也時常聊到網球，但真的只佔一小部分，因為聊得內容太多了。」

瑞典人原本打算只跟著費德勒跑巡迴比賽一年，但後來改變主意，二〇一五年繼續陪著費德勒四處征戰。等到兩人結束合作時，他們過去兩年內已經獲得十一座錦標賽冠軍。儘管如此，費德勒三次打進大滿貫決賽卻都與最高榮譽擦肩而過，全敗在喬科維奇手下。

二〇一五年聖誕節前不久，接替艾柏格教練一職的接班人克羅埃西亞人伊凡·盧比西奇首度在杜拜亮相。盧希回憶說：「我們得知艾柏格要退出團隊的時候，羅傑問我要自己擔任教練就好，還是再多聘請其他人。對我來說，有兩個方面需要考量：一方面，羅傑是個需要新刺激的人；另一方面，我在二〇一五年已經和他相處過兩百多個日子，而且我還是台維斯盃隊的隊長。

如果我已經精疲力竭，只想躺著，那麼對他來說不會有什麼啟發。」

盧比西奇，費德勒首次出現一位過去交手多次的教練（費德勒最後以十三勝三敗領先），盧比西奇的年紀只比他稍長一點（差兩歲半）。「對羅傑來說，兩人相處合不合得來也很重要，」盧希表示：「他喜歡花時間跟他的家人相處，休假期間也是如此。盧比西奇跟他一樣是有家庭的人，自己也有兩個小孩。」

雖然這位克羅埃西亞籍的光頭教練對於自己的新任務充滿熱忱，但他必須耐心等待訓練成效。因為世界排名第三的前網球名將加入團隊沒多久，費德勒就因膝蓋受傷不得不接受手術，在二〇一六年溫網後提前結束賽季。正因如此，費德勒在二〇一七年和二〇一八年拿下生涯第十八座到第二十座大滿貫冠軍時，那種勝利的滋味更令盧比西奇感到甜美。

在二〇一七年印地安泉大師賽上，費德勒談到盧比西奇：「他很有抱負，而且非常敬業，認真看待網球運動。他熱情、專注，會給我很好的建議。」

費德勒思考過，在所有與他共事過的教練裡，影響他最多的是第一批教練，尤其是早年在巴塞爾接受訓練時遇到的教練塞普利．卡科夫斯基與彼得．卡特，以及後來在埃居布朗合作的克里斯多夫．弗萊斯和亞力克斯．伯恩哈德。不過，盧希從不同角度分析這些教練的影響：「我們不應該單獨看待每個階段。羅傑的職業生涯非常漫長，今天他的比賽風格來自伊格拉斯、安納科恩、艾柏格、羅切、盧比西奇，也許還有我。舉例來說，艾柏格來的時候並沒有改變費德勒的所有風格——完全沒有。」費德勒也總是小心謹慎，不讓自己的比賽風格作出任何思考不周的改變。盧希表示：「他不會畏懼教練，這是他的特質之一，『改變必須深思熟慮』，這樣的思路很好，放棄過去已經嘗試過也成功過的打球風格是一種風險。」

其他選手會在比賽過程中屢次求助於教練，詢問或請求教練對於他們的做法提出建議或確認——有的甚至會使用手語——但費德勒與他們不同，他總是獨立比賽，彷彿他的團隊根本不在現場。畢竟，在任何情況下，如果有人知道該怎麼做，那個人很可能就是羅傑·費德勒本人。

二十九、強大的心理素質

回想起第一次與費德勒交手的情景，賈斯汀・吉梅爾史托布（Justin Gimelstob）仍記憶猶新，那是一九九九年一月在德國海布隆（Heilbronn）舉行的ＡＴＰ挑戰賽八強賽。這位來自新澤西州利文斯頓鎮（Livingston）的美國人在二〇一八年印地安泉大師賽的場邊告訴我：「他（指費德勒）在當時已經相當出名，顯然是天賦異稟的人才，他擁有高超的球技，打起球來總是一派輕鬆。」吉梅爾史托布比費德勒大四歲，兩人首度交手時費德勒才十七歲，剛成為世界最優秀的青少年選手。吉梅爾史托布原本有機會打到賽末發球局，但錯過一個賽末點後以七比六、六比七、五比七輸給費德勒。他對於錯失的機會惆悵不已：「我採用發球上網攻勢，但他以反拍打出穿越球。」

隨後幾年裡，他們一起參加職業巡迴比賽，但兩人只在二〇〇〇年三月邁阿密的單打比賽再度碰頭。該場比賽不幸讓這位身高六尺六吋（約一百九十八公分）的美國選手成為費德勒在大師賽系列第一位打敗的對手。吉梅爾史托布說：「我們參加同樣的巡迴賽，但打球的程度完全不同。」他沒提到的是，他在有費德勒出戰的五場雙打比賽中贏了四場。不過，二〇〇一年在巴塞爾舉行的台維斯盃，他與簡—麥克・甘比爾（Jan-Michael Gambill）組隊出戰，也沒有拿下這個團體賽裡最重要的比賽，當年美國隊以三敗兩勝輸給瑞士隊。而當年則是費德勒第一次在台維斯盃同時贏得單打和雙打冠軍（搭檔是羅倫佐・曼搭）。

吉梅爾史托布在世界排名第六十三位，贏得十三座雙打冠軍，並與大威廉斯（Venus Williams）搭檔拿過兩座混雙大滿貫冠軍。成為職業選手之前，他在洛杉磯的加州大學上了幾個學期的課，從選手退役後，他繼續投身網球事業，擔任電視評論家、專欄作家、教練和比賽執法人員。因此，他與費德勒也是在完全不同的層次上面進行交流，外界鮮少觀察到這點。

二〇〇八年夏天，吉梅爾史托布當選ATP董事會（ATP Board of Directors）的三席球員代表之一。ATP董事會負責監管職業男子巡迴賽的舉辦，人員組成除了球員代表，還有三名ATP巡迴賽事代表和常務董事。還要負責與四大滿貫賽事協商，這些賽事雖隸屬於ATP巡迴賽，但制定獎金等方面仍保留其獨立性。接下這項需要高度專業知識的職務後，吉梅爾史托布與費德勒有六年的密集接觸，因為瑞士人在二〇〇八年至二〇一四年期間擔任ATP球員理事會（ATP Players’ Council）主席。ATP球員理事會由十二位代表組成，包含十位來自所有排名範圍的球員代表、一名教練代表和一名退役選手代表。球員理事會代表球員的利益與ATP董事會密切合作。

吉梅爾史托布對於費德勒擔任網球政治家的經歷留下深刻印象，甚至超越費德勒擔任運動員期間獲得的成功。他在位於印地安泉的網球頻道（Tennis Channel）攝影棚內告訴我：「我們在這段期間取得的成就主要歸功於羅傑，得益於他在場上場下的領導能力、他的精神、奉獻與改善這項運動的渴望。沒有他的支持，我們不可能在政治、組織結構和財政方面完成那麼多事情。他的影響性怎麼估計也不為過。」

費德勒致力於替每位參賽選手改善巡迴賽，讓吉梅爾史托布印象尤為深刻。「他總是隨時待命，執行必要之事，都會出席會議。我們努力工作，也經常在杜拜見面，即使適逢重要比賽期間也花了很多時間在開會上面。他在自己職業生涯的重要階段，為他人的事業付出很多犧牲。」

在費德勒出現之前的網球時代，外界普遍接受大多數球員通常都有正當理由，安然無恙地擺脫這些行政事務。「什麼打網球非常辛苦啦、訓練十分嚴苛、耗費太多精力、簡直精疲力竭、賽季太長了……，」吉梅爾史托布叨念著。「他們不可能在接受每一次採訪、親筆簽下每一個名字、處理網球事務的同時，又能絲毫不影響到他們最重要的事：在球場上的表現。但羅傑已經完全駁倒了一切的說法。」

吉梅爾史托布認為費德勒帶來一種文化上的改變：「結果現在其他球員，無論是有意或無意，都必須以自己的方式站出來，替這項運動和他們自身發聲。羅傑不僅提高網球領域的層次，也提高外界對於球員的行為與親和力的期望。」這位美國人堅信，這些是費德勒所留下的深遠影響，也是經常被人忽略的部分。吉梅爾史托布表示：「在他之前雖然有許多偉大的網球大使，但他可能是最好的一位。因為他非常坦率誠懇，光明磊落，而且平易近人。最令人讚嘆的地方就是他的真實與真誠。」

吉梅爾史托布也在談判桌上見證過費德勒的這些特質。「他在這裡也展現出球迷們非常喜愛的精神與個性。他不會門前門後兩樣情，他非常真誠實在，仍然忠於自我。」吉梅爾史托布認為，許多名人都有自己需要培養的形象和聲望，他們的真實性格可能與外界所見的完全不同：「他們的一言一行總是必須謹慎考慮，但羅傑不是，他就是做自己，他似乎決定要盡量自然地過生活。你所見到的就是費德勒本身的樣子。」

透過這種真實坦率所獲得的公信力，對於費德勒改善ATP巡迴賽的努力有很大的幫助。「像他這樣的人站出來，然後提出合理的論點呼籲：『這樣做才公平』，整個情勢就會有所改變。比起有人一再大聲疾呼提出相同的訴求還要來得有效。」吉梅爾史托布只要確保費德勒正確運用他的資源，並在決定性的場合出現。「這就是關鍵。」

吉梅爾史托布的網球政治之路和電視評論家生涯，因個人風波於二〇一九年戛然而止，根據他的說法，球員理事會獲得最重要的政治成功，即是費德勒順利談到更多的獎金，「大滿貫賽事和大師賽的獎金第一次出現大幅成長。」經過一年多的協商，美網公開賽同意將二〇一二年至二〇一七年期間的獎金增加將近一倍，從兩千六百萬美元增加到五千萬美元，其它大型賽事也紛紛跟進。在溫網公開賽，獎金從二〇〇八年的一千一百八十萬英鎊增加至二〇一八年的三千四百萬英鎊，幾乎成長了兩倍。球員會這樣要求是合情合理的，因為與其它體育項目或甚至常規的ATP巡迴賽相比，富裕的大滿貫賽事撥給球員的收益比例特別少。

費德勒讓吉梅爾史托布想起了他最喜歡的一本書裡面的核心人物——《深夜加油站遇見蘇格拉底》（*Peaceful Warrior*）的「和平戰士」蘇格拉底，這本書的作者是前體操運動員丹．米爾曼（Dan Millman），他在體育生涯結束後成為暢銷書作家。

「在羅傑出現以前，大家接受你必須是位戰士，一位勇猛的競爭者，」吉梅爾史托布說：「但他重新定義這個概念，向大家表明你可以充滿激情並同時保有人性。」這位美國人相信，費德勒對於全體職業球員產生巨大的影響：「他向世人展現，只要他們團結並理性行動就能實現目標。」

我們的談話結束了，但當我離開電視攝影棚時，吉梅爾史托布又留住我一會兒，聽他講另一件他認為是費德勒典型的軼事。「最近一場比賽結束後，他來到我們攝影棚這裡，」他說：「他剛走出球場，到處都是人，有媒體，有球迷，但他盡量給每個人都留點時間。關掉麥克風後，他幫很多人簽名、拍照。接著他走過來，看著我的眼睛然後問：『布蘭登過得怎樣？』，而不是問：『你兒子過得怎樣？』他居然記得我兒子的名字。」吉梅爾史托布已經注意到很多次，費德勒總是專注當下，從來不分心。「他是個思考周全、面面俱到的人，所以總是專注眼前的事。即使有時候他寧願待在別的地方，你也可以感覺到他都有聽進去。」

當天稍晚，我見了吉姆·庫利爾，吉梅爾史托布在網球頻道的同事。「費德勒非常熱愛網球，而且將繼續忠於網球事業，對於我們這項運動來說是一件好事，」四次大滿貫冠軍得主表示：「我相信羅傑之於網球，猶如阿諾·帕瑪（Arnold Palmer）之於高爾夫球。」阿諾·帕瑪是美國職業高爾夫球選手，二〇一六年逝世，享年八十七歲，他被稱為「國王」，擁有一群暱稱「阿尼軍團」（Arnie's Army）的鐵粉。

就如同帕瑪曾經努力替其他高爾夫球選手爭取經濟條件的改善，庫利爾認為費德勒也在許多方面改變了網球運動。「他是一位領袖。他確保比賽獎金的增加，不只是替頂尖球員爭取，也是替所有人爭取。而且他散播一股良善競爭的氣氛，是以前從未見過的。」等到費德勒結束球員理事會主席的任期，庫利爾發現他將留下巨大的缺口：「這個巨大缺口必須想辦法填補。」

三十、留給後世的精神遺產

當費德勒出現在職業網球賽場時，這裡還不是非常友善的地方。比賽越國際化，競爭就越激烈（獲勝的獎金也越多）。在七〇、八〇年代，早期的那種「紳士運動」（gentleman's sport）變成西部蠻荒之地（Wild West）的競爭，變成一個越來越不重視禮儀，充斥著角逐、競爭思維和自私心態的領域。有時候，感覺就像在市集的拳擊手，如同俗諺說：「拿錢走人」（Take the money and run）——意思是能拿多少就拿多少，也可以是指回饋越少越好。

每個人都只關心自己，這項運動的共同利益由官員來負責，形成一種反正不受歡迎的冷漠階級制度。當時網球賽場由伊利耶・納斯塔塞（Ilie Nastase）、吉米・康諾斯、約翰・馬克安諾等壞小子主宰。康諾斯的巔峰狀態持續二十多年，他的街頭霸王心態影響了整個巡迴比賽。在野心旺盛的母親帶領下，他將球網對面的選手都視為「想從我麵包裡偷奶油」的敵人。比昂・柏格就像善變的女伶，其短暫的職業生涯有如颶風般迅速且猛烈地席捲整個體壇，讓他無暇顧及其它事務，只關心自己的事情。到了二十六歲，他在幾場比賽都輸給約翰・馬克安諾之後失去打球的興致，便宣布退役（幾年後雖然鋪天蓋地的宣傳復出消息，但他的復出之路並不成功）。馬克安諾則是沒來由的紐約叛逆小子，流著熱情的愛爾蘭血統，他認為整個網球界（尤其是裁判和線審）都密謀阻撓他。

網球場上對於對手的尊重降到歷史低點，巡迴比賽也飽受惡性競爭的困擾。康諾斯與馬克安諾過去經常向對手叫囂，利用個人地位和光環脅迫裁判和線審給予他們有利的判定。他們也不太喜歡彼此，整個台維斯盃比賽期間都沒有交談。他們的共同點在於兩人都討厭伊凡・藍道，他是網球開放時代以來首位來自前東方集團（Eastern Bloc）國家的冠軍。「恐怖伊凡」（Ivan the Terrible）打球有些機械化，沒有什麼魅力，至少職業生涯初期是如此，再加上他的出身血統，使他成為不被看好的局外人。貝克，如同先前的柏格，在成為溫網最年輕的冠軍、並將德國網球狂熱帶到新的層次之後，大部分關心的對象是他自己。山普拉斯與艾柏格有點像，以世界巨星而言，基本上太過靦腆；他們倆都不喜歡引人注目，也不想當領導人。另一方面，澳洲選手帕特・凱希（Pat Cash）和帕特里克・拉夫特沒有獲得必要的成功，而馬茨・韋蘭德（Mats Wilander）在拿下三大滿貫賽事冠軍的最佳年份後陷入憂鬱，父親逝世讓他意志更加消沉。至於阿格西，山普拉斯也有一個共同成長的對手，雖然他在球場占上風，但對方總是喜歡以言語挑釁或攻擊他。

費德勒早在青少年時期就對這項運動懷抱不一樣的態度。在他看來，對手並不是可惡的敵人，而是同行和夥伴，他們的共同目標是盡量把這項迷人的運動打得完美極致。讓他感興趣的是球而非對手。即使在青少年選手時期，受過良好教育、擁有和平主義天性的他，其抱持的中心思想與這項球員每天都要獨自面對激烈競爭的運動並不契合：「成為重要人物固然很好，但成為好人更加重要。」對他來說，這句話不只是一個朗朗上口的名言，也是他相信並努力實踐的座右銘。

費德勒開始享受真正的成功時，該如何運用自己的新地位為這項運動和其它事業爭取福祉的問題立即浮出檯面。他會選在二〇〇三年底，即贏得第一個大滿貫頭銜後不久就成立自己的基金會，並非單純巧合。

他認為推廣網球運動是個人使命，應該成為一位領導者，並利用自己日益增長的影響力和聲望來振興、普及和提升這項運動。

他對網球已經熱愛到產生一種責任感，將自己視為保護前人文化遺產的捍衛者。他曾向《網球內幕》（*Inside Tennis*）說過：「我確實經常回首過去，非常感謝開拓道路的前人們，包含拉沃家族和其它所有人。我知道很多人都付出非常多的努力才讓比賽達到今天的水準。承襲前人的精神，我對於網球的未來和比賽的發展方向也思考非常多。因為我已經在網壇待了這麼久時間，應該扮演起通往未來的橋樑。」

抱持這樣的心態，費德勒很快成為網球運動最重要的大使。「如果你問我，我會說他是我們有史以來最好的球員，」ＡＴＰ公關暨行銷部的尼古拉・阿札尼（Nicola Arzani）於二〇〇六年表示：「跟他合作很輕鬆，因為他完全清楚自己的責任是什麼。他對於每件事都全力以赴。他做某件事不會只是因為必須而去做，他總是會想知道為什麼要這麼做、誰能從中獲益、為什麼比賽會想這麼做、或者為什麼他應該和媒體做些什麼。他積極參與自己所做的每一件事。」

費德勒的摯友之一艾勒格羅早期說過：「他對網球的熱情非常驚人，這為世界各地的網球運動開啟難得的機會之門。」馬克安諾也發表過類似看法：「羅傑關心網球事務。他承擔起作為頭號選手的責任。」*馬克安諾忍不住從旁抨擊女網巡迴賽：「你看看那邊的女人，她們都只在乎她們自己。」說實在的，同樣的批評，也適用於其他許多男網球員。

二〇〇四年美網公開賽結束後，費德勒與未來妻子在香港安排媒體日以促進亞洲網球運動的蓬勃發展時，擔任ATP賽事總監長達十六年的馬克・麥爾斯（Mark Miles）簡直不敢相信自己的眼睛。在上海ATP年終賽的主辦方之間，費德勒的鼎力相助令人備感欣喜，他們曾害羞詢問他是否願意替他們的新旗忠森林體育館揭幕。費德勒當然願意，不僅如此，二〇〇五年泰國公開賽結束後，他為此專程來中國一天，接受一次又一次的採訪，在主球場和賓客打球，與主辦方、政府官員、媒體和球迷們相處的時間超過預期規劃。用餐後，他還去拜訪廚師們。

然而多年下來，費德勒已經達到了身為網球政治家的極限，他不得不認清事實，並非所有利益都可以調和、達成共識——也不是所有利害關係方都願意為了這項運動的利益而妥協。例如，隨著職業生涯接近尾聲，當國際網球總會ITF與西班牙足球明星杰拉德・皮克（Gerard Piqué）及其團隊Kosmos公司達成數十億美元的合作計畫，於二〇一八年聯手推動大規模的台維斯盃改制時，他只能無力地看著國際網球總會ITF與世界職業網球協會ATP之間的嫌隙再度擴大。

費德勒對於國際網球總會ITF和它的搖錢樹台維斯盃的質疑與日俱增，漸漸與之保持距離。他二〇一八年在墨爾本表示：「如果每個人都能和睦相處，共同思考什麼對網球運動最有益，那就太好了，無論是台維斯盃、拉沃盃、男子職業網球協會、女子職業網球協會WTA。」他的經紀人湯尼・葛錫更進一步指出：「其它體育項目的競爭太過激烈，我們不能像過去幾年那樣自相殘殺。」

藉由二〇一七年創辦一個由歐洲隊和世界隊對決的新網球團體賽事拉沃盃，葛錫與費德勒成為網球市場上的主要參與者，而且不出所料，他們遇到相當大的反對與阻力。不過，他們獲得澳洲網協與美國網協的支持，最重要的是，許多頂級球員也挺身支持——尤其是他們帶來的贊助商和支持群眾。

身為網球政治家，費德勒基本上一直是ATP這邊的人，鮮少涉足大滿貫賽務，當然也沒有參與國際網球總會ITF。他與WTA的關係也沒有很密切，這點與積極提倡女子網球的安迪・莫瑞相反。不過，ATP爭取大滿貫賽事獎金提高的成果還是讓WTA巡迴賽獲益匪淺。美國網壇傳奇金恩夫人（Billie Jean King）是成功爭取女子網球平權的領導人物和偶像，但費德

* 引自紐約《新聞日報》（*Newsday*）

勒與她也沒有特別接觸。有一次，我見過金恩夫人在溫布頓訓練場等待多時，試圖在費德勒離開球場時找機會攀談。但費德勒居然連腳步都沒有停下，只是不斷往前走，甚至拒絕與這位網壇傳奇人物自拍合影。他只說了一句：「我們到這個年紀不再自拍了。」

時間最後會證明，拉沃盃能不能成為一個成功的故事和費德勒留給後世遺產的一部分。無庸置疑，費德勒留給後世的部分遺產，是他將男子網球的品質提升到新的水準，以領導人之姿在巡迴賽創造了一股尊重與團結的新氛圍。由於他的人品與信譽，在吸引新的球迷參與網球運動方面起了關鍵作用。

另一方面是，他重新定義網球運動員能夠保持巔峰狀態的時間長度，前提是仔細規劃和認真訓練。他在二〇一七年說過：「當你把目光放遠，有時候你必須靠邊站才能強勢回歸，我在我的職業生涯裡一直都是這麼做。並不是每次都休息六個月，但我每年固定會休息兩到三次。休息對我有很大的幫助，這就是為什麼我到今天還在場上，仍有打網球的動力與快樂。」

費德勒的另一項功勞是他對過去的尊敬，以及他成功從新的視野看待網球歷史——並振興歷史。不過，他將在自己所熱愛的這項運動留下輝煌的歷史印記，尤其是那些數不盡的難忘時刻。他一次又一次帶給了無數人激情與回憶，他鼓舞了多少人心，喚醒了多少夢想，特別是年輕一代人。但是，也許他留給後世最重要的東西，與體育交疊一起的遺產，就是他證明了，即使維持真實面貌和腳踏實地，反映出自己一直以來的樣子，也能成為世界巨星。

三十一、鎂光燈下的球員

我不知道費德勒在他的職業生涯中接受過多少次採訪，但絕對超過上千次。我也不知道自己跟隨他環遊世界的這幾年裡，除了必要的媒體記者會，自己有多少次有幸在私下採訪過他。但我知道，即便在看似最平凡無奇或不必要的記者會，我從未對他感到厭倦——除非有記者第十次問他相同的問題。

然而，即使在這種情況，費德勒也總能以令人欽佩的耐心予以回應。他從不顯得唐突，不會咄咄逼人或流露不耐，從未給人刻意迴避問題或想盡快結束採訪的印象。相反地，他經常到最後才開始回答提問，彷彿接下來沒有等待他的行程，彷彿他有充足的時間（就像他在場上的連續對抽）。他不要像錄音機那樣一遍遍地提供相同答案，而是經常試著在他已說過的內容切入另一個面向或換個方式說明。

有些同行的職業球員會說他們已經在另一場記者會上回答過這個或那個問題，但費德勒不會這樣，他似乎從不感到煩躁，除非發問者表現出不尊重或明顯無知。

即使發問者的英文不夠流利、可能有點緊張，或是問題沒有邏輯性，他總是保持禮貌和耐心，努力以幽默來回應。

這些年來，費德勒已經成為最常聽到同樣問題的網球運動員，因為他是極少數願意並且能夠以三種不同語言接受採訪的人，也因此他的媒體回應時間往往比他的比賽時間還要久。除了義務性記者會的國際場（通常以英語進行）之外，他也會用瑞士德語和法語來回答瑞士記者的問題（他的義大利語說得不夠好，無法用瑞士第三種官方語言提供資訊）。

在書面新聞稿發布的前後，輪到數位媒體記者與各家電視和廣播記者時，他們都希望費德勒能以他們的語言對著麥克風說出相同或更多的答案——而且比賽越重要，這種情況越多。此外，還有更深入的採訪等待著這位世界巨星，無論是來自賽事主辦單位、贊助商還是重要的媒體機構，這些媒體工作都需要完成。

雖然像安迪・莫瑞這樣的英國選手或美國選手只需要接受一種語言的採訪，但費德勒可以說是命中注定要經常額外接受兩種語言的採訪。二〇一七年，國際網球記者協會（International Tennis Writers Association, ITWA）的一百零九名成員中至少有十六名來自瑞士，約佔一五%。對於一個僅有八百多萬人口、約佔世界人口〇・一一%的國家而言，這樣的比例還算不錯。

相較於有時不會用母語回應記者的辛吉絲，費德勒則是從來沒有抱怨過（至少沒有公開抱怨）以瑞士德語回答這件事，即使瑞士德語的受眾只是一小塊市場。但至少這是他最在乎且最密切關注的市場。另一位瑞士大滿貫得主瓦林卡與媒體交流的時間相對較少，因為他不會講德語，當然，國際記者採訪他的需求也不高（除非他拿下重大勝利）。

我多次發現，費德勒用母語講話更自然，回應也最具有深刻見解。他的母語詞彙最為齊全，不太需要琢磨說詞或仔細思考怎麼表達。二〇〇八年在溫網決賽輸給納達爾後，他用瑞士德語說出：「我被擊垮了（**ich bin zerstört**）」，這句話比他之前說過的任何話更能清楚表達他的感受。

從一件小軼事可以看出，他面對瑞士媒體的態度會有意比面對國際記者更開放。我有次在加州採訪他，當時聊的內容涉及一些個人問題，他也都公開且誠實回答。但當我們編輯部考慮將該篇報導以英文刊登在我們網站，便向費德勒提出這樣的請求時，他拒絕了。顯然他覺得並不需要讓每個人都知道關於他的事情。

同樣的，他很快意識到，他個性的某些方面也會依據講的語言而有不同的表達。「我用不同語言會有不一樣的回答，」二〇一七年他在加拿大蒙特婁說過：「講法語時，我更著重於網球、技術和體能訓練，因為我經常用法語跟皮爾．帕格尼尼交談。這也讓我想起我的學生時代，我從十四歲到十六歲在洛桑一所法語學校上課。這就是為什麼講法語時，我仍然覺得自己像是停留在九〇年代的青少年。」他自己也說，講英語很輕鬆簡單，「有時我們在家也講英語，直接而不複雜，全球通用，適用於各地巡迴賽。」但他很清楚，用瑞士德語最能真實表達自己的真正含意。「那是我的家人、我的家，那是真實的我。」他相信，透過不同語言的採訪，他甚至能更加瞭解自己。

我認為他並不是一直都喜歡與記者交談，但他很早就知道，藉由提供記者一些令人振奮、有趣或啟發性的答案、分享趣聞軼事，他能夠分享自己對於網球運動那種極具感染力的熱愛，同時幫助網球得到更大的曝光。

有人問他，比賽獲得重大勝利後總必須直接前往記者會現場，這點會不會讓他覺得很惱火？他的回答很圓滑。「當然，這點讓我很難向那些千里迢迢趕來觀看決賽的朋友們說再見，但你們（指媒體）是這個過程的一部分，也是我生活的一環。我們已經認識很長一段時間，如果我能給你們一個好的答案，某程度也會讓我感到快樂，我認為我來跟你們解釋我的感受很重要，也幫助我理解自己是誰。所以沒關係，我不可能直接離開然後去夜店參加派對。」

費德勒這種態度讓他成為最受媒體歡迎的球星之一。當國際網球記者協會開始評選年度最佳運動員時，前三年都由他包辦。與媒體的合作時，他也是一次次成功地令人驚艷、讚嘆並征服眾人的心。德國記者同業桃莉絲・漢克爾（Doris Henkel）說：「有時候我覺得他人好到不真實。」她也是從費德勒的職業生涯開始就一直密切關注報導：「我已經跟他跑過那麼多場的記者會，但每次結束我還是認為：『沒錯，再來一次是值得的。』」

青少年時期，有人來比賽現場採訪他時，他都會說謝謝。如果他答應給十分鐘的採訪時間，他們就真的得到十分鐘，而且在這段時間他一定會專心接受採訪。例如，在布拉格舉行的拉沃盃，兩名捷克記者獲准對他進行獨家採訪後，興奮地說：「雖然他並不認識我們，但他人很好，待我們很真誠。」經驗告訴他們，並非每位體育明星都如此，至少這場聯賽不是。

費德勒在記者會上總是善於掌控局面，即使在座無虛席的採訪室裡，他也會和自己熟悉的記者打招呼，稱呼對方的名字。他通常會非常專注認真地完成這些媒體記者會，甚至幾天後還能想起哪個記者問了他哪個問題。

例如，瑞士電視台記者克勞蒂亞·摩爾（Claudia Moor）某次在比賽場合遇到費德勒，他關心問她身體好點了沒，讓她感到非常驚訝。「因為幾週前，我告訴他我感冒了，應該跟我保持距離，沒想到他居然還記得這件事。」

與其他容易被媒體激怒的球員不同，費德勒不太會因為報章媒體的報導或評論而感到不悅——但這並不是說費德勒總是如此。在他首次摘得溫網桂冠之前的幾年裡，他努力在網壇取得突破性進展，但都徒勞無功，他必須對外解釋許多看似莫名其妙的失敗，有時候甚至成為嘲笑、惡意批評或辛辣諷刺漫畫的對象。這些經歷讓他變得更加堅強。在第三次贏得溫網冠軍後，他坦承：「有時候記者會結束後，我會有種雙腿被吊起來，所有事都全盤托出的感覺。走出記者會後心想：『好吧，現在我得重新考慮我的網球生涯了。』」

但他很快瞭解到，無論是好是壞，媒體都傾向誇大事情來娛樂他們的觀眾，許多評論只是幾個片面報導組成，更廣泛的局勢面貌往往被人忽略，而且記者的語氣和觀點可能瞬息萬變。每當遇到比賽低潮時，他都必須小心翼翼應對記者會，否則就可能遭受負面情緒的影響。「記者們會不停問我：『你到底怎麼了？換個新教練沒有更好嗎？你的正拍怎麼回事？』一直回答這種負面問題確實對我造成困擾，也讓我產生自我懷疑。另一方面，當你排在世界第二時就必須不停跟別人解釋你自己，這很奇怪。所以我必須提醒自己──我並沒有一夜之間變成糟糕的球員，我還是個頂尖球員。」*

費德勒承認在職業生涯初期，他其實有點害怕媒體，擔心他們撰寫對他不利的事情。一九九九年十二月，他參加完為期三天在蒙地卡羅舉行的ATP大學營（ATP University）後，態度就開始轉變，年輕的職業球員在那裡瞭解到將來等待他們的是什麼樣的挑戰，並學習如何應對這些挑戰。其中一位講師是法國網球記者菲利皮．布恩（Philippe Bouin），他解釋，媒體是塑造運動員形象的人，「那些不善待記者的球員，不能指望記者幫他們塑造好的形象，畢竟，他們也是凡人。」

布恩注意到，費德勒是唯一從頭到尾都認真聽他講話的人。「他理解後便立即學以致用。」費德勒也證實，經過這堂課，他不再害怕記者了。「我意識到媒體可以幫助我們改善形象，而我們也可以幫助他們撰寫精彩的故事。」這是一種共生關係。

這些年來我撰寫過許多關於他的文章，只有極少數例外情形他會有所回應。即使內容是嚴厲的批評，只要合理公平，他也都會接受，比如二〇一〇年，他因為某些難以理解的理由，決定不參加在哈薩克舉行的台維斯盃比賽，結果瑞士很快慘遭降級。也幾乎沒有發生過他要求在報導刊登前事先校對和審核的情況。

但有一次，我記得很清楚，那是二〇〇四年七月三日，他第二次打進溫網決賽的前夕。我正在媒體室收拾東西，手機突然響起，螢幕畫面跳出「瓦夫里內克」（Vavrinec）。但電話那頭傳來的聲音不是米爾卡，而是羅傑。先前我跟他未來的妻子曾進行長時間的採訪，幾小時前才將內容用電郵寄給她，以確認引述的原話是否有誤。沒想到打來的不是她而是費德勒，這可不是什麼好兆頭。

米爾卡開誠布公地跟我聊到他們的生活與關係、談到孩子與婚姻，有那麼一瞬間，我以為羅傑想要阻止文章發表——但此時已經來不及了。不然他怎麼會在那一年最重要的決賽前一晚打電話給我呢？電話中的他似乎已經猜到我的想法，我的反應顯然把他逗樂了。不過，他立刻打消我的擔憂，他打來只是要提供更具體的答案，那個問題甚至與他自己無關，而是關於他朋友里托．史塔布利所扮演的角色，這位朋友在他沒有教練的賽季期間提供不少協助。而他只是想避免他朋友與老闆引起不必要的麻煩。「里托不想拿他的銀行工作來冒險，到目前為止他已經把所有假期都用在我們身上，現在多虧他老闆的慷慨仁慈，才有了無薪假期……。」翌日，費德勒以四盤擊敗羅迪克。

* 引自 *CS Bulletin Special*

三十二、費迷

我和達米安（Damian）是在沙漠綠洲城市印地安泉網球花園（Tennis Garden）一處僻靜角落認識的，就在七號球場（Court 7）旁，這裡才剛比完一場女網賽。這位二十八歲的加州人幾天前從舊金山開車到柯契拉谷（Coachella Valley），每年三月他都會來，而且一如既往，都是為了看費德勒。

他請我不要公布真實姓名，所以達米安是化名，他只想以匿名「費迷」（FedFan）現身。頂著加州的艷陽，他開始聊起自己是怎麼從八歲開始打網球，聊起他十二歲是怎樣親眼目睹自己偶像山普拉斯在溫布頓被某個叫羅傑・費德勒的傢伙打敗。談到他想知道：「這個傢伙是誰？」談到他自己是怎麼在一兩年後成為這個傢伙的支持者，「就像我所有網球朋友一樣」，他開始收集費德勒的照片，然後錄下他的比賽，一開始還是用VHS錄影帶。「我錄了他數百場的比賽，幾年後，我還可以再看這些比賽，然後說：『羅傑・費德勒簡直太神了！』」這些年來，他幾乎沒有錯過費德勒的任何一場比賽，「也許只有一、兩場」。

達米安第一次看到費德勒在印地安泉的現場比賽時才二十一歲，「第一次親眼見到他打球，離我只有幾公尺遠，看到他打得多麼放鬆且不疾不徐……。從那以後，便開啟我追隨費德勒的不歸路。」

他架設了球迷網站（federerfan07.com），在網站撰寫文章、上傳照片和新聞。後來有次運動品牌Wilson和Nike注意到他，跟他達成合作關係，並開始向他提供可以發表的素材。

翌年，也就是二〇一二年，他試圖與羅傑．費德勒本人聯繫。他先是發電郵給當時還在IMG經紀公司工作的湯尼．葛錫，後來又寄了一封上面有郵戳的實體信到位於俄亥俄州克里夫蘭的IMG總公司。「然後我意外地收到葛錫回覆的電郵：『如果你能提前幾天到印地安泉，我可以安排一些事情。』我簡直開心極了，在屋子裡瘋狂跑來跑去。」

擔任業務經理的達米安沒等到週日，週四就驅車從舊金山前往印地安泉。「我感覺體內腎上腺素激增，不敢相信自己即將見到羅傑．費德勒。」此次會面是球拍廠商Wilson所籌辦的一場名人見面會，達米安跟他偶像單獨見面的時間只有五分鐘，永生難忘的五分鐘。「我們像好朋友般聊得很開心，羅傑甚至記得一小時前他訓練時我所站的位置。由此說明他很細心，他知道周圍發生的一切，記憶力十分驚人。」當費德勒告訴達米安，他知道達米安架設的球迷網站時，達米安更是激動到不行，「我認為我所做的對他而言是微不足道的事，但他居然知道讓我感到非常驚訝。」

多年來，我聽過很多類似達米安的故事，後來二〇一八年達米安在矽谷的「為非洲而戰」表演賽上再次與費德勒見面。毫無疑問，支持費德勒是球迷的最佳選擇，因為據我所知，沒有哪個運動員願意為了他的球迷回饋這麼多，比方說回饋給二〇〇五年在瑞士成立的fans4roger球迷俱樂部的球迷們。該俱樂部多年來已發展成約有七百五十名會員的規模，會員來自包含智利和印度在內的二十五個國家。該俱樂部創辦人桃樂絲・羅菲爾（Doris Loeffel）表示：「我們是全球性的大家族。許多人也會私下見面，不然大家原本只是永遠不可能認識的人。」

在巴塞爾舉行的瑞士室內網賽上，該球迷俱樂部的會員經常能夠私下見到他們的偶像。例如二〇一七年，費德勒與在場的每位球迷單獨合影，大約來了一百二十位球迷。

多年來，他不斷努力與球迷保持聯繫，給予球迷一些回饋。比賽期間越來越多關於他的宣傳海報出現在四周，並不會讓他感到厭煩或試圖迴避，反而有時候他會主動尋找。他在獲得第二十座大滿貫後對我說：「沒關係，我很開心有人這麼大肆宣傳我，很開心大家還喜歡看我打球。最令我高興的是，我自己仍熱愛這項運動與其相關的一切。這些對我意義重大。」

這已經不是他第一次或僅此一次強調觀眾的反應對他有多麼重要。「我不只是個網球運動員，還是個表演者。重點不只是我的成功，還有整個賽事的成功。當聖荷西的觀眾看完『為非洲而戰』表演賽或印地安泉大師賽後，會覺得：『嘿，看費德勒打球實在很棒，他打球很開心、風趣幽默、熱愛網球，全心投入，和我們交談……』這些對我來說同樣很重要。」

《網球內幕》的比爾・席蒙斯（Bill Simmons）曾與費德勒聊過他的受歡迎程度，並指稱他的高人氣已經達到披頭四狂熱（Beatlemania）的境界，費德勒回說：「太棒了，我為賽事也為網球帶來的振奮感到開心，我很感謝有那麼多人買我的帽子、球衣或球拍，並感覺精神與我同在。這樣我就有機會與他們合影、或簽名，讓夢想成真。」他也立即發現，很多人投入大量的時間和金錢，只是為了看一次他的現場打球。「我總是告訴自己，跟我合照的那個人，我可能再也不會見到第二次。這就是為什麼我想讓大家都能有值得回味的那一刻。但很遺憾，我無法幫所有人親筆簽名。」如果拿出他以前跟現在的簽名作比較，你會發現他的字體變得更短更簡潔，這樣他就可以在同樣時間內幫更多人簽名（他一直拒絕使用自動簽名機）。

當德國《亮點》週刊問費德勒，為什麼他可能是全球最受歡迎的個人運動員時，費德勒承認他也不明白，尤其是因為他從來沒有刻意讓人喜歡他。「我都是採取自然的作法，例如透過公平競爭。也許某些人有點太過度追求人氣。也許是我比較低調——因為我是瑞士人。比賽勝利當然也有助於高人氣，我經常在一大群觀眾面前打球，可能我表現得不錯。大家看到後可能會對自己說：『他是我孩子的好榜樣。』」

在同一次採訪中，他證實了自己的情緒也會引起觀眾同情的說法。「我在比賽勝利和失敗後都哭過，大家明白網球對我的意義是什麼，當我說我熱愛網球時也相信我。現在回想起來，我很高興自己有表達這些情緒。」

費德勒來自於一個中立小國的事實，也讓許多國家的人認同他。德國人喜歡他，因為他在距離德國邊境只有幾公里的地方長大，而且經常到德國參加比賽，並在那裡迎接他的重大勝利；法國人喜歡他，因為他會講法語，他的優雅風格符合與法國人的感性；英國人喜歡他，因為他在溫布頓封王，並總是展現出他對這個地方永不抹滅的愛；南非人喜歡他，因為這裡是他母親的出生地，他的同名基金會主要活躍於此；澳洲人喜歡他，因為他的家人曾經差點移民到這裡；亞洲人和美國人也喜歡他，因為他們崇拜魅力四射的運動明星，無論他們來自哪裡。

從臉書、推特和Instagram的粉絲數來看，費德勒在二〇二〇年的網球選手中僅排名第二。他的追蹤人數總共約有三千五百二十萬人，比納達爾（三千九百三十萬人）的追蹤人數少百分之十左右。不過，西班牙人普遍吸引的觀眾族群比較年輕，而這個族群通常在社群網絡比較活躍。但在每個人都可以參加的ATP年度人氣票選中，從二〇〇三年到二〇二〇年度，獲獎者都是同一位，一直都是費德勒，有幾次他還獲得將近一半的選票。

對許多費迷來說，無論來自哪個國家，費德勒是他們生活中最重要的一個話題。來自印度的瑪杜米塔（Madhumita）曾寫信告訴我，她感謝神讓她和愛人活在同一個時代。二〇〇八年他輸掉溫網決賽時，她成天食不下嚥，「好幾個星期都睡不著」。

還有來自比利時的塔尼（Tani），他跟隨費德勒環遊世界，參加每場訓練和簽名會，甚至會用瑞士人的說法「Chumm jetzä!」（瑞士德語，意思是加油！）替他加油。也多虧了費德勒，讓許多人可以在困難的時候找到精神支柱。來自日本大阪的冬樹（Fuyuki）說：「我們很多人在二〇一一年三月地震災難過後情緒陷入低迷，」冬樹是當地費迷社團的成員，「看了費德勒的比賽之後，我們發現自己很幸運能夠安然渡過災難，還能享受他精彩的網球比賽。」他們寫了一封信給他，以表感激之情。「我們社團裡的兩個人前往印地安泉，把信交給他。羅傑接待他們，講了一些撫慰人心的話並擁抱他們。」這類的經驗讓費迷們難以忘懷。

費德勒到巴西聖保羅進行巡迴表演賽期間，我見到了在艾比拉布拉（Ibirapuera）體育館外面等候的埃德加（Edgard Raoul Gomez Neto），幾個小時後費德勒就要首次在南美亮相。這位二十六歲的學生告訴我，某次他在美網公開賽上有機會跟費德勒講到幾句話，從那之後，費德勒就成為他的生活重心。埃德加拿著一面國旗，一半是巴西國旗，一半是瑞士國旗。「因為他的關係，我覺得自己也是半個瑞士人，」他留著跟費德勒同樣的髮型、穿著同樣的衣服、還有同樣的球拍。他從未錯過任何一場比賽。「有一次我考卷只寫完一個答案就交卷離場，因為他正在打球。在我眼裡他不是普通人，他是聖人。」

第三部分

意義非凡的生涯第十八冠

三十三、終點？

二〇一六年七月二十六日，羅傑·費德勒在他的臉書和推特主頁上發布一則震驚網壇、讓費迷陷入恐慌的訊息：他決定年中提前結束今年賽季。不久之後，巴西里約熱內盧（Rio de Janeiro）將舉辦奧運，里約奧運一直是他的重點行程，外界先前吵得沸沸揚揚。他渴望拿下奧運網球單打金牌，而且與瓦林卡、辛吉絲搭檔並肩作戰，他也很有機會在雙打項目贏得金牌。縮短賽季的決定也讓他錯過美網公開賽、瑞士室內網賽、ATP倫敦年終賽……而且問題是：他還會回來嗎？

此時費德勒距離他的三十五歲生日還有兩週，在職業網壇意味著他已經到達高齡狀態。他幾乎贏了所有比賽，從墨爾本到巴黎，從倫敦到紐約，手捧十七座大滿貫獎盃，還有其它七十一項大賽冠軍。他贏得超過一億美元的獎金，並透過贊助商和其它活動建立起一個金融帝國。他曾奪得台維斯盃冠軍，六座ATP年終賽冠軍、四度獲選為年度最佳運動員、奧運雙打金牌、以及創下當時連續三百零二週網球排名世界第一的紀錄。他是四個孩子的父親，也是蓬勃發展的慈善機構羅傑．費德勒基金會的創始人。他還與湯尼．葛錫合夥，經營共同創立的經紀公司 Team 8。

但在網壇打了二十年的球，比過逾一千兩百場職業級賽事之後，他的身體已經出現明顯的磨損跡象。即使是費德勒的身體，也開始反抗一名頂尖選手進行全球巡迴比賽期間所承受的巨大壓力，而且一年只有幾週的休息時間。

這個魔咒始於二〇一六年一月底，也就是澳網準決賽輸給喬科維奇的第二天。當時他正在墨爾本的皇冠假日酒店（Crowne Hotel）替兩位女兒米拉和夏琳洗澡，突然感覺到左腳膝蓋咯啦一聲，他後來解釋：「那是在正常移動時發生的，只是一個經常做的動作。」同天他和家人在墨爾本動物園（Melbourne Zoo）散步時，他注意到膝蓋腫了起來。後來回到瑞士接受掃描檢查，結果診斷帶來沉重的打擊，他的膝蓋半月板（**譯註：膝關節的軟骨構造**）撕裂，必須接受關節鏡手術。

費德勒覺得這項手術將對他的生活和運動員生命造成巨大影響，他說：「我原本以為自己可以在不動手術的情況下完成職業生涯。聽到這個消息時，我內心既震驚又失望。」手術後醒來，他很擔心，膝蓋感覺怪怪的，好像不是自己的。那種恐懼雖然短暫卻很沉重，難道他的職業生涯就這樣了嗎？

他拄著枴杖走路十二天，必須重新找回對膝蓋的信任。日子一天天過去，身體漸漸康復，在瑞士接受治療的前面幾週很順利。費德勒既開心又急著想重返賽場。手術後才七週就飛往邁阿密，準備回歸ATP巡迴賽，不過由於腸胃問題，他不得不取消參賽。

三週後，他得以重返網球場，甚至在蒙地卡羅一舉挺進八強賽，後來以些微差距敗給松加。他的表現跟以往相差甚遠，身體也不是處於最佳狀態，但他再度嘗試。結果到馬德里，他的背部扭傷，不得不退出該屆大師賽。他沒有輕易放棄，在羅馬大師賽撐到兩場比賽打完才承認自己的左膝仍然不對勁。

他後來推測，「蒙地卡羅之後一定發生了什麼」。他懷抱著沉重的心情，決定不參加法網公開賽。在連續參與六十五屆大滿貫賽事（創下紀錄）之後，他第一次錯過這個網球行事曆上最重要的四大賽事之一。巴黎賽事過後，他回到草地球場賽季，這通常是他一年中的高潮——但這回卻以接連失利開場，在斯圖加特敗給多明克・提姆（Dominic Thiem）、在哈雷輸給茲韋列夫。

到了溫網開打時，他的狀態依然不佳，但他展現出堅強鬥志。他在八強保住三個賽末點，並以六比七、四比六、六比三、七比六、六比三擊敗克羅埃西亞選手馬林・西里奇。接著七月八日的下一輪比賽，他對上了加拿大重砲羅尼奇。雖然中間一度取得盤數二比一領先，但後來仍以六比三、六比七（三）、四比六、七比五、六比三吞敗。隨著比賽接近尾聲，他突然重重地摔倒在地，再度引起外界猜測他的左膝傷是否再次復發。

他在十八天後宣布自己本賽季提前結束，這項消息像隕石般砸向了網球界。接下來的問題無法避免且很明顯：就這樣了嗎？他輝煌的職業生涯結束了嗎？運動員生命就到這裡、宣告結束、已經畫下句點了？沒有高調地說再見，沒有感性的記者會，沒有再來幾個大滿貫頭銜？過去四年他一直追求大滿貫頭銜，卻徒勞無功，每次都與獎盃擦身而過。我腦海浮現他父親給我的回答。二〇一六年春天，我問他覺得他兒子還能繼續打多久？他的回答是：「還能再打幾年吧，但凡事都可能突然發生，誰也說不準！」

然而，費德勒延長停賽時間的消息並沒有表明他的職業生涯準備畫下句點。他說：「我只是需要更多時間來治療我的膝蓋。」延長休息時間是他本人、醫生以及團隊全體一致的決定。我馬上致電他的經紀人湯尼・葛錫。他平息了網壇紛擾：「如果他想要繼續多打幾年，不想擔心傷勢和身體問題的話，那麼很遺憾羅傑需要在這個賽季休息一下。短期來看勢必有所犧牲，但長期來看，他能夠實現更多的目標。」他接著又說：「這對他的球迷來說是個好消息。」話說得漂亮，但會不會只是為了安撫大眾，讓費德勒有更多時間宣布退役呢？

宣布完結束賽季的消息後，羅傑立即潛入自己的私人生活領域。與此同時，瑞士代表隊在沒有指派領隊的情況下前往巴西，另一位瑞士大滿貫冠軍瓦林卡也缺席。幸好辛吉絲和蒂梅亞・巴辛斯基（Timea Bacsinszky）贏得女子雙打銀牌，保住瑞士網球運動員的榮譽。

在休兵的那幾週，費德勒認真跟妻子米爾卡討論是否到了退役的時候。「吃完晚餐，我們兩人單獨坐著，」他回憶說：「我忘記是我問過她，我是不是應該停下來，還是她認為我可以繼續贏得另一座大滿貫頭銜了。但她說：『如果你還想打下去而且你感覺也不錯，我認為你沒有理由不能回去再拿下另一場比賽並再次打敗他們。』這個話題沒有討論很久。我說：『好吧。那明天早上跟孩子們有什麼規劃？』」

三十四、休兵養息

接下來的六個月，只有一小部分關於費德勒的消息公諸於眾。溫網公開賽之後，他將球拍收起來幾週。網球對他來說不是問題。他立刻著手規劃接下來幾週的行程，並沒有為自己的霉運苦惱，也沒有為錯過的里約奧運和紐約美網感到遺憾。他成功的關鍵祕訣，就是他堅持不懈的積極心態；他改寫自己的受傷故事，忘掉傷勢從他身上偷走的東西，把它當成一個難得機會，讓自己身體完全復原，並為今後挑戰提振精神。多年來，他第一次有時間可以好好運用，對於精英運動員而言是少見的奢侈。

「我感覺不夠好，無論是身體上還是精神上，」費德勒後來解釋這次決定休息的原因：「我對自己說：夠了，我希望能夠再次百分之百享受網球，包含其伴隨而來的一切：訓練、所有的課程、比賽、整個例行賽事和到處征戰。如果總是不得不中斷和重新開始，那麼打網球就不再有趣了。」

費德勒面對休兵展現出的積極態度令他的團隊感到驚訝。他的教練塞弗林．盧希在二〇一六年底表示：「他能夠這麼迅速轉念並放眼未來，真的很驚人。他對自己說：『目前情況就是這樣，我們需要充分利用、全力做好。』他期待二〇一七年能以巔峰狀態回歸。」

正是經歷了這段困難時期，盧希才意識到費德勒有多麼熱愛網球運動和身為職業運動員的生活。「他還能夠如此自信、持續受到激勵，真是不可思議。他是個奇蹟，他有多麼喜歡訓練、旅行、參加巡迴賽等，令人驚訝。」盧希在賽場上發現，許多年輕運動員似乎不是真正喜歡打網球，但費德勒這麼多年來仍然喜歡訓練和參與例行賽事。「他可能是最享受比賽樂趣的球員，」盧希表示：「對別人而言，打網球可能是件辛苦的工作，但對他而言，打網球依然充滿樂趣與好玩。他是打從心底喜歡網球的。」

二〇一六年七月和八月初，費德勒團隊裡最重要的人物是他的物理治療師丹尼・崔斯勒（Daniel Troxler），於二〇一四年十月加入團隊。費德勒自二〇〇〇年雪梨奧運就認識崔斯勒。這位物理治療師安靜內向，職業生涯從田徑運動開始，與馬拉松運動員維克多・羅斯林（Viktor Rothlin）合作多年。動完膝蓋手術後，費德勒的身體需要時間休息，大大小小的傷口都需要癒合。但他沒有只是躺在按摩床或沙發上面，而是早早就開始慢慢地、小心翼翼地鍛鍊他的肌肉，特別是他的左腿和背部。他也找時間回到瑞士享受著延長的返鄉假期，分別到瓦爾貝拉（Valbella）山區的渡假別墅和沃勒勞鎮蘇黎世湖畔的豪宅渡過一段日子。他利用這個機會結識朋友、花時間陪伴孩子們、一起外出散步。但很快地，他決定建立一套嚴格的日常例行計畫，以便盡快恢復體能，並將注意力擺回球場上。

八月二十四日，他短暫在紐約公開露面，參加拉沃盃的宣傳活動。從八月二十七日開始他的復健工作第二階段，由體能教練暨顧問帕格尼尼擔任最重要的角色：重量訓練、協調訓練、速度訓練。「我們一起合作的時間比平常多，這段期間練得很密集，」那年十一月帕格尼尼告訴我：「團隊裡每個人都面臨比以往更大的挑戰。」

雖然距離溫布頓和費德勒的最後一場比賽已經過了六個多星期，但訓練強度絲毫不敢大意。帕格尼尼解釋：「一開始不讓他從事某些訓練。我們一步一步來，每一項都花比平常更久的時間。到後來我們都已經厭倦了。」

不久到了夏季尾聲，費德勒的父親羅伯特就變得沒那麼謹慎。他提議大家一塊去瑞士東部亞本塞地區（Appenzellerland）散步，聲稱步行路線相當簡單：搭纜車上依本立山（Ebenalp），然後徒步走到亞瑟（Aescher），那裡有一家蓋在懸崖峭壁的景觀客棧，接著往下走到塞阿爾卑湖（Seealpsee），最後回到瓦瑟倫恩（Wasserauen）。原本應該只是一趟隨興的週日散步行程，結果一開始就必須先征服八百公尺的海拔高度。

「於是我們開始徒步行走，走了六個小時的下坡路段，」費德勒那年秋天表示：「這個作法其實不太明智，但它正好考驗我膝蓋的極限。隔天所有人都肌肉痠痛，包含米爾卡和孩子們在內，只有我沒有。走完那一趟，我對自己說：我的膝蓋沒那麼差勁。」

起初他和帕格尼尼在舉重室裡鍛鍊，搭配阻力帶、藥球或利用自身體重進行徒手訓練。帕格尼尼對於他的認真投入非常滿意，「他沒有虧欠任何人什麼，但他每天都像虧欠別人一樣努力鍛鍊。他練得非常認真、密集，但又表現得輕鬆自在，每天都面帶微笑進行訓練。」

十月十九日，我與另外兩三位記者在馬約卡島馬納科鎮（Manacor）見到費德勒，他以嘉賓身分出席納達爾網球學院令人難忘的開幕儀式。即使在這裡，他也展現出他團隊成員一直提到的那種無比自信與喜悅。費德勒一派輕鬆地說：「我們全心埋首於自己的計畫行程中。」之前有人猜測他的職業網球生涯可能無法繼續走下去，但他在網球學院會所的舞台上反駁了這個推測。「我已經體會過沒有網球比賽的美好生活，但我覺得場上還有什麼等待著我去完成。」

回機場路上，我問他：「你是不是打算在退役前回歸賽場，再打最後一場勝仗？可以說是職業生涯最後一站？」他似乎沒有想太多，自然地回說：「我的最後一站？那可能還要幾年後吧。不然我不會休息這麼長的時間。」他甚至希望經過此次休兵能夠讓身體狀態再創生涯高峰，「二十年休一次這麼長的假沒關係的。」

不過，他依然保持謹慎，很清楚自己的身體已歷經過漫長的職業生涯，時間正在流逝。到了九月，他還是幾乎不碰網球，只打十至十二個小時，沒有逼迫自己。他說：「訓練最重要的幾週就要到了，」眼中閃爍著堅毅的光芒。

沒有人料到他的回歸會如此耀眼奪目。他在馬約卡島的某個秋日說過：「我至少需要參加五項賽事，才能開始思考再次奪冠的問題。受過這樣的傷沒有理由那麼樂觀。距離澳洲公開賽開打大約還有八十天，時間很多。接下來六到八週可以看出我的膝蓋是否準備好了。」

二〇〇四年到二〇一六年間，費德勒與納達爾是網壇兩大主力球員，他們原本準備打一場慈善表演賽來慶祝納達爾網球學院的開幕，但現在是不可能的事。兩人的身體都沒有準備好迎戰世界級的網球比賽，他們所能做的就是在迷你網球場上和網球學院的幾個年輕人打打球。兩人看起來像久別重逢的老將，一邊緬懷自己的輝煌歲月，一邊互相稱讚對方——都是昔日的網球名將，絕不會是繼續主宰將來網球時代的球員。

十一月，費德勒休了十天的假，離開瑞士後前往杜拜，進行最後也是最重要的康復階段。在這裡，帕格尼尼再次成為最重要的人物，但這次體能訓練將慢慢退居次位，因為費德勒要重拾他最擅長的事：打網球。他在中東地區的訓練進行得非常順利。他有幾位很好的陪練夥伴，如美國球員埃恩斯托．艾斯科維度（Ernesto Escobedo）和法國球員盧卡斯．普耶（Lucas Pouille）。隨著年底將至，費德勒的戰力變得更加強大。十二月某天盧希對他說：「如果你在墨爾本照這樣打下去，很有可能拿到澳網冠軍。」雖然這句話有點半開玩笑，但他早就不再低估費德勒的能耐。

現在費德勒覺得已經準備好再次參加各大賽事。他在訓練期間打的幾盤表現很好，幾乎全部都贏，但這些無法取代真正的錦標賽。十二月二十二日，他透過推特直播讓球迷們參與一場訓練活動，他戴著麥克風，評論自己做了哪些事。他看起來就像充滿活力的年輕人，對於自己即將回到頂尖球員行列滿懷期待——完全不像是一個已經贏得一切、被成功慣壞的三十五歲球員。

三十五、奇蹟般復出

在一片空曠寂寥的西澳，伯斯有如夜裡的鑽石般閃耀著。從一九九八年到二〇一九年間，霍普曼盃都在這裡舉辦（後來由ATP世界職業網球協會盃〔ATP Cup〕所取代），這是一項只有受邀球員才能參加的賽事。由八支國家隊組成進行單打和混雙比賽，球員經常將它視為澳網公開賽的熱身賽，雖然無法獲得任何世界排名的積分，但他們至少有參加三場單打和三場混雙的機會——晉級的話，還可以參加更多比賽。因此，儘管在網球行事曆上屬於低調賽事，仍廣受到當地體育愛好者的歡迎。

費德勒二〇一七年一月會選擇在這座城市復出是有道理的。因為他不需要積分，他需要的是實戰演練，而且伯斯也樂然接待這樣的體壇巨星。當時有位澳洲記者形容他的到來，「就像政治人物的國事訪問。」高規格舉行招待會、演講活動、拉起重重封鎖線——費德勒的魅力勢不可擋，吸引了六千名喜愛他的球迷湧入伯斯體育館觀看他的公開練球。相隔十五年後終於回來這座城市，他上次造訪時還沒有贏得大滿貫，而且幾乎沒人注意到他與當時的女友（後來的妻子）米洛斯瓦・瓦夫里內克的混雙比賽。

一月二日，一萬三千六百名觀眾在看台上觀看費德勒的揭幕戰，創下該項賽事最多人觀看的新紀錄。這是他自一百七十七天前溫網準決賽以來的首次參賽，人們起立鼓掌歡迎他。費德勒擊退英國選手丹・伊凡斯（Dan Evans），並與搭檔貝琳達・班西琪（Belinda Bencic）聯手以三比〇打敗英國隊，由此證明先前缺席比賽幾乎沒有影響到他的超凡能力。他繼續輕取里夏爾・加斯凱，雖然接下來比賽在第三盤決勝局中以些微差距敗給亞歷山大・茲韋列夫，他還是很開心接受三位不同類型球員的考驗。他對於自己的整體表現感到滿意，並表示「這是為澳網公開賽所作的萬全準備」。班西琪與費德勒剛錯失了小組賽第一和進入決賽的門票，也不過是小事一樁。

之後費德勒與他的團隊飛往墨爾本，而且沒有人迷信，他們繼續入住前一年他膝蓋受傷的那家酒店。隨著今年第一項大滿貫賽事的準備工作升級，媒體宣傳也不斷圍繞在他回歸的話題上面。先前的渡假感和在伯斯的寧靜馬上變成遙遠的記憶。但在這裡，他突然像是踏入陌生的領域，他不再是外界看好的選手。在正式賽程表中，他的照片很小，與另外五個人共享一個頁面。費德勒有半年時間沒有參加決定世界排名的錦標賽，而在網球巡迴賽上，半年就像永遠這麼久。他的世界排名已經掉到第十七位，意味著他目前在澳網的種子排名很低，也因此他將面臨到困難的籤表。

他知道比賽到了第三輪，可能會碰上世界排名前十的任何一位選手。然而，他在霍普曼盃的強勢表現卻讓他週遭的人加深期待，尤其澳洲最重要的網球傳奇人物羅德．拉沃似乎對自己的預測相當得意：「如果一切順利，費德勒可能拿下澳網冠軍。」這番話曾引發許多人懷疑這位備受敬愛的老將是不是認真的。

抽籤結果公布後，墨爾本《世紀報》（*The Age*）以「通往地獄之路」（Highway to hell）作為標題，但接受該報採訪時，費德勒卻出人意外表示：「籤表很好，因為上面有我的名字。」他非常高興能以球員而非專家或觀眾的身分來到墨爾本。在表現方面的不確定性讓他比平常更緊張，對比賽結果的期望值也因此降低。他說：「能夠打到八強就很好了，準決賽並不是主要目標。能在這裡參賽本身就是一個成功。」

盧希進一步說明他這種罕見低標的期望值：「不管比賽結果如何，我們對於過去幾個月的狀況很滿意。現在還無法談論爭奪冠軍。」由於費德勒前一年已經打進澳網準決賽，如果提前落敗，他的世界排名將一落千丈，甚至可能跌出前三十名外。盧希可以清楚想見這種情況的後果：「那就表示他錯過了退役的最佳時機。」但他堅信，「以他的聰明才智，羅傑已經重新找回他的所有招式。」

然而，他在首輪比賽的開局表現卻與這樣樂觀且積極的斷言相差甚遠。費德勒碰上了奧地利籍球員尤根．梅爾策（Jurgen Melzer），一個世界排名前三百、從資格賽晉級、年齡比費德勒大三個月的對手，但費德勒前面就丟失四分。而且都是打到拍框失誤而掉分。可以明顯感受到他的團隊和整個球場內的緊張氣氛，比賽變得很慌亂，幸好費德勒後來成功掌控局面，以七比五、三比六、六比二、六比二獲勝。「我當時非常緊張，」他賽後坦言：「我必須放鬆，讓自己冷靜下來。」他非常感謝能夠再次參加這樣的比賽，並聲稱即使失利也心滿意足了，但「這些不是網球運動員該有感覺，必須盡快擺脫這樣的想法，」他苦笑地表示。

在下一輪週三登場的比賽中，他對上另一位從會外資格賽挺進、排名第兩百名的美國年輕選手諾亞・魯賓（Noah Rubin）。這場再度讓他辛苦應戰，打到第三盤時不得不擋下兩個盤末點，幸好憑藉他的經驗老道，最後以七比五、六比三、七比六獲勝。熱身到此告一段落。第三輪他回到頂尖球員的行列，準備迎戰世界排名第十的托馬斯・柏迪奇（Tomas Berdych），一位生涯對戰紀錄曾六度打敗費德勒的選手。籤表出爐時，費德勒只是淡淡表示：「我需要提升我的水準，而且需要快點。」

他奇蹟似地辦到了。相較於前面兩輪打得戰戰兢兢，費德勒的魔力在這場突然回來，沒有給捷克選手任何機會，九十分鐘內以六比二、六比四、六比四擊退對方。這場勝利正是費德勒所需要的信號，向他表明：他依然有能力，就像在巔峰時期那樣，依然可以擊敗頂尖球員。

他繼續帶著這股氣勢迎戰下一場世界排名第五的錦織圭，並以五盤大戰拿下第四輪比賽，證明他的體能還是能夠應付漫長的、講求體力和腦力的比賽。錦織圭的教練張德培在賽後表示：

「他打得十分漂亮。而且他在內心深處，明白自己是可以打敗任何人的冠軍。」

突然間，澳網賽事的風向完全轉變。費德勒原本預計在八強迎戰的對手莫瑞，碰上意外闖入的黑馬米沙・茲韋列夫（Mischa Zverev），莫瑞不敵茲韋列夫無情的上網攻擊，慘遭提前出局。但費德勒沒有遭到與蘇格蘭選手相同的命運，他對於這位德國左撇子選手的網前移動非常警覺，隨時作好準備，並打出多記穿越球，讓茲韋列夫暈頭轉向。最後費德勒以六比一、七比五、六比二橫掃對手，費迷們的吶喊聲撼動整個羅德拉沃球場（Rod Laver Arena）。

克服重重難關並跌破眾人眼鏡，費德勒現在已經進入四強，追平了上一年的成績。他不僅化解了世界排名一落千丈的危機，更以網球史上前所未見的傷癒復出表現令網壇為之驚嘆。

與此同時，衛冕冠軍喬科維奇的比賽已經提前結束。這位塞爾維亞選手在第二輪比賽爆冷門，不敵烏茲別克選手丹尼斯・伊斯托尼（Denis Istomin），慘遭淘汰出局。費德勒的準決賽要面對一個熟悉的對手：瑞士同袍瓦林卡。在瑞典教練馬格努斯・諾曼的指導下，瓦林卡憑藉自身實力條件成為大滿貫冠軍，分別拿下二〇一四年澳網、二〇一五年法網以及二〇一六年美網。他還曾與費德勒在二〇〇八年北京奧運聯手摘下男子雙打金牌。過去他是世界排名第四的選手，此時是瑞士排名第一的選手，也決心替自己留下與費德勒一樣令人難忘的精神遺產。

這是兩位瑞士選手第二次為爭奪大滿貫決賽門票而相互廝殺。第一次是二〇一五年美網，當時費德勒輕鬆獲勝，第二次就是目前在墨爾本的這場比賽，費德勒先拿下兩盤，將瓦林卡逼到絕境。就在此時，費德勒的對手提出傷停治療，含淚離開球場，強忍著左膝疼痛。然而，物理治療師展現出精湛功力，讓瓦林卡回到球場時像變個人似的，展開絕地大反攻，二十分鐘內拿下第三盤，接著以六比四再拿第四盤。

下一個離開球場的人是費德勒。過去幾天他的內收肌群（譯註：將腿由外往身體中央移動的肌肉）一直痛苦難耐，舊疾復發。賽後他坦承：「我擔憂很久的那堵牆突然出現了。」不過，他成功戰勝了疼痛。回到球場後，費德勒利用他多年的經驗和永不言敗的精神，取得領先優勢。然後在第五盤救回兩個破發點，最終以七比五、六比三、一比六、四比六、六比三獲勝。七年來，他第一次闖進澳網決賽，以三十五歲的年齡，而且是休兵半年後參加的第一場大滿貫賽事。這是相當驚人的成就。

他欣喜雀躍地表示：「這代表我過去十二年所作的一切獲得肯定。我和帕格尼尼合作努力的目標一直放在延長職業生涯。」費德勒在週四的準決賽勝出，此時還不知道決賽將會面對誰。納達爾與狄米特羅夫的比賽在週五舉行，費德勒與他的教練們盧比西和盧希一起觀看他們的比賽，然後共同擬定決賽的比賽策略。狄米特羅夫的打法與費德勒相似，比賽大部分都能跟上納達爾的步伐，但最後馬約卡島人能夠在場上展現出難以置信的戰鬥力，贏得勝利。

這對宿敵將再度對決。費納兩人將在大滿貫決賽碰頭。兩人都是從傷病回歸，都是神一般的網球選手。這可是網球行銷市場的夢幻組合。

三十六、拉沃盃與傳奇人物

費德勒之所以深受澳洲所吸引，不只是因為他差點移居過去，而是他欣賞這裡豐富的網球歷史和網球運動在這裡的意義。早在職業生涯初期，他就已經注意到澳洲是人才輩出、冠軍的誕生地，時至今日依然如此。對他而言，許多來自澳洲的大滿貫贏家和台維斯盃冠軍，最初只是模糊黑白照片裡那些網球巨擘和他崇拜景仰的球員名字：羅德・拉沃、羅伊・愛默生、肯・羅塞瓦（Ken Rosewall）、約翰・紐康（John Newcombe）、尼爾・弗瑞塞（Neale Fraser）、盧・霍德（Lew Hoad）、法蘭克・賽德曼（Frank Sedgman）、艾胥利・古柏（Ashley Cooper）、湯尼・羅切等人。但多年下來，他越來越瞭解這些偉大的球員，進一步加深他對網球運動的愛好和對這項運動歷史的欽佩。

費德勒在羅德・拉沃二〇一三年自傳的前言裡即表明了澳洲網球對他的意義。＊「如果你真的熱愛你所從事的運動，那麼你必須研究它的歷史，瞭解它是如何演變成我們今天所知道的運動。」費德勒繼續講述，他在二〇〇六年澳網決賽對戰馬科斯・巴達提斯（Marcos Baghdatis）的前幾天，第一次見到拉沃，並提到後來拉沃把獎盃頒給他。費德勒很感動能從體壇巨擘手中接過獎盃，這次經歷成為他在球場上最觸動人心的一個時刻。

他後來告訴我：「在那個以他名字命名的墨爾本公園體育場裡，當他們叫到我的名字、從羅德・拉沃手中接過獎盃時，我終於感受到那一刻的重要性。我意識到能夠由羅德本人頒發諾曼布魯克斯挑戰盃（Norman Brookes trophy）是多麼幸運的事。我永遠都不會忘記這一刻。」

湯尼・羅切是另一位澳洲大滿貫冠軍，也是當時費德勒的教練之一。羅切是拉沃的朋友，曾在賽事期間安排一些讓費德勒與他相處和認識的機會。羅切好幾個晚上都在跟費德勒分享許多關於拉沃過去的事蹟和軼事，講述這位澳洲選手如何隨心所欲地主宰網球世界。他現在認識拉沃後，發現他們都有相似之處（「我們在職業生涯剛起步之際都很害羞」），這些都激勵並鼓舞他，尤其是他立刻指出「羅德無疑是我見過最好的一個人」。

談到網球史上最優秀、最具統治力的球員時，費德勒經常被拿來與拉沃相提並論。雖然拉沃「只」贏得十一座大滿貫金盃和五座台維斯盃，但費德勒在拉沃自傳的前言中指出，那是因為這位來自羅坎普頓（Rockhampton）的「火箭」在他二十四歲到二十九歲的巔峰時期無法參加大滿

＊《羅德・拉沃的自傳》（*Rod Laver: An Autobiography*），二〇一三年出版

貫賽事的關係。而且，拉沃還是唯一在一九六二年和一九六九年包辦四大滿貫的球員。同一年贏得四大滿貫賽事被視為網球運動裡最難達成的目標，又稱為「全滿貫」（The Career Slam）。拉沃於一九六三年轉成職業球員，但當時大滿貫賽事僅提供業餘球員參加，所以直到一九六八年這些賽事全面開放給職業球員之後，拉沃才再度參加大滿貫比賽。這位身高只有五尺六寸（約一百六十七公分）、優秀的左撇子球員，重返賽事的表現相當驚人。那一年，他贏得溫網公開賽冠軍，並在巴黎打進決賽；翌年，他一人獨攬網壇四項大滿貫賽事的冠軍，並在網球史上譜寫出精彩的篇章。另一位在同年獲得四大滿貫冠軍的球員，是一九三八年的美國選手唐納·布吉。那麼在拉沃無法參加的二十一個大滿貫賽事裡，他能拿下幾座冠軍？費德勒表示，沒有人知道，但他舉出拉沃在兩百多項賽事的獲勝事蹟，證明拉沃原本可以輕鬆保持一個無人匹敵的紀錄。

隨著對彼此有更深的瞭解，拉沃與羅傑開始更常見面。二〇一四年一月八日，費德勒為替自家慈善機構募款，在墨爾本與松加進行了一場表演賽，賽前熱身階段，費德勒還與特別嘉賓拉沃打上幾球。他後來回想：「能夠與羅德一起打球，對我來說就像美夢成真。」這個千載難逢的一刻正好發生在墨爾本羅德拉沃球場。

不過，費德勒向拉沃致敬的最高境界尚未到來。

葛錫向我解釋拉沃盃的源起：「我們二〇一五年在上海回飯店的路上，羅傑問我：『你知道我從單場表演賽獲得的收益比拉沃整個職業生涯賺得還多嗎？』我說不知道，他繼續說：『你知道他贏過高達兩百項賽事嗎？』我又回不知道。」

費德勒想替這位澳洲人做些什麼——也許是樹立關於他榮耀事蹟的紀念碑，或者經濟上支持他。正是這樣的念頭促成拉沃盃的誕生。費德勒希望創立一個網球紀念活動來歌頌拉沃在網球界留下的非凡成就。這個想法雖然立即遭到ATP巡迴賽和大滿貫賽事的反對，但克服重重阻礙之後，二〇一七年於布拉格舉行的首屆拉沃盃比賽——歐洲隊對抗世界隊——獲得空前成功。

在布拉格的開幕之夜上，葛錫轉向拉沃並說：「你的偉大成就是我們的靈感。」

費德勒恰巧打敗世界隊的尼克．基里奧斯，為歐洲隊拿下關鍵的一勝。

澳洲過去在網球運動的豐富經驗，也讓費德勒興起了欲聘請湯尼．羅切擔任教練的念頭。二〇〇四年，費德勒準備飛到澳洲，利用聖誕節在雪梨郊區塔勒馬拉（Turramurra）與時年五十九歲的羅切一起訓練。羅切後來說：「當他打電話給我，表明他願意犧牲假期，整個聖誕節期間都跟著我訓練時，讓我印象深刻。我已準備預留幾週的時間給他。」起先羅切很猶豫：「我不確定自己這把年紀還能不能做好這份工作，我也懷疑自己是否真的願意經常巡迴比賽，這份工作免不了四處征戰。」後來費德勒向羅切保證，羅切可以自己決定花多少時間陪他參賽。

羅切來自瓦加瓦加（Wagga Wagga），是一位擁有小麥肌的左撇子球員。作為球員時，羅切曾六度打入大滿貫決賽，並於一九九六年拿下法網冠軍，也贏得十多座雙打冠軍。雖然他很難追上拉沃、愛默生、紐康或羅塞瓦等人的成就，但他仍被視為在那個年代優秀的進攻型球員。除此之外，他是一位經驗豐富的教練，與一九八〇、九〇年代摘得八座大滿貫金盃的伊凡·藍道合作八年之久，亦曾與帕特里克·拉夫特和澳洲台維斯盃代表隊共事。

費德勒與羅切合作近兩年半，後來在二〇〇七年法網開打前拆夥。毫無疑問，這是一次成功的合作，因為費德勒在羅切的指導下奪得六座大滿貫冠軍。費德勒興奮地說：「我喜歡這一代的選手。能夠和拉沃、羅塞瓦、愛默生或羅切等大人物齊名，感覺很棒。」他對於這些澳洲傳奇人物所展現的敬重，也讓他得到他們友善的回應。湯尼·羅切曾說過：「羅傑打球很放鬆自在，不需要消耗太多體力。他讓我想起羅塞瓦。」

羅塞瓦的綽號為「筋肉人」（muscles），這個稱呼有點反諷意味，因為他的身材修長，體力也不強大。但他創下網壇年齡最高紀錄，並在三十九歲時打進溫網和澳網決賽。他習慣在每年澳網開打之前寄一封手寫信給費德勒，祝他比賽好運。

某次我在溫布頓與紐康交談，他跟我解釋為什麼費德勒會對澳洲網壇傳奇人物如此著迷：「羅傑體現出我們澳洲人熱愛運動的一切。首先，他喜歡網球；第二，他的舉止堪稱典範，完全符合我們對於所有頂尖運動員的期望；第三，他是傑出的球員，儘管如此仍不失謙遜之心。他知道如何看待輸贏，我們欽佩這樣的特質。」

這位澳洲傳奇名將也注意到，費德勒重視他們締造的成就功績，並試圖讓網球回到過去那種紳士運動。紐康表示：「他對網球歷史的瞭解程度令人印象深刻，他知道網球不僅關乎當下，網球歷史可以追溯到一百多年前。他清楚所有與網球運動相關的一切，包含過去的各種傳統，而這點非常重要。」在紐康那個網球年代，運動員從小得培養重視這項運動的歷史。「當我還在打球的時候，我覺得我代表了過去的歷屆冠軍。如果我的行為不檢點，等於是羞辱了整個澳洲網球界。」這些網壇偉大人物顯然很樂見費德勒在現代網球界接下傳承的火炬。「無論我去哪裡與人交談，無論是在澳洲或在美國，有八成的人都說他們支持費德勒。儘管如此，他仍然腳踏實地。很不簡單，他是個好青年。」

三十七、漫長的等待

二〇一七年，費德勒意外地一路闖進澳網決賽，讓他有機會結束沒有大滿貫的長跑。「十八」這個數字像一朵烏雲籠罩著他，像一座紀念碑提醒著他的時間已經用完，他已經到達極限，他可能已成了過去式。縱使他極力反抗、辯解，但外界衡量他的標準仍靠這些賽事的結果。他過去也遵循山普拉斯所奉行的座右銘：表現好的一年是指四大滿貫賽事至少贏得一項。但對費德勒來說，很長一段時間反過來看也適用：沒有贏得任何一項大滿貫賽事都不是表現很好的一年。

距離費德勒的第十七冠，也就是前一次拿到冠軍的時刻，似乎是很久以前的事情，尤其網球屬於職業生涯短暫的運動。從二〇一二年七月他在溫網決賽擊敗莫瑞以來，已經過了四年半的時間。宛如半個永恆那麼久。他拿下第十八冠的可能性似乎隨著每項錦標賽的結束而減少，那些仍然相信他的人，他們支持的論點似乎總是越顯薄弱，就連費德勒的信心也漸漸失去說服力。與此同時，他已經連續輸掉十五場大滿貫賽事，不得不向謝爾蓋・史塔柯佛斯基（Sergey

Stakhovsky）、湯尼・羅貝多（Tommy Robredo）、厄內斯特・古比斯（Ernests Gulbis）或安德烈亞斯・塞皮（Andreas Seppi）等未被看好的選手們道賀。

然而，二〇一三年到二〇一六年的四年期間，費德勒真的表現得那麼差勁？並非如此。除了兩、三位例外，大多數對手還是願意跟他交換他過去幾年的成績。現在回頭來看，費德勒也拒絕接受球涯危機的說法。他說：「雖然我輸掉幾場棘手的比賽，但我也有表現不錯的時候。我還是贏了不少賽事，打敗許多頂尖球員，實際上是所有的球員。我們贏了台維斯盃——這對我們來說是件大事。並沒有像很多人說的那麼糟糕。我只是沒有贏得任何大滿貫賽事，而且主要是因為諾瓦克。」

二〇一三年，他的身體已經出現一些狀況，導致其表現有失正常水準。一切都源自於三月十一日在加州舉行的印地安泉大師賽，那天柯契拉谷遭受規模五點二級的地震襲擊。「突然間，四周搖晃起來，」他解釋道：「剛開始幾秒我還不知道發生什麼事，然後就往外跑。幸好我家人都不在屋內，真的很可怕。我不知道這種情況會持續多久，也不知道會不會搖得更厲害。」

這次地震很短暫，沒有造成進一步的破壞，但當天稍晚發生的事情卻給他帶來嚴重影響。費德勒對戰伊凡・多迪格（Ivan Dodig）以六比三、四比一領先時，突然感到背部一陣刺痛。但他沒有多想，繼續比賽並最終勝出。他早已習慣了這個職業生涯一直存在的背部問題；溫網首次奪冠的那一年，背痛差點讓他萌生退役念頭。二〇〇八年巴黎大師賽對戰詹姆斯・布雷克（James

Blake）的那場比賽，是他職業生涯第一次因背痛退賽，而在力拼第十七座大滿貫冠軍的期間，他也不得不忍受劇烈的背痛。

現在伸展背肌和熱身運動是他日常生活的一部分，就像刷牙一樣（但顯然需要花更多的時間）。他以為自己能夠像以前那樣處理這種疼痛。因此在印地安泉大師賽上，自尊心阻止他退出比賽。兩天後，他跟瓦林卡進行了一場持久戰，獲勝後進入八強，結果四比六、二比六遭納達爾淘汰。

起初對於背傷問題，費德勒只是輕描淡寫，但實際情況比以往更加嚴重。幾週後，帕格尼尼跟我形容了當時的情況和背痛到底有多嚴重，「背部受過那樣的傷，你會有意無意停下腳步，但這樣會打亂他的節奏。在印地安泉大師賽後的訓練階段令人洩氣，他已經七週沒有參加錦標賽。他知道自己每天都投入大量時間進行訓練，可是對他的網球都沒有太大助益。」他們不得不刪去他的一些重量訓練（Weight Training，又稱負重訓練）和爆發力訓練，進行網球訓練時也必須格外謹慎。帕格尼尼解釋：「這種預防性作法影響很大，導致我們不得不改變目標。」

二〇一三年是費德勒十一年來最差的賽季。他僅打進三場決賽，而且三場只拿下哈雷草地賽（位於德國西北部）冠軍，十個月以來第一次捧盃。這是他生涯的第七十七個冠軍頭銜，也追上了約翰．馬克安諾的紀錄。此時他是溫網奪冠呼聲最高的熱門人選。不過大家沒多久便發現，話說得有點太早了。

在全英網球俱樂部，這位七屆溫網冠軍和衛冕冠軍第二輪比賽就慘遭謝爾蓋・史塔柯佛斯基淘汰出局。這個爆冷結果比印地安泉發生的地震還要震撼網壇。世界排名一百一十六名的黑馬打出他人生最精彩的一役，歷經三小時比賽，最終以六比七、七比六、七比五、七比六獲勝。他的一百四十一次網前攻擊得手一百一十分。

該場失利終結了費德勒令人印象深刻的連勝。九年來第一次無緣晉級大滿貫八強，在此之前他已經連續三十六次打進這一輪賽事。這是他最難打破的一項紀錄。這項紀錄與他從二〇〇四年溫網到二〇一〇年澳網，連續二十三次闖進大滿貫四強的紀錄旗鼓相當。

費德勒第二輪出局帶來一股末日氛圍。《衛報》（*The Guardian*）稱這次失利是「網球錦標賽史上、甚至可能是整個網球史上最轟動的事件」。《獨立報》（*The Independent*）認為此結果「殘忍地證明了他的時代已經落幕」。時任《泰晤士報》（*The Times*）首席體育記者的賽門・巴恩斯（費德勒的粉絲）則是提出毀滅性的預測：「昔日的費德勒已不復見。」接著又表示：「大家應該尊重那些讓他繼續打下去的理由，即使他是在自欺欺人。」

費德勒公然駁斥：「許多人都說表現得有多差，但過去幾個月其實沒那麼糟。」對於自己打進八強的連續紀錄宣告終結，他也沒有很震驚。他說，三十六次是很好的數字，他可以引以為豪。

但接下來幾個月也是天不從人願。他的職業生涯暫時陷入停擺狀態。在溫網之後，他有一個不尋常的計畫變更。他沒有像以往那樣靜靜地準備美網公開賽，而是嘗試使用拍面更大的球拍，並報名參加在德國漢堡和瑞士格施塔德的兩場紅土錦標賽。另一個錯誤。

在德國比賽時，費德勒的背痛再度復發，遭排名三位數的阿根廷選手費德里科・戴波尼斯（Federico Delbonis）打敗。在瑞士阿爾卑斯山的情況更為慘烈，丹尼爾・布朗德斯（Daniel Brands）第一輪就送他出局。

等到費德勒抵達辛辛那提參加下一場比賽，他坦言：「過去幾週令人沮喪。」用訓練代替治療並不是好的準備方式。在俄亥俄州這個他曾五度奪冠的辛辛那提大師賽上，費德勒不敵納達爾的攻勢，止步八強，而他在二〇一三年美網的表現再次為體壇投下震撼彈。就像在溫布頓那樣，無緣晉級八強；這是他在紐約十年來第一次沒能站上八強。與湯尼・羅貝多的比賽，費德勒竟三盤全輸的敗給一位近十場對戰紀錄都被自己打敗過的球員。我的瑞士同行記者以「慘烈的敗仗」作為該場賽事報導的標題。前連勝冠軍克莉絲・艾芙特（Chris Evert）在美國電視台評論說，費德勒顯然正處於職業生涯的最後階段。

十三個月前，費德勒還是穩坐世界第一；到二〇一三年底，他已經跌出前五名，排名世界第六。十年來第一次沒有闖進大滿貫決賽。與二〇一二年不同，他在前一年的十二月展開了南美巡迴表演賽，而現在，新賽季開始之前，他必須把重心擺回自己身上。談到前一賽季表現時，他說：「我經歷了一段波折的旅程。但只要我繼續打下去，我的期望就會一直很高。如果我的體能和精神狀態都良好，那麼我沒有理由不能繼續贏得重要賽事。這仍然是我的目標。」

三十八、新魔杖

與此同時，費德勒心中浮現一個大問題：他應該將球拍換成拍框更大、擊球面更大的球拍嗎？在職業生涯初期，費德勒使用的是拍面大小為八十五平方吋（五百四十八平方公分）的球拍。到生涯巔峰時期，他使用的是Wilson網球拍Pro Staff 90，拍面尺寸為五百八十一平方公分，比原先的大了百分之六。他從二〇〇三年春季開始使用這款球拍，而且很快就上手，靠它贏得包含十七項大滿貫賽事在內的七十一項錦標賽。使用更大的球拍是潮流趨勢，但費德勒是最後一批使用小球拍的球員，馬茨．韋蘭德稱他是「使用骨董球拍的人」。

費德勒當然願意嘗試更現代、拍面更大的球拍，但他用舊球拍打得太好了，沒必要強迫自己更換球拍。山普拉斯亦試圖鼓勵費德勒換球拍，因為他自己後悔職業生涯晚期並沒有跨出這一步。時任山普拉斯教練、現為費德勒團隊一員的保羅．安納科恩也試圖說服費德勒。

費德勒希望透過拍面更大的球拍讓球速更容易加快，尤其是發球的時候。他曾提到「擊球力道會更輕鬆」。此外，如果換成更大的球拍，意指他也不會像過去那樣經常打到拍框或拍柄。這些失誤曾讓他丟失重要的分數，尤其是反拍擊球時。拍面更大也會使球拍更加穩定，球沒有完整碰到拍面也不容易打偏，尤其是在截擊、半截擊和反拍擊球的時候。這點讓這位球員感覺自己控球能力更好，他的信心自然會提升。這表示他可以打得更穩定、擊球速度更快、更具侵略性和攻擊性，更充分完成收拍動作。

二〇一二年在蘇黎世，費德勒與他的球拍供應商Wilson合作，測試拍面較大的球拍。但一年後在漢堡和格施塔德，即提前結束溫網之旅後，他才冒險採用九十八平方吋的球拍。這項測試宣告失敗，也許是因為他在這些賽事期間飽受背傷困擾。拿新拍感覺很生疏，他必須習慣拿著它把球打回去的方式。費德勒覺得不適應，好像手中有異物，於是在接下來的辛辛那提大師賽開打之前，當機立斷，決定重拾那支幾經考驗的舊球拍。

但他並沒有放棄測試。二〇一三年十二月，費德勒在杜拜休假期間測試了另外兩款按照他個人想法訂製的樣品拍。他對於新款樣式很滿意，並挑選一個拍面大小為九十七平方吋（六百二十六平方公分）的球拍。尺寸比舊球拍增加約百分之七點五，與年輕時期使用的球拍相比增加百分十四。接著一切進展神速，Wilson公司生產了十二支該款球拍，然後在聖誕節前由佛羅里達州專業球拍訂製商Priority One進行客製。直線使用天然羊腸線是因為手感較好，橫線使用人工合成線則為了控球穩定度。二〇一三年底，湯尼·葛錫把一半的球拍塞入行李，行經克里夫蘭、洛杉磯和雪梨，一路帶到布里斯本。費德勒已經在那裡等候它們。另外六支球拍被送往墨爾本準備澳網公開賽使用。運送球拍的葛錫說：「在雪梨，他們原本打算阻止我帶它們上機，後來在我堅持下才作罷。」

費德勒第一時間的反應聽起來令人鼓舞，他在墨爾本說：「這次更換球拍比上次溫布頓後還要順利。就好像你換了同品牌另一種汽車型號。」現在對他最重要的是習慣新球拍的打法，避免拍框打到球，他說這種情況還是偶爾會發生。使用舊拍時，他可以清楚知道怎麼拿捏控球和拍框擊球的程度，這是業餘運動員絕對不會面臨的挑戰。

更換球拍再度成為解鎖費德勒成就的關鍵，特別是反拍方面的進化。他的切球比例開始少了很多，並且能夠打出更多的上旋球，擊球速度也因此更快。變化極大，尤其是在接發球的部分，它們可以在一開始抽球時就發揮效果，改變比賽情況。這些將在接下來他與納達爾的比賽中得到印證。

現在費德勒可以利用反手在底線積極進攻，這是他的對手之前沒有遇過的招式。單反底線抽擊並將球打到過網的最高點，是種技術要求很高的打法，因為幾乎沒有失誤的餘地。你必須使盡全力擊球、理想的擊球位置和非常快的拍速。擊球甜蜜點擴大，加上新球拍的穩定性，更容易讓費德勒頻繁打出這種類型的球。

在二〇一四年——也就是他雙胞胎兒子出生的那一年——費德勒打球狀況迅速好轉。他拿下五項錦標賽，包含ATP世界巡迴賽一〇〇〇大師賽（ATP Masters 1000）系列中的兩站：辛辛那提和上海。接著與瓦林卡攜手，在里爾的台維斯盃決賽擊敗法國，助瑞士奪首座台維斯盃冠軍。翌年，費德勒再添六項錦標賽佳績，包含衛冕辛辛那提大師賽冠軍。

儘管二〇一四年和二〇一五年對費德勒來說算美好的一年，但這些賽果都因七度決賽敗給喬科維奇而被蒙上陰影。那段時期兩人競爭激烈，雖然費德勒在他們的對戰場次中獲勝六場，但其中只有兩場是決賽。而且這兩場決賽都不是特別重要的賽事。那兩年費德勒三度闖進大滿貫決賽，都被喬科維奇擋了下來，兩屆溫網和二〇一五年的美網。

其中兩場對決，費德勒以些微差距落敗。二〇一四年溫網，兩人廝殺將近四個小時，比賽拉鋸到第五盤，費德勒最後以六比七（七）、六比四、七比六（四）、五比七、六比四飲恨吞敗。隔年的溫網和美網，費德勒都歷經四盤後輸掉比賽，但紐約那場是他錯失了良機。剛開始費德勒表現出色，群眾的熱烈支持更令他振奮，然而，他的信心並沒有上升到最高點，在重要的來回對抽，他總是顯得很緊張，不如對手冷靜。雖然喬科維奇只領先兩局，但費德勒在三小時二十分內以六比四、五比七、六比四、六比四的比分輸掉。決賽後，他沮喪地說：「本來還有更多機會的。我不應該在盤數一比二落後時倒下。」

二〇一五年夏天，費德勒展現了他是多麼享受打球樂趣和他的靈活多變特質，並秀出自創新招，所謂「SABR」（羅傑奇襲〔Sneak Attack By Roger〕）的半截擊接發，來發展自己球技。

想出這個縮寫名稱的是湯尼・葛錫。對手發球時，費德勒從底線跑到網前，試著用半截擊將球打到場中央。接著他試圖以第二次擊球來結束對抽。這是典型「切球上網」（chip-and-charge）動作的強化版，接發球者回擊發球後隨球上網，讓對手幾乎沒有時間做出反應。過去這種招式經常奏效，尤其是在速度快或稍微不平整的地面，如草地。

費德勒幾乎沒有嘗試過拿小球拍來打SABR招式，而現在他成功在短時間內為網壇帶來強烈震撼。費德勒在辛辛那提首度獻技，五場比賽中都運用這招，《紐約時報》稱其為「神風突襲式半截擊接發」（Kamikaze Half Volley Service Return）。他甚至在決賽用這一招將喬科維奇打了個落花流水。利用這種打法，他回擊十一次拿下七分，包含搶七局的致勝球。最後以七比六、六比三獲勝。但模仿這個動作要注意，因為即使是職業等級，也只有少數球員敢嘗試這種打法。

在二〇一五年美網公開賽，費德勒與喬科維奇對決時使用SABR招式，六次進攻拿下四分，但最後仍輸掉比賽。翌年，費德勒的反拍和神風式接發球不再引發熱議，因為膝蓋手術後他遇到一些嚴重問題，提前在夏天結束賽季。

前進二〇一七年澳網決賽的路上，費德勒的反拍似乎打得更出色。有消息指稱，他在休息期間做出一些改變。但他否認這些消息：「我沒有特別訓練反拍。我已經有機會連續訓練六個星期，經常同時與兩個陪練夥伴練習變換方向，對我助益很大。重要的是我的腿要夠快，這樣才能及時接到球。」

二〇一七年一月回歸網壇時，費德勒看起來比前一年更健康、精力更充沛、更有活力且表現更精湛，比賽過程也更有樂趣——他徹底擺脫了自己的問題。迅速取得的成功重新燃起他的信心，並展現在比賽之中。他試圖打得更具侵略性，球剛反彈便採取進攻，就不會被進一步逼迫到底線後方。這種打法令對手喘不過氣。他現在也不常使用SABR招式。

二〇一七年澳網公開賽期間，澳洲電視台播出的一張圖表便清楚說明這點。整個賽事期間，費德勒在場上的反拍擊球比例為百分之四十二。但這個數字在前三年是百分之三十二。無獨有偶，他的反拍擊球高度在二〇一四年平均離地九十七公分，現在則是八十八公分。他現在額外增加的速度可以決定輸贏，因為職業網球是失之毫秒勝負立判的比賽。

澳洲網球協會（Tennis Australia）比賽洞察小組（Game Insight Group）的分析師史蒂芬妮・科瓦爾奇克（Stephanie Kovalchik），她用不同數字證明費德勒的反拍進步很多。她分析了費德勒從二〇一二年到二〇一七年澳網公開賽的所有反拍動作。差異顯而易見：在這五年間，他的平均回球速度從每小時一百零二公里，提升到每小時一百零六公里，他的抽球速度也從每小時一百一十一公里，加快到每小時一百二十公里。她的比較研究亦指出，費德勒擊球過網的安全弧度也降低很多。二〇一二年，他的反拍擊球平均過網高度為七十五公分，其它抽球的平均過網高度為六十五公分。然而，五年後，這兩個數字都下降到五十五公分。在這裡他還贏得對手所缺乏的幾分之一秒的時間。

三十九、費納對決前的寧靜

大滿貫賽事最後一週的氣氛很微妙。所有幕後的炒作報導全部消失，相較於比賽前幾天擠得水洩不通，現在外場空無一人。更衣室外面中央球場的走道上、球員休息室和球員餐廳裡都異常寧靜，好像所有人突然全部消失。大部分桌子都無人使用，自助餐前面也沒有排隊人龍；遊戲機PlayStations、撞球桌和桌上型足球檯也都閒置在旁。大多數球員都已經回家，把焦點擺到下一場比賽上。許多團隊已經上路，但最壯觀的場面還在後頭。

二〇一七年的墨爾本也不例外。在這個氣候暖和、陽光普照的週六，墨爾本球場（Melbourne Park）的模樣一點都不會讓你想起比賽開打時那樣熙熙攘攘的人潮。男單決賽前一天還會在附近逗留的人，不是參加青少年組、雙打或傳奇錦標賽（legends）的人，不然就是留下比賽的球員的親朋好友或物理治療師，還有媒體以及管理團隊。或者是留下來繼續爭奪重要獎盃的球員，例如週六上場的大小威廉絲（Serena and Venus Williams）和週日上場的納達爾和費德勒。

費德勒能領略這種寧靜之感；他很清楚，因為這是他的第二十八次大滿貫決賽。賽事開打後的前面幾天，更衣室、休息室和訓練區都人滿為患，他覺得那種喧囂吵雜的場景讓人有點疑神疑鬼。他不喜歡幾十位球員，連同他們的教練、經紀人、物理治療師和朋友，都擠在狹窄的空間裡走動，每個人都懷抱著野心、希望、期待以及緊張感。當然，費德勒享有大多數人夢寐以求的特權，幾乎可以在任何需要的時候在任何場地訓練，其他球員只能四人一組共用一個外部球場。但他的一舉一動都被無數雙眼睛注視著，在賽場上走來走去也經常遭到偷拍。總是有人找他簽名或自拍，把他拉進對話之中。

決賽前的那個週六跟前幾天的情況不同。費德勒傍晚稍早出現在球員餐廳，身上穿著一件T恤、運動長褲和運動鞋，在沒人注意下經過這裡。他正要前往院子後面最僻靜的角落露天電視工作室，預計在這裡接受決賽前的最後一次採訪。現場氣氛很安靜，因為比賽接近尾聲，每個人都已經有點疲憊不堪。而且，幾乎沒有人知道費德勒在那裡。

平面媒體這天出乎意外沒有召開記者會。雖然對於剛打完上半場準決賽、還不知道最終對手的決賽選手而言很正常，他們還無法在賽後記者會上回答決賽情況，但通常費德勒會在決賽前一天討論即將到來的比賽細節。

費德勒沒有出面接受世界媒體訪問的情況很罕見。是不是他緊張不安的跡象？可是我什麼也沒注意到，相反地，他看起來似乎很平靜、放鬆且沉著冷靜。在外界看來，費德勒的表現經常如此，但在如此重要的決賽之前，這種表現還是跟以往有點不同。他也不急著離開這個場館，這點也很不尋常。因為決賽選手通常會避免浪費任何精力，盡量將自己的職責降到最低，把所有分神的事情都擺在一邊，專注自己的比賽上面。

我正在那裡為賽前報導搜集所有消息和對決賽的預測。結果令人意外，費德勒居然答應接受瑞士《週日報》（*SonntagsZeitung*）的額外採訪。但其他人在哪裡？我的同事並不知情，他們人分散在市區、體育場、飯店和媒體。湯尼．葛錫和負責ＡＴＰ巡迴賽聯絡的尼古拉．阿札尼開始召集大家。集合需要時間，我擔心他們會錯過。但費德勒不介意採訪延後，他可以先去接受兩個電視採訪再回來。「我真的很期待比賽的到來。我覺得這是球迷們一直等待的比賽，」他對瑞士電視台記者說：「打進決賽完全出乎意料。年齡越大，風險越高，你永遠不知道你還能得到多少機會。」

歐洲體育（Eurosport）頻道的球評馬茨．韋蘭德在接下來簡短採訪中提到，即將展開的激烈競爭可能被稱為職業網球史上最重要的比賽，費德勒否定這樣的說法：「我可以理解這種宣傳炒作，但在我看來似乎有點誇張。」比賽結果對他而言不是那麼重要。「無論結果如何，我都經歷了一場精采的比賽。我想抱著不怕失敗的心態上場打球。長久以來第一次出現這樣的感覺。這種心態到目前為止都很有效。」

我終於明白，這次比賽與先前費納在其它大滿貫決賽對戰的差異之處：他沒有感受到非贏不可的壓力。因此，他更能享受這場意想不到的決賽，他想要好好品味並與大家共享這一刻。跟比賽剛開打時不同，現在沒有一絲不確定的跡象，而是對於這一刻充滿感激、感謝之情，對於他能堅持到今天感到驚訝。他能夠打進決賽已經超乎眾人預期，甚至超乎他個人預期，他也明白這點。這場決賽是額外獎賞，是一記他從未想過的自由打擊。他的經驗之豐富，所以明白凡事皆有可能。納達爾也不再是他曾經對戰過的怪物般對手。他對瑞士電視台說：「我非常敬佩他，拉法是我遇過最難對付的對手之一。但我已經打敗他十幾次了。我知道只要把該做的事情做好，我的機會就會到來。」

費德勒亦指出另一個面向：在他看來，最近一段時間沒有上演與納達爾的廝殺對決，讓情況變得簡單。他解釋：「因此，我沒有任何顧慮，我可以專注於比賽上擊敗他的出色表現，腦海裡沒有最近輸給他的那些念頭。」費德勒上一次與納達爾的比賽是十五個月前的事，當時費德勒在瑞士室內網賽決賽中獲勝，「這點可能對我有幫助。」

現在與二〇〇九年澳網他第一次對戰納達爾的情況截然不同。當時那場決賽的前十個月，費德勒已經連續四次敗給西班牙人，而且最後兩次都在大滿貫決賽上。二〇〇八年法網費德勒毫無獲勝機會，吞下職業生涯慘痛的敗仗。後來，他在溫網決賽的第五盤以七比九再次輸給納達爾。儘管如此，當時費德勒還是墨爾本最受歡迎的選手，特別是他在決賽前有兩天的休息時間，而納達爾不得不在週五晚上跟費爾南多・佛達斯柯（Fernando Verdasco）打了五個小時的比賽，只剩一天的準備時間。雖然費德勒在二〇〇九年澳網決賽拿下更多的分，但五盤大戰後仍失去冠軍頭銜，經歷生涯最痛苦的一場失利。他在頒獎典禮時說了句：「這感覺簡直要殺了我」，隨後眼淚便潰堤。

在他接受訪問的期間，一小群瑞士記者已經聚集在餐廳，等待他的到來。輿論儼然已成形：費德勒的復出十分成功，但明天要走到冠軍那一步對他而言可能依然太遙遠。週五晚上，我跟瑞士法語電視台分享過這個觀點，當時我也認為這些觀點很合理。我看了費德勒輸給納達爾的所有比賽，這次決賽怎麼可能有所不同？尤其大滿貫男網又是採取五盤三勝制，根據經驗這對西班牙人來說是優勢。

過去費德勒對戰納達爾的時候，我們往往認為費德勒是奪冠呼聲最高的人選，但我們一再錯判，比賽結果經常讓我們失望。二〇〇九年在墨爾本，我跟一位瑞士記者決賽前買了一瓶巴羅沙谷（Barossa Valley）出產的頂級紅酒，兩人原本打算在費德勒獲勝後開酒大肆慶祝一番，結果最後品嚐起來淡而無味。

當費德勒走出更衣間，我們全部六個人都坐在自助餐隔壁的木頭桌子旁。他告訴我們，在這樣的決賽之前他有多麼緊張，一刻也無法放鬆，用他的話來講，那種緊張不安「吞噬了他」。「自從我得知對手是誰以後，那種感覺就增加。現在我可以充分做好心理準備，甚至有時候我會想，沒有這種感覺的話我會開心嗎？而且，決賽要到晚上才開打，在那之前有很多時間，明天這種感覺會更加強烈。」

我問他，是他還是納達爾打進決賽比較讓人驚訝？他想了很久，然後說：「我知道拉法辦得到，也非常看好他，所以我對他打進決賽並不感到意外。至於別人對我有什麼期待，我不知道。我從未想過自己會在這裡爭奪這座冠軍。」

他看起來精神飽滿、氣定神閒，似乎已經做好戰鬥的準備。此外，他的戰術也很明確。「在這裡打得有侵略性一點會有回報，」他說：「打出一記漂亮的球，對手就要防守兩次。你必須打出攻勢，不能草率。」他也很驚訝準決賽上狄米特羅夫的反手跟得上納達爾的速度，並表示：「你是不可能用反手打敗拉法，除非你是莫瑞、喬科維奇、瓦林卡或錦織圭。」所以他打算靠他的發球、正手拍和戰術來發揮作用。

事後證明，這番預測是費德勒罕見的判斷錯誤。但他又怎麼會知道，在所有戰術中，他的反手居然會是這場決賽、他的第一百場澳網單打比賽的關鍵？

四十、難忘的三十分鐘

三十五歲的費德勒與三十歲的納達爾，兩人之間出乎意料的「復古」決賽吸引了體壇目光。三個月前，兩人的身體狀況都還很差，無法在納達爾的網球學院開幕活動上進行友誼賽，但現在他們卻要面對面，爭奪這項運動中最令人垂涎的獎盃之一。

位居澳網第十七種子的費德勒，種子次序比納達爾落後八名。但比賽剛開打，費德勒就讓人印象深刻，他在第七局破發納達爾發球局，以六比四拿下首盤勝利。當第二盤失誤率增加，以〇比四落後時，費德勒似乎也沒有放在心上，最後以三比六輸掉。他沒有氣餒，再度發動攻勢。第三盤第一局，費德勒擋住三個破發點，以三記愛司球成功保發，全部打在納達爾的正拍位置，這可能是最難的發球。種種表現讓我想起費德勒所向無敵的那些年。這一定是個信號：我在這裡，你沒有影響到我，我已經做好萬全準備，我有強健的心理素質，精神集中，並且處於最佳狀態

——羅傑就是這樣。

費德勒在下一次機會到來時強勢破發，讓比賽打得輕鬆寫意，連破帶保以三比〇領先，最後六比一拿下第三盤。比賽進行將近兩小時後，費德勒以盤數二比一領先。他肯定勝券在握……也許還沒？到了第四盤一比二落後納達爾的情況下，費德勒因注意力一時鬆懈在本場比賽第三次丟失發球局。納達爾突然強力反撲，表現得更穩健，以六比三扳回一盤。這場比賽勢均力敵：盤數二比二，兩位球員各得一百一十一分。後來費德勒在頒獎典禮上說：「如果可以平手的話，我今天會樂意接受平手和局，但遺憾網球沒有平手。」

群眾感覺得到，這兩位網壇巨頭的比賽將會是一場史詩經典對決。這也是他們倆近七年來第一次在大滿貫決賽碰頭。羅德拉沃球場的氣氛相當熱烈，支持費德勒的群眾似乎更多，但散落在體育館各處的納達爾球迷也發出自己的聲音。在弗林德斯街車站（Flinders Street Station）旁的聯邦廣場（Federation Square），和羅德拉沃球場前面的花園廣場（Garden Square），有數千人透過巨大螢幕觀看這場決賽。還有更多人在決賽期間首次開放的瑪格麗特寇特球場（Margaret Court Arena）觀看賽事。整個墨爾本似乎都被這場巨頭之戰迷住了，甚至好像整個地球都停止轉動。

決勝盤前的休息時間持續六分鐘。兩位選手都離開了球場，等他們回到場上，費德勒已經接受過大腿按摩。費迷們很擔心。納達爾對他展開猛烈攻勢，一舉破發成功。費德勒看起來老神在在，他試圖發動反擊，雖然立即累積了三個破發點，但接連丟失，比分來到〇比二。費德勒接著將比分差距縮小至一比二，利用局間換邊休息再次接受腿部按摩治療。

他們的比賽已經進行三個小時，球童不得不到納達爾底線後方清理一小坨棕色物體。那只是棲息球場上方屋頂椽架鳥群的糞便。看來牠們也跟其他人一樣，被這場比賽吸引住了。

決勝盤第四局，費德勒雖然逼出一個破發點，但還是沒能成功破發。費德勒在決定性的第五盤前面便以一比三落後，就像第四盤比賽時那樣。看來又有一場對戰納達爾的決賽勝利要從他手中溜走了，像一條滑溜溜的魚。在墨爾本這個寧靜如畫的溫暖週日夜晚，費德勒打出很多漂亮的球，現在夜幕已經低垂。

命運似乎按慣例進行。費德勒再一次讓他的觀眾興奮不已，但如同近年來經常發生的那樣，他又一次在關鍵時刻輸掉比賽。突然間，群眾的呼喊變得很大聲，宛如擴音器般，像是一個喚醒他的信號：「加油！羅傑，加油……」看台傳來如雷貫耳的打氣聲浪。球場內的所有人都覺得這場比賽還沒結束。

費德勒豁出去，打得毫無保留，繼續奮戰，沒有因錯失良機而流露任何放棄的跡象。比分來到二比三。若非要說有什麼跡象的話，那就是他希望戰鬥下去的想法，正如他後來解釋的那樣：「我對自己說，繼續比賽。這就是我跟盧希跟盧比西討論過的，我打的是球不是對手。在這個球場上進攻會得到回報。儘管失去破發點，我還是一直相信自己可以贏。」

但納達爾在接下來一局也擋住費德勒的第五個破發點，並拿到一個局末點。如果能夠成功兌現，他將以四比二領先，可惜西班牙人不幸錯失這個機會。他正拍一擊，剛好打到網帶，把球送出界。費德勒的第十四記反拍致勝球，也是本局的第二記，為他帶來下一個破發點。此時，他的堅持終於得到回報。納達爾的正拍再次失誤，讓費德勒破了他的發球局。比分來到三比三！接著，費德勒如閃電般連贏四分，只花七十八秒順利拿下第七局。現在他在決勝盤首度領先，四比三。

納達爾幾乎沒有任何時間喘息，這時又輪到他的發球局。費德勒能感受到機會就在眼前，所以全力以赴。納達爾似乎整個人動彈不得，加上雙發失誤，一度〇比四十落後。不過他後來恢復狀態，成功化解三個破發點。費德勒則是面無表情，沒有表現出任何反應。但他對於錯失機會的回應，就是整場比賽中最引人注目、時間最長的激烈對抽。球以驚人的速度來回過網二十六次，每次看似快要分出勝負的時候，比賽總會繼續下去。最後在巨大壓力下，費德勒正手擊出一記底線致勝球，讓納達爾無力阻擋，比賽達到了高潮。費德勒在來回對抽的拉鋸戰勝出。

觀眾們群起歡呼，電視台的球評看到目瞪口呆。吉姆．庫利爾在澳洲電視台表示，那一分「簡直是絕世罕見」。米爾卡從座位上跳起來，高舉著雙手呼喊，彷彿她的丈夫剛剛贏得了比賽。南非電視台知名記者羅比．凱尼格（Robbie Koenig）興奮地大叫：「這就是為什麼體育是最棒的真人秀節目。」同時，美國電視台的球評也告訴觀眾：「我不確定你們將來還能不能看到這麼精采的對抽。」

納達爾看起來像吃了記敗仗，束手無策。要怎麼馴服在這樣抽球中勝出的費德勒？該如何擊敗打得輕鬆自在，彷彿打到出神的費德勒？儘管如此，納達爾仍成功瓦解下一個破發點。但費德勒不斷壓制，在本局逼出第五個破發點。而這一次，他沒有給納達爾留下任何機會：他的接發球很快，利用改良後的反拍，加上猛力擊球。這一球對西班牙人來說打得太偏，所以沒能把球打過網。費德勒接連拿下四局，比分來到五比三。

現在費德勒的第十八座大滿貫冠軍已經勝利在望。這是他渴望了四年多的獎盃。過去他曾幾度與冠軍擦肩而過，而這一次能不能拿下將取決於他的球拍。比賽來到費德勒的決勝發球局。此時，網球之神決定給他另一個嚴峻的考驗，迄今為止最困難的關卡。他必須以新球發球，先是以〇比三十落後，後來又十五比四十。現在他必須放棄得來不易的領先機會嗎？靠著十九顆愛司球和一記正拍致勝球，他成功擋住危機，回攻打成平局。再來另一記發球致勝球，比賽終於來到賽末點！他的第一發偏離目標，接著第二次發球被線審喊出界。什麼？雙發失誤？費德勒提出挑戰，鷹眼判定他二發壓線，獲准重新發球。但他因正拍失誤丟失了這一分，又回到平局！

是緊張嗎？近十年來第一次有望在大滿貫賽事中擊敗納達爾，他的手會顫抖嗎？還是心魔回來了？那些讓他每每在情勢看好的時候輸給他的勁敵、讓他在關鍵時刻失去注意力、讓他手抽筋的魔鬼回來了？不對，不是在今天！這一天非比尋常，這一天是屬於費德勒的。他打出第二十顆愛司球，拿到他的第二個冠軍點。

這次他的一發打得很好，精準地發到中央。納達爾頓時處境險峻，只能以反手將球打到T點位置。接著費德勒一記正拍斜角球朝邊線進攻。納達爾來不及回防，立即示意球已經出界，要求鷹眼確認。這一球很關鍵，不是費德勒拿下冠軍，就是西班牙人得分，然後繼續比賽。

花十九秒作出比賽裁決，感覺每秒都像永恆那麼漫長。電視播出回放畫面，毫無爭議的裁決顯示，最後球在空中劃出一道弧線，落到界線，留下巨大、不容錯過的印記。正中目標！計時顯示三小時三十八分鐘，計分板上的比分是六比四、三比六、六比一、三比六、六比三。

費德勒接下來的幾秒鐘、幾分鐘和幾小時，完全興奮到語無倫次。當他意識到自己擊出的球正好壓在界線上的那一刻，欣喜若狂，整個人沉浸在勝利的快感，久久不能平靜。他緊握一下拳頭，然後跳了起來，臉上的緊張感一掃而空。眼裡噙著淚水，轉身看向自己的球員包廂，張大了嘴巴，臉上流露出許多情緒——不敢置信、得到救贖、滿懷感激，同時也有剛才經歷一場驚心動魄比賽的震驚感。這場意想不到的勝利讓他像袋鼠一樣跳上跳下，跳出電視鏡頭之外。手裡還握著最後一顆用不到的球和他的球拍。

在與納達爾和主審詹姆斯·基塔馮（James Keothavong）短暫而誠摯的握手之後，費德勒再次走回球場中央，仰頭望天，雙手高舉。接著，這一刻的重要性和成功的分量讓他激動地跪下來。在他的球員包廂裡，米爾卡、經紀人、教練們和幾位朋友相互擁抱，費德勒流著眼淚回到他的椅子上，甚至沒有意識到頒獎典禮正在他旁邊籌備。

短短的半小時改變了一切，彌補了近五年的等待、不斷嘗試（但到頭來還是苦吞敗陣）、期盼與恐懼。他在三十五歲重啟自己的職業生涯。在這個如夢似幻的三十分鐘內，從一比三落後到六比三獲勝，他的得分是納達爾的兩倍（二十六比十三），其中八分靠發球、七分靠正拍、六分靠反拍。即使計分板上納達爾再多兩分進帳，仍無力抵擋費德勒最後強大的一擊。

在這場比賽的決定性階段，西班牙人只發生四次非受迫性失誤，但費德勒在這方面也擊敗他：雖然費德勒比賽最後半小時願意採取冒險攻勢，但他只發生三次非受迫性失誤，其中只有一次是反手失誤。最後整場比賽下來，費德勒打出的致勝球數量是納達爾的兩倍多（七十三比三十五），而且統計顯示，他的非受迫性失誤也是納達爾的兩倍（五十七比二十八）。

彷彿網球之神賜予費德勒這個表現近乎完美的半小時，對於他的堅持、他的投入、他願意作出的犧牲以及對比賽的熱愛表示認可。彷彿網球之神已經做出決定：「這位羅傑・費德勒承受了很多苦痛、等待很久的時間、也已經打得夠久了。他現在可以擁有這個冠軍頭銜，並將才能發揮到極致！」

他會的。二〇一七年澳網公開賽是費德勒新的開始，他現在像從灰燼中浴火重生的鳳凰。他似乎擺脫了所有負擔，洋溢著無窮無盡的幸福感，享受著持久的熱情，簡直喜不自勝。他即將達到新的高度，這是外界始料未及的，而第一個亮點就是在墨爾本決賽中獲勝。

納達爾面對失敗表現得很謙虛。他在頒獎典禮時說：「可能羅傑比我更值得拿下這場勝利。」隨後，費德勒說了一番震驚眾人的話：「我想感謝大家為我做的一切，當然我希望明年能再見到你們。如果不行，這次也是圓滿的成功，今晚我再開心不過了。」

羅德・拉沃將諾曼布魯克斯挑戰盃遞給費德勒，後來他拿到包廂，讓自己的新教練伊凡・盧比西能夠捧著這座閃亮的銀色獎盃，共享這一刻的成功（在此之前，盧比西在新工作崗位上沒有什麼值得慶祝的勝利）。

隨著費德勒走到後台，進入球場後面看不到盡頭的長廊時，他把獎盃緊緊地拿在身邊。吉姆・庫利爾說，「這座獎盃就像他的第五個孩子」。他捧著獎盃，同時給米爾卡一個深深的擁抱，抱了許久，然後到瑪格麗特寇特球場拿著獎盃繞場。原本在那裡透過龐大電視螢幕觀看費德勒拿下勝利的觀眾，現在也有機會親眼目睹冠軍。

在前往更衣室的走廊上，米爾卡變得很感性，費德勒的成功讓她忍不住情緒激動起來。這位來自瑞士東部的女子平時難以受到打動，而今天她非常高興，就像她丈夫首度贏得溫網冠軍時那樣。「我既震驚又困惑，都說不出話來了，」她一邊說，一邊安排誰應該拿什麼去第一場小型的勝利慶祝活動上。她向納達爾的女友希絲卡・佩雷羅（Xisca Perello）表達慰問之情，並告訴她，希望有朝一日他們四個小孩能在納達爾的網球學院接受訓練，給她一點小小的慰藉。

此時費德勒正走向場館的北側，澳洲電視台《第七頻道》（Channel 7）已經在花園廣場的平台擺好他們的電視採訪器材。他在接受庫利爾採訪時表示：「能在本屆賽事上打進十六強已經很棒了，打進八強更是不可思議。但一切都朝著對我有利的方向發展，今天我全心投入其中。我告訴自己：『相信自己，為每一球跑起來，打出去、跑起來，打出去、跑起來，奮力一搏，看看最後你是否夠幸運。』我就是這麼做的。」

費德勒最後一記正拍進攻，他明白那顆球不會出界。當比賽勝利宣布時，他感到非常自在。「我知道一切都是值得的，你永遠不知道以後還會不會有這種時刻。你為了這一刻、為了瑞士、為了團隊、為了家人、為了每個人那麼努力訓練。而一切都在這個時候凝聚起來。」

四十一、雪山上的諾曼布魯克斯挑戰盃

費德勒摘得第十八座大滿貫金盃，外界的反應非常熱烈，就好像哈利波特新電影上映或蘋果發布新款iPhone手機、或是找到了一件畢卡索被遺忘的作品。許多人已經開始認為費德勒不會再次奪冠，但他們內心仍希望他辦得到。所以，對費德勒而言，這次好比足球比賽時出現的防守破網（defensive clearance），趁勢追擊。這次也證明，他到這個年紀還是可以不必甘於只有安慰獎或一些像樣的成績；他的魔力依舊，因為內心強烈的渴望，讓他仍可打出高水準的比賽。費德勒繼續把自己寫入網球史冊。經過多年的等待和堅信下次會成功的念頭，他成功向外界證明自己。先前批評他的人紛紛暗示——語帶同情——他的時代已經過去。而且明確指出，費德勒已經錯過退役的最佳時機。

另外，費德勒坦承自己沒有想過會在這次比賽贏得獎盃，也讓他的復出故事格外令人感觸。「我從沒想過我的身體能夠有這樣的表現，」他在決賽後隔天說：「我能夠在前往勝利的道路上擊敗這些前十名的頂尖球員，讓這場比賽變得意義非凡，這可能是我最難忘的事。」

三十五歲又一百七十四天的費德勒成為四十五年來最老的大滿貫冠軍。自一九六八年職業網球開放時代以來，只有澳洲人肯・羅塞瓦以更高年齡贏得大滿貫冠軍——準確來說是贏得三次大滿貫。最後一次是一九七二年，羅塞瓦屆齡三十七歲又兩個月。不過，費德勒的成就也有值得關注的地方。他是首位於三項大滿貫至少奪冠五次的球員，美網和溫網是他另外兩個得心應手的福地。費德勒在墨爾本拿下第四勝和第五勝之間相差七年之久，這也是一項紀錄。他亦成為繼一九八二年馬茨・韋蘭德之後首位在奪冠道路上擊退四位前十名種子的選手。

在所有對手當中，最關鍵的是他在決賽中打敗納達爾。這只是他在對戰勁敵納達爾的十二場大滿貫賽中的第三次勝利（也是首次不在溫布頓實現的勝利）。從二〇〇七年到二〇一七年，他對戰納達爾的六場大滿貫賽全部吞敗。雖然這段期間他們兩人生涯對戰紀錄顯示納達爾以二十三勝十二負遙遙領先，但在大滿貫奪冠次數方面，費德勒這時候是十八冠領先納達爾的十四冠，至少比十七冠領先十五冠令人安心一點。不過，現在這些對費德勒來說都無關緊要，沒把這些放在心上太久。

而且，費德勒的第十八座大滿貫頭銜之所以意義非凡，主要是因為他的戰鬥力、充沛的體能、耐力以及堅強的意志，特別是在前幾輪比賽的時候，而不是歸功於他的場上優勢。比賽剛開打時，他的心中充滿疑慮，在幾乎沒有任何賽事訓練的情況下，他必須建立起信心，並在兩週比賽期間恢復最佳狀態，困難程度比他贏得的任何重大賽事還高。此外，費德勒是自一九九七年古斯塔沃·庫爾登巴黎摘冠以來，首位在晉級過程丟失七盤的大滿貫冠軍：第一輪對戰尤根·梅爾策的比賽丟失一盤，接著對戰錦織圭、瓦林卡及納達爾分別丟失兩盤。這也是他第一次在單項賽事裡打了三場的五盤大戰。

費德勒走進採訪室，臉上盡是滿足的表情。他說：「這（比賽）說明了儘管遭遇各種挫折，比如二〇一三年背部問題和去年膝蓋問題，我還是沒有讓自己偏離正軌。」這個發展就像童話故事般，所有事情都湊在一起。他向我們保證：「我們會像搖滾明星一樣大肆慶祝這座冠軍。」決賽在晚上進行，所以等他離開墨爾本公園時已經凌晨兩點。凌晨三點，他帶著網球包抵達米爾卡跟湯尼·葛錫安排的酒吧，跟親朋好友在那裡慶祝勝利。現場還安排一位DJ提供點歌，費德勒選的曲目可以總結他在整個比賽過程的心情：「別煩惱，快樂點」（Don't Worry, Be Happy）。二〇一七年「開心大滿貫」（Happy Slam）每天都在播這首歌，幾年前，費德勒將澳網公開賽貼切的稱為「開心大滿貫」。

他帶著獎盃回到飯店時，太陽才初升起。「寧靜而美好，」慶祝完幾個小時後他說：「最初的寧靜時刻。接著其中一個女兒先起床，另一個兒子也醒來。我們問說：『天啊！你們不想睡一會兒嗎？』然後大家都醒了，他們問這個獎盃上面有什麼。我第一次這麼仔細端詳這座獎盃，跟他們解釋一切故事。」

決賽打完沒多久，費德勒就已先透過視訊通話跟女兒們取得聯繫。兒子們則是在睡夢中渡過父親拿下自他們出生以來最重要勝利的那一刻。現在一大清早，他們開始在獎盃上面擺放玩具，他們的姐姐則忙著清理獎盃。費德勒在躺下前享受與家人相處的短暫時光。「我睡一小時後醒來，心想，我真的贏了，這不是夢，」費德勒說：「過去我比較容易理解這樣的成功。我感覺公眾的關注度每次都在增加。」

在許多人身上看到的那種打從心底的幸福感打動了費德勒。為球迷帶來難忘的時刻，是他從事這項運動的意義。「就像音樂一樣，」費德勒解釋：「打球不是為了自己，是要努力讓人幸福。」比賽最令他開心的時刻，就是他朋友和家人相擁在一起的時候。

賽後費德勒得以帶走一座與原始尺寸大小相同的復刻版獎盃，還把它命名為諾曼（Norman）。這就是諾曼布魯克斯挑戰盃，以一九〇七年和一九一四年首位在溫網摘冠的非英國籍選手諾曼．布魯克斯（Norman Brookes）的名字所命名，後來他因個人成就受封為爵士。湯尼．葛錫幾週後開玩笑說：「我甚至不確定他是不是還替獎盃訂了機位。」二〇一七年二月中旬，費德勒把獎盃帶到瑞士阿爾卑斯山，在雪地裡合影留念。

結束為期三週的瑞士行之後，費德勒前往杜拜參加ATP巡迴賽，結果早早輸給伊夫尼．鄧斯科伊（Evgeny Donskoy），提前出局。但費德勒還沉浸在前項賽事的喜悅：「那絕對是最令人難以置信的時刻，以前絕對不會相信的事居然發生，真是不可思議。回首過去，我總是覺得很驚訝，那裡發生什麼事了？超乎所有預期、所有希望、甚至每個人的想像。我有時候早上醒來會

問自己，是真的嗎？」＊

這份喜悅將陪伴他很長的時間。到四月底，費德勒在自家慈善機構舉辦的表演賽上向《網球內幕》的比爾・席蒙斯說：「我以前說過，拿下至今唯一一次的法網冠軍和贏得我生涯第一座溫網冠軍，都是意義特別重大的奪冠時刻。它們從許多方面來看都是獨一無二的，但本屆澳網是最令我驚訝的——也許除了二〇〇三年溫網之外。今年我真的以為自己贏不了澳網，以為這裡僅是跳板，也許我會贏另一座大滿貫。這裡不是我會實現大突破的地方，但我做到了。從照片和影片來看，你可以明白它對我的意義。」†

這場比賽對體育界的影響程度全都反映在電視收視率上面。在澳洲，澳網公開賽是該年最受歡迎的體育賽事，平均觀看決賽的人次超過兩百六十萬，而第七頻道的最高觀看人次高達四百三十七萬。這是第七頻道該年收視率第三高的節目。男單決賽有百分之十一點二的澳洲人觀看（觀看威廉絲姐妹女單決賽的人次大約這個數字的一半）。其它大滿貫男單決賽相比之下顯得遜色許多，法網為百分之四點六、溫網為百分之六點七、美網為百分之零點五。看來把澳網視為「開心大滿貫」的人，可不只有費德勒。

＊ 引自瑞士德語日報《St. Galler Tagblatt》

† 引自《網球內幕》

第四部分

史上最偉大的網球選手

四十二、生涯第三度達成「陽光雙冠」

二〇一七年三月初，在加州荒野的賈桂琳科克倫地區機場（Jacqueline Cochran regional airport），費德勒緩緩走下私人專機，臉色非常蒼白，站都站不穩。前半段從杜拜往洛杉磯的飛行相當順遂，但後半段洛杉磯到印地安泉就不是這麼一回事。雖然飛航時間短暫，但這種飛行經常受到亂流影響。費德勒在職業生涯初期搭乘從巴塞爾到法蘭克福的十字航空（Crossair）班機，曾遇過非常嚴重的亂流，但那次經驗並沒有讓他較能適應這次情況。

費德勒抵達本賽季第二項重要賽事，那是個刮著強風、天氣惡劣的日子，棕櫚樹任風吹得歪歪斜斜，空中沙塵亂舞。強勁巨風橫掃該地區的許多高爾夫球渡假村、山頭覆蓋皚皚白雪的柯契拉谷、沙漠及綠洲。費德勒解釋：「晃得太激烈了，我腿上抱著小孩，身子很熱，然後又聞到煤油味，感覺想吐。但後來我下飛機吹吹風，感覺就好多了。」

這項在加州沙漠綠洲舉行、為期十天的男女網賽，已經成為僅次於四大滿貫的頂級賽事。

軟體大亨賴利・艾里森（Larry Ellison）是印地安泉大師賽的東家暨經營人，這裡是費德勒最喜歡的地方之一，他家人也喜歡這裡，因為可以遠離大城市的喧囂。這次他的父母也加入了隨行團隊，同行的還有保姆、伊凡・盧比西、物理治療師丹尼・崔斯勒、湯尼・葛錫、廚師等人。費德勒的隨員比一支足球隊還多，多到需要派四輛車來接送他們到下榻處。他們租的房子步行即可抵達網球花園，這裡可說是整個網球界最美麗且最豪華的比賽場地。

接下來四週，強勁風暴不是壞預兆，費德勒在美國的表現沒有他預期般糟糕。結果恰巧相反。第四輪比賽是墨爾本決賽組合的重現，費德勒以六比二、六比三輕取納達爾。接著又於決賽擊敗同袍瓦林卡，這是他五年來首度贏得美國第二大網球賽事。

短短兩週之後，到了美國第三大網賽邁阿密大師賽的決賽上，費德勒再次與納達爾交鋒。費德勒在邁阿密海灘以南的比斯坎灣以六比三、六比四戰勝西班牙人，取得本賽季第三勝，並達成生涯第三度「陽光雙冠」（Sunshine Double）的紀錄。連續贏得ATP世界巡迴賽一〇〇〇大師賽系列中淵源最久且最重要的兩大賽事，加上兩賽事都位於美國陽光帶，故稱為「陽光雙冠」。費德勒曾於二〇〇五年和二〇〇六年拿下這兩項賽事的勝利，現在成為陽光雙冠裡年紀最大的球員。

澳網落幕後，費德勒的表現依然出色，他在暫時休兵的那段時間心境轉變了。他說：「我現在比較放鬆。在休息期間，我意識到我前幾年有多麼幸運。我的復出充滿樂趣，對自己的打法很滿意。我採取打得更具侵略性的作法，很高興自己仍然可以表現出這樣的水準。現階段我可能打得比以前更開心。」

無論費德勒走到哪裡，墨爾本決賽勝利依然獲得廣大迴響。這麼熱烈影響讓他想起二〇〇八年溫網對戰納達爾的決賽，許多人認為那場是網球史上最棒的一場比賽，「現在的氛圍跟那時候很像，唯一不同的是，這回是我贏。所以我比較開心」。輿論焦點再次全部圍繞在他的身上。因為費德勒的關係，《紐約時報》首度派他們的網球記者克里斯多夫・克拉瑞（Christopher Clarey）前往印地安泉大師賽。「現在每個人都對他感興趣，連他早餐吃什麼都想知道，」克拉瑞說。

這是費德勒第二次（繼二〇〇六年之後）在賽季一開打就拿下前三項最重要的錦標賽。目前他在本賽季ATP積分（又稱「倫敦之路」）排名遙遙領先，並有望重返世界第一。但外界很快就明白，對他而言，健康比登頂更加重要。他退出所有紅土賽事，直到六月法網公開賽結束後才再回到巡迴賽上。

四十三、網球冠軍晚宴

在倫敦舉行的冠軍晚宴（Champions' Dinner）象徵著當屆溫網終於圓滿落幕，主辦單位會精挑細選四百名賓客參加。收到邀請的球員也是歷經一段漫長旅程，他們都是「溫網錦標賽」（The Championships）的冠軍，主辦方喜歡以王冠上的珍珠（crown jewel，最具價值的球員）來稱呼他們，在這個網球界最傳統且享譽盛名的晚宴接受表揚。全英俱樂部也藉此機會歌頌自己，它們具有引以為豪的重要地位、特定形象、散發著英倫貴族氣息。約翰・馬克安諾一九八一年曾拒絕晚宴的邀情，因為他更喜歡私下跟搖滾圈的朋友們慶祝。此舉在全英草地網球和槌球俱樂部的尊貴族群裡並不受歡迎。

多年來，羅傑・費德勒一直是冠軍晚宴的常客，他非常清楚這裡的規矩。他於一九九八年受邀參加時才十六歲，而且首次亮相便摘得溫網青少年錦標賽冠軍。然而，後來由於獲得外卡資格，他第二天必須前往參加格施塔德瑞士公開賽，不得不推掉晚宴的邀請。

二〇一七年，他第八次出席冠軍晚宴，也是第八次成為主角——溫網冠軍。對他而言，此次盛會是慶祝一個他嚮往但原以為不可能實現的里程碑，也就是贏得生涯溫網第八冠。距離他上次溫網奪冠已經過去五年，因膝傷中斷賽季、休兵六個月也才過了一年。但如今，一切都進展得很順利。費德勒是繼四十一年前比昂·柏格以來，首位在溫網以一盤未失之姿奪冠的球員。第四輪擊退狄米特羅夫，接著一路打敗羅尼奇、柏迪奇，最後也沒有留給對手一絲機會，在決賽中以六比三、六比一、六比四擊敗馬林·西里奇。雖然西里奇是負傷上陣，因為他腳底起了水泡，儘管如此，《泰晤士報》仍以「世界第八奇蹟」來描述費德勒的勝利。

溫網主席菲利浦·布魯克（Philip Brook）在午夜前的演講中輕淡地表示，費德勒最新的成功是「相當出色的表現」。他提醒嘉賓們別忘記費德勒首次登上全球頭版的那一天，當時他在第四輪擊敗山普拉斯。那場勝利已經過去十六年了，而時至今日他仍站在這裡，令布魯克相當欽佩：「當時，皮特·山普拉斯是七座溫網冠軍，羅傑不過是第三度參加溫網。現在，他成為八座溫網冠軍，超越了所有人，而且整個比賽一盤未失。」想到這個令人難忘的日子多麼重要，演講到最後，布魯克無法繼續維持含蓄低調的口吻，他的聲音開始顫抖，有點嘶啞地說：「恭喜你，羅傑，在這個歷史性的日子，獲得這項難以置信且卓越非凡的勝利。請上前來。」

走下禮車，費德勒再度成為最後一位踏上紫地毯的人。紫色和綠色是全英俱樂部的代表色，冠軍晚宴現場會鋪設紫地毯來歡迎賓客。費德勒的前五座溫網冠軍都在倫敦薩伏伊飯店（Savoy

Hotel）舉辦，第六座和第七座則在倫敦公園巷（Park Lane）洲際酒店（InterContinental）。這次是位於溫布頓以北一小時車程的倫敦市政廳（The Guildhall）作為當日晚宴場地，一棟四層樓高、上有角樓設計的古老建築。幾世紀以來一直是市政所在地，現為倫敦金融城政府（City of London Corporation）舉辦典禮儀式的場所和行政中心。

溫網決賽結束後七個小時，差不多晚上十一點前左右，費德勒穿過裡頭擺設雕像和枝型吊燈、宛如大教堂的廳堂。他手裡捧著金盃，走過燭光閃爍的餐桌，旁邊坐著身穿燕尾服和晚禮服賓客，耳邊響起艾蜜莉·珊黛（Emeli Sande）的歌曲《心痛》（Hurts）。這首曲子的副歌非常符合他過去四年與溫網公開賽的關係，過去四年來，他在自己最喜歡的錦標賽上屢戰屢敗：「寶貝我不是石頭做的，真的好痛。用這樣的方式愛你，真的好痛。」顯然是在不情願的情況下，這些興高采烈的賓客才會繼續待在原位不動，主辦單位亦要求賓客們不得向冠軍索取簽名和自拍，這項要求甚至印在每個人的邀請函上面。

比賽結束後的兩個半小時，費德勒不斷接受採訪，反覆回答同樣的問題。等他終於抵達市政廳的時候，舊圖書館的開胃菜和飲料早已一掃而空。當所有嘉賓都接到喝完餐前飲料後要前往大廳的通知時，他又錯過一次儀式主持人告知「晚宴開始」的來電。

在冠軍晚宴上，與費德勒同桌用餐的人有米爾卡、父母、兩位教練、物理治療師、經紀人一家人、還有他的長期勁敵兼好友湯米·哈斯，哈斯太太也在現場。費德勒的友人里托·史塔布利及其伴侶也加入他們行列。這位創紀錄的冠軍總算吃到他的主餐，連沒吃到的開胃菜和點心也一併送給他。

費德勒在現場體驗到「向球王球后敬酒」的活動高潮。如今他是史上年紀最大的溫網冠軍，經過一天漫長且疲憊的比賽，他現在身穿西裝、打著領帶，外表看起來很清爽，一副皇室貴族模樣。「他打扮得很像詹姆士・龐德（James Bond），」與我同桌的西班牙記者如此說。她因為加比涅・蒙奎露薩（Garbiñe Muguruza）獲勝而受邀出席，我則是有幸以瑞士記者代表的身分參加。

不過，這位冠軍先生在台上拆開布魯克送給他的禮物時，並不像龐德。他直接撕開包裝，裡面露出一張他在溫網八度獲勝的拼貼照。隨後，他接受了馬克・佩奇（Mark Petchey）的採訪。這位前英國球員跟他談到與山普拉斯的比較。「不曾想過」，他從未想過自己會超越美國人在溫網的紀錄。費德勒說：「大家總是拿我跟皮特相比，希望我也能取得同樣的成功。我一直以為這是不可能的事。但現在我站在這裡，我已經超越我的英雄。」那天下午，他在決賽五比三時打出致勝的一球時，有種奇特的感覺浮上心頭。「即使到現在，一切對我來說仍然很不真實。」費德勒等了一千六百六十六天才拿到生涯第十八座大滿貫，比第十九座大滿貫的等待時間長將近十倍，他只等了一百六十八天就贏得第十九冠。

另外，他在澳網奪冠時，雙胞胎兒子里歐與藍尼都在睡覺，而溫網這回，兩個三歲小孩從看台目睹父親接下大滿貫獎盃。「他們不知道發生什麼事情。他們可能只是覺得坐那裡視野很好，運動場也很漂亮這樣吧。」

後來，加比涅・蒙奎露薩走上台時，費德勒說明溫網勝利對他的意義有多麼重大。蒙奎露薩是繼一九九四年康妮塔・馬汀尼茲（Conchita Martinez）以來的首位西班牙女單冠軍。費德勒讓她知道：「一天是溫布頓冠軍，一生都會以溫布頓冠軍為榮。你也會發現到這座獎盃對在座的傳奇人物和所有人來說有多重要。隨時間淬鍊，你甚至會倍感光榮。」

費德勒那一桌的用餐氣氛雖然愉快，卻聊得有點嚴肅。母親琳娜對於提姆和茲韋列夫這樣的新生代球員沒有發揮出他們的實力感到有些失望，父親羅伯特則期望看到實力更平衡的決賽，並於席間分享一段小趣聞：「最近我們待在亞本塞，我母親的老家，門牌號碼是十九號。然後湯尼・葛錫說，對，就是這個數字！」

那天晚上費德勒沒有太多時間陶醉。十年前，我第一次跟著他參加這項活動，他在晚餐過後將親朋好友和同行夥伴都拉到別的房間，在那裡跟所有人還有原始獎盃合影留念，因為那座獎盃必須永遠留在溫布頓。他只能帶走原尺寸四分之三大小的複製獎盃，而且前六次奪冠他還只能拿到原尺寸一半大小的複製獎盃。

對於其他社會人士而言，比賽過後很快就恢復正常作息。已經是星期一了，每個人都要起床然後準備上班。但對於費德勒而言，晚宴後的慶祝活動才剛剛開始。他和二十多個人，包含父母在內，在一家酒吧渡過了這個夜晚。週一早上他再次接受訪問時說：「我的頭還在嗡嗡作響，我可能喝了太多種酒了。」

幾週後，他說出自己在比賽期間其實一直覺得身體不適。「在溫布頓的時候，我一直生病，不斷感冒跟頭痛，到上場比賽都還沒好，」二〇一八年他在墨爾本如此說。無論如何，很難想像身體健康的費德勒會多有自信贏得冠軍。

四十四、淚灑球場

二〇一七年十二月費德勒和他團隊抵達伯斯時，他的世界排名與一年前計畫復出時相比大幅提高。目前費德勒排名世界第二，亦是澳網和溫網的現任冠軍。在霍普曼盃上他又再次表現優異，無人能抵擋。費德勒在四場單打全部獲勝，與搭檔貝琳達·班西琪也攜手拿下四場雙打勝利。在與辛吉絲共同取得混雙勝利的十七年之後，費德勒第二次以冠軍身分結束久負盛名的男女混雙網賽。

在費德勒的支持和帶領下完成比賽，班西琪感到很開心，澳洲網球協會也相當滿意，因為他們的觀賽人數與二〇一七年一樣創下新的紀錄。西澳旅遊部長保羅·帕帕利亞（Paul Papalia）更是高興到不行，他在頒獎典禮上表示：「費德勒為西澳做了很大的宣傳，比任何人還多。」帕帕利亞也欣見費德勒與當地特有物種短尾矮袋鼠（quokka）的自拍照。

滿臉落腮鬍的網球明星與這隻可愛小動物的照片，立即從社交媒體獲得數百萬粉絲的關注，也吸引了各家電視台和報章媒體的目光。費德勒在演講中（「來吧，大家來去伯斯旅行！」）對西澳讚不絕口時，帕帕利亞感到非常滿意。霍普曼盃結束後的幾天和幾個星期，費德勒與短尾矮袋鼠自拍的羅特尼斯島（Rottnest Island）迎來前所未有的遊客潮。網路搜尋量成長四倍。不過，費德勒並非自發性或無償為這個地區打廣告。政府機關西澳洲旅遊局（Tourism Western Australia）和澳洲網球協會同意支付他約一百五十萬美元的出場費用。

費德勒從伯斯抵達墨爾本時，已是澳網公開賽奪冠呼聲最高的選手。他沒有反駁的理由，而他唯一想得到的論點也不是很有說服力——「三十六歲了，不該是奪冠的熱門人選。」

但費德勒不是三十六歲的普通人，他是頂尖球員中體能最強健的。安迪・莫瑞因髖關節手術缺席；史坦・瓦林卡接受困難的膝蓋手術後，體力大不如前；喬科維奇仍在與右臂傷勢對抗，提前於第四輪輸給韓國選手鄭泫。而納達爾在對戰西里奇的八強賽中因新的臀傷不得不退出，費德勒邁向第二十座大滿貫的道路似乎越來越明朗。

費德勒經過三盤苦戰力克柏迪奇之後，鄭泫看來也不會是準決賽上的勁敵。這位韓國選手由於腳掌起水泡，痛到幾乎難以繼續比賽，打一小時後宣布退賽。到了決賽，費德勒碰上幾個月前曾在溫網決賽交手的西里奇。當時西里奇也為腳底水泡所苦，但現在他正處於最佳狀態。

碰巧的是，他們幾個月前還在馬爾地夫不期而遇，兩人的倫敦ATP年終賽對戰才結束沒不久。「我們打了幾球，喝了幾杯，」費德勒解釋。島上只有米爾卡和西里奇的未婚妻看他們打球對抽，「打到汗流浹背就停下來了。」

墨爾本決賽當天也相當炎熱，三十八度的高溫促使主辦單位決定關閉球場屋頂，讓西里奇很不適應。他先前所有的比賽都在戶外進行，而且他已經準備好在大熱天出戰。西里奇賽後批評主辦單位的決定：「我不反對他們關閉屋頂，但戶外溫度三十八度，室內球場的溫度為二十三或二十四度，溫度差很多。」

向來被視為擅長室內場地的費德勒以四比〇領先，並於二十四分鐘內贏得首盤。這次比賽是職業網球開放時代的第兩百屆大滿貫決賽，費德勒的第二十座大滿貫冠軍似乎垂手可得。但隨著西里奇漸漸進入狀況，費德勒的壓力也越來越大——有時候打得過於猶豫。後來第二盤比賽打到搶七，費德勒最後丟失整場比賽的第一盤。但他馬上重振精神，一鼓作氣扳回第三盤，而且第四盤以三比一領先。在一切情勢都看似有利於費德勒的時候，他再度失去對比賽的掌控。西里奇現在火力全開，突然化身成二〇一四年奪下美網冠軍、在八強直落三擊敗費德勒的那個人。

費德勒連丟五局，該盤以六比三的比分從他手中溜掉。第四盤輸掉，氣勢也沒了。就像去年對決納達爾那樣，這屆澳網冠軍也將留待最末盤定奪。第五盤一開始，費德勒再次首當其衝，必須先守住兩個破發點。他以絕佳的發球瓦解對手破發機會，並喊出「加油！」為自己得分打氣。當他成功保住發球局時，全場觀眾爆出歡呼聲。球迷的聲浪變得更加響亮，讓人覺得這個階段可以決定勝負。「加油，羅傑，加油……，」球場上迴盪著跟去年一樣的聲音。

而羅傑辦到了。正如他後來所說的，他已經「止血」（stopped the bleeding），並且找回氣勢開始進攻，把西里奇打得落花流水。費德勒破發後以二比〇領先，順勢保發來到三比〇，半小時後，他以六比一拿下這盤。但就跟十二個月前納達爾所做的一樣，西里奇認為球已經出界，要求鷹眼判定最後得分。而結果也跟十二個月前一樣，判定結果顯示球已經壓線。這場比賽以六比二、六比七、六比三、三比六、六比一落幕。這位二十座大滿貫得主高舉著雙手，緊握拳頭。

羅德拉沃球場再次成為落淚的地方。「童話故事尚沒完結，」費德勒用顫抖的聲音說。他在致詞答謝時提到他的團隊，但說完「我愛你們……」後就哽咽說不出話。他又吻了一下獎盃，單手掩臉哭了起來。淚水順著臉龐滑落，觀眾起身鼓掌歡呼，連羅德・拉沃也拍下照片。就這樣持續了一分多鐘。在主持人悄悄現身拯救他之前，這是一個令人難忘、感動、永恆的時刻。

他後來說，這一天真的很疲憊。凌晨一點多，他走進媒體室。「我之前每分鐘都在想，如果錯過了這個巨大機會會怎樣、或者我是否辦得到。簡直太可笑了。」那個週六他很悲觀，因為賽前西里奇在墨爾本訓練中曾打敗自己過。所以第五盤剛開始，他本來覺得自己輸定了。

費德勒那天的成就不僅是他職業生涯中的一個里程碑，贏得第二十座大滿貫冠軍也為他自己創造一項原以為不可能達到的重要紀錄。時年三十六歲一百七十三天的費德勒是繼肯・羅塞瓦之後，職業網球史上年齡第二大的大滿貫得主。若要打破這個紀錄，他還得再來一次。《太陽先驅報》（*The Herald Sun*）以「球王羅傑六世」（King Roger VI）來稱呼他，因為他在墨爾本六度奪冠，加入當時紀錄保持人諾瓦克・喬科維奇和羅伊・愛默生的行列（後來喬科維奇在二〇一九年澳網奪冠而獨佔這項紀錄，並於二〇二〇年和二〇二一年繼續當紀錄保持人）。

在這個歷史性的夜晚，大家幾乎沒注意到這個事實，費德勒成功衛冕大滿貫冠軍是十年來第一次。距離上一次衛冕大滿貫冠軍已經是二〇〇八年美網公開賽的時候。費德勒似乎對自己的成功受寵若驚。小睡一覺後，他在第二天早上說：「我從來沒有想過自己能拿下二十座大滿貫冠軍。」正如他前一年在溫布敦所說的，「一切感覺很不真實。」

四十五、G.O.A.T史上之最

關於誰是最偉大的運動員、音樂家、詩人、作家、作曲家、畫家——任何你想得到的領域——這個問題都是不退流行的話題，因為永遠無法得到確切的答案。雖然從任何領域找尋最優秀的人很有意思，也很有爭議性，但跨越不同世代的比較並沒有意義，尤其是在體育方面。

舉例來說，比較兩名歷來最傑出的賽車手，如五度獲得一級方程式世界冠軍的阿根廷車手胡安・曼努埃爾・范吉奧（Juan Manuel Fangio）和英國車手路易斯・韓密爾頓（Lewis Hamilton），該用什麼標準評比才有意義呢？兩人都參加同項賽事，都坐在賓士銀箭賽車（Mercedes Silver Arrow），然而活躍於一九五〇年代的南美賽車手，今天只能在比賽開始時看到車尾燈一下，然後就時不時看到他被超車。這樣就代表他是最差勁的車手嗎？

「GOAT」這個縮寫是為那些超凡過人的運動天才所創造的，意思是「史上最棒的」（Greatest Of All Time）。

自千禧年以來，關於誰是史上最偉大網球運動員的爭論愈演愈烈，因為幾乎同時出現三位制霸網壇的新人選：首先是費德勒，然後納達爾，再來是喬科維奇。毫無疑問，過去二十年是網球運動的黃金年代，而他們是網壇三巨頭。從球拍到拍線、再到球，網球設備的改良進化不斷幫助他們提高比賽的技術水準。

這是少數幾件可以透過數字證明的事實。在史特凡・艾柏格的時代，很少人發球可以達到時速兩百公里，但今日網壇有幾十位球員經常超過這個速度。現代的訓練計畫得以更完善、營養更充足且體能恢復更快，由於影片和數據分析的幫助，我們可以強化訓練，尋找新的戰術選擇。過去網球運動員通常是獨自出征、或者一位教練陪同，然後晚上喜歡喝杯啤酒小酌一番，但現在可以跟總教練、助理教練、體能教練、物理治療師、經紀人、可能還有陪打員和對外發言人一起周遊列國。當然，這些年來，旅行本身也變得越來越容易。

如果看到拉沃與羅塞瓦過去對決的影片，或者柏格與馬克安諾緩慢打球的片段、或是看看韋蘭德與維拉斯打球的過網高度有多高，今天的觀眾可能會以為這些畫面是慢動作。那不是慢動作——這樣說並無貶意。那並不代表現今諸位大滿貫冠軍一定比過去那些使用木製球拍的球員更優秀或更有天賦。如果你從未看過他們其中一些人打球，要怎麼比較所謂傑出的球員？

毫無疑問，我在撰寫本書之際，有許多壓倒性的論據支持費德勒配得上「史上最偉大球員」的稱號。他改寫了紀錄冊上最重要的篇章，重新定義一個球員能夠保持巔峰狀態的時間長度。費德勒在網球競爭最激烈的時代屢獲佳績的事實，再再說明了他的優異。與大多數歷屆冠軍相比，網球運動的所有重要獎盃，他都至少成功拿下一座，除了奧運單打金牌之外，但那是四年一度的競賽。雖然有鑒於納達爾主宰整個紅土賽場，費德勒贏得生涯大滿貫的機會似乎很渺茫，但當機會來臨時，費德勒已經準備充足，就像在台維斯盃一樣。

繼費德勒之後，納達爾和喬科維奇也在四大滿貫賽事至少贏得一次，這個事實乍看之下，似乎讓他的表現大打折扣。但這也說明了費德勒在職業生涯的後半段，不得不面對那些出色的球員。西班牙人和塞爾維亞人這兩位創下的紀錄，也成為那些質疑費德勒不配稱史上最偉大球員的批評者的重要論據。他們之所以主張費德勒比不上像納達爾這樣的對手，是因為費德勒在對戰紀錄上落後，這種說法似乎聽起來合理，但實際是誤解。

納達爾總是先將費德勒擺在自己前面：「我們都知道他是有史以來最佳球員，」這是他的標準說法之一。值得深入分析，這位西班牙人是怎麼在他們的對戰紀錄中取得領先的。納達爾在前面三十三場交鋒拿下二十三場勝利，後來費德勒憑藉二〇一五年至二〇一七年間的五連勝來縮小這個差距。然而，差距懸殊主要是受到紅土對決的影響，失去比較的真實性，因為紅土賽場就佔了十六場，比其它任何場地的比賽還多，其中十四場是納達爾勝出。諷刺的是，若是費德勒在紅土球場的表現更差一點，那麼他與向來稱霸紅土選手的對戰紀錄反而會現在好看很多——因為到紅土賽事的後面階段，兩人就不會有那麼多交手的機會。

此外，正如前面幾章提到的，與納達爾在紅土多次交手失利，也讓他在對戰西班牙勁敵時處於困難和不利的心境。在網球比賽中，失敗往往會導致更多的失敗，以費德勒為例，與納達爾的比賽勝敗就像骨牌效應。他曾三度在六個月內連續五次敗給納達爾，因此留下陰影。截至二〇二〇年底，他們的生涯對戰紀錄為納達爾以二十四勝十六敗領先。若撇開紅土賽事不看，費德勒以十四勝十敗領先。

瑞士人一直鮮少談論有關史上最偉大球員的話題。他很早就指出比較不同年代的球員有多麼困難，亦批評這些比較過度看重大滿貫冠軍。他也早已發現這些錦標賽在以前的重要性較低（尤其是澳網），由於一九六八年之前沒有開放職業選手參加，許多運動員都不能參加這些錦標賽，而且在以前那個年代，到全球各地比賽有多麼昂貴且耗時。

「我知道老一輩的拉沃、羅塞瓦以及所有這些球員所面臨的問題，」費德勒二〇〇九年在墨爾本表示，「我們可能永遠不會知道到底誰才是最偉大的網球運動員，那樣也很有意思。當然，如果有人可以拖走三十五座大滿貫，他們絕對會創下一個紀錄。而我可能成為我這個時代的最佳球員，但絕不會是史上最佳球員。」

不過，許多球迷似乎沒有興趣去反駁他的論點。在費德勒贏得二〇一七年澳網冠軍之後，法國體育報紙《隊報》（*L'Équipe*）展開一項網路調查，他們想知道：「在所有運動項目中，羅傑・費德勒是史上最偉大的冠軍嗎？」百分之五十二的參與者點選「是」的選項。

四十六、縱橫網壇屢獲殊榮

一個人到底可以獲得多少榮譽？每當羅傑・費德勒獲得另一個獎項、另一份殊榮、另一座獎盃，或是又站在一場頒獎典禮的舞台時，我偶爾都會問自己這個問題，他獲得的榮譽之廣、之多，已經達到我不曾想像的程度。然而，我有時候也感覺到，他對於許多殊榮越來越敬而遠之，即使表面上他一直保持自己禮貌的風度。

我想說的是，費德勒如雪片般獲得很多榮譽，但往往有些榮譽與他無關，而是與那些想向他致敬的人有關，他們目的是利用費德勒的聲望來吸引一些關注。

但是，誰有勇氣或傲慢拒絕別人的致敬獻禮呢？或是像巴布・狄倫（Bob Dylan）那樣無視諾貝爾文學獎？費德勒應該拒絕巴塞爾大學授予他榮譽醫學博士學位的提議嗎？在此之前，這所費德勒從未以學生身分踏進校園的大學，可能從來沒有因為授予學位這件事受到外界如此大的關注。為了證明授予學位的正當性，該校醫學院表示，「表揚他為提高巴塞爾和瑞士國際聲譽所做出的貢獻，以及他身為運動員的楷模典範，藉此鼓勵全世界許多人努力運動，在健康與福祉方面做出重要貢獻。」

費德勒沒有拒絕這個榮譽博士學位，但也沒有當面接受學位。在一段影片當中，他用自己一貫的魅力表達感激之意，指稱這是「莫大的殊榮」，並表示他在網球生涯早期從未想過自己能獲得巴塞爾大學的榮譽學位。至少在最後一句，他可能沒有說真話：「但我辦到了，我很開心，就像贏了大滿貫一樣。」

費德勒從職業生涯早期就開始榮獲各項獎章。二〇〇四年一月，隨著自己的首座溫布頓獎盃擺進陳列櫃，他也獲票選為該年度瑞士代表人物（Swiss of the Year）——這是他家鄉極具聲望的獎項之一。接下來獲獎無數，實在難以一一列舉。例如二〇〇六年，在他制霸網壇的巔峰時期，幾乎每項運動員頒獎典禮都有他的身影。美媒《今日美國報》（*USA Today*）、英國廣播公司BBC、法國體育報《隊報》和義大利《米蘭體育報》（*La Gazzetta Dello Sport*）都頒發過獎項給他。其中最重要的可能是勞倫斯體育基金會（Laureus Foundation）的獎項，該基金會分別於二〇〇五年、二〇〇六年、二〇〇七年、二〇〇八年以及二〇一八年五次評比他為「年度最佳運動員」。

費德勒也是ATP各大獎項的常客。他曾五度榮獲「年度最佳球員」，並於二〇一七年獲頒「年度東山再起獎」。他在另外兩個類別的連續獲獎紀錄也極具意義：從二〇〇三年到二〇二〇年間，他在ATP官網上被球迷票選為「最受歡迎的球員」，而且在此期間幾乎年年拿下史特凡·艾柏格運動精神獎，共計十三次。運動精神獎是由職網運動員自行票選，頒發給「整個賽季中展現最具職業精神且正直誠信」的球員，頒發給那些場上表現公平公正、透過場外活動提高網球普及的球員。

費德勒年僅二十五歲就得到一項最令人矚目的肯定：瑞士郵政總局（Swiss Post）拋棄了在世人物不發行郵票的原則，二〇〇七年四月十日在巴塞爾市政廳將這張面額一塊瑞士法郎的特殊郵票獻給費德勒，郵票上是他捧著溫布頓獎盃的畫面。瑞士郵政總局局長烏爾里·巨基（Ulrich Gygi）在他演講裡聲明這項決定合情合理：「若有哪位瑞士人在全球任何領域的地位，可以比得上費德勒在網球界的份量，那麼我也願意比照辦理（也發行他們的專屬郵票）。」

不過當中也有遺珠之憾。例如，二〇〇六年費德勒曾入圍美國《時人》雜誌（People）「最性感的男人」（sexiest men alive）的票選名單，讓他驚喜不已（譯註：結果那年票選最後是喬治克隆尼當選）。

二〇〇八年，費德勒家鄉巴塞爾將他列入當地的名人星光大道（*Ehrespalebärglemer*），在舊城區斯帕倫堡（Spalenberg）大街上可以看到紀念其成就的黃銅銘牌。

二〇一一年，國際聲譽顧問公司（Reputation Institute）進行的一項綜合研究，顯示出費德勒在體育界以外有多麼受歡迎。該機構先是匯編了一份來自政界、商界、文化界和體育界的五十四位最知名且最具人氣的人物名單，接著將這份名單提供給來自二十五個國家的五萬一千零五十五名經人口結構篩選過的群眾，然後請他們針對每位人物的人氣程度、尊重程度、欽佩程度和信任程度進行排名，分數由零到一百。

調查結果相當驚人。費德勒竟僅次於毫無爭議的贏家、反種族隔離的前鬥士、後來成為南非總統的納爾遜・曼德拉（Nelson Mandela），而且列名在比爾・蓋茲和巴菲特等具遠見和社會責任的商業領袖之前、在英國女王伊莉莎白二世和達賴喇嘛這樣的大人物之前、在蘋果創辦人賈伯斯或U2樂團主唱波諾之前。甚至排在當時仍在位的教宗本篤十六世（Pope Benedict XVI）的前面。

費德勒之所以聞名遐邇，是因為其網球運動員身分，每年大部分時間都在地球上的某個地方角逐獎盃，因此透過鏡頭連續數個小時近距離的特寫捕捉，他的臉也傳送到數百萬戶家庭的客廳裡。根據《富比世》報導，二〇〇九年，他是全球媒體最常報導的第三位人物，排在時任美國總統歐巴馬和饒舌歌手五角（50 Cent）後面。三年後，費德勒位居第二，僅次於女神卡卡。

二〇一八年，當《時代》雜誌將費德勒列為全球百大影響人物之一時，他的推薦文是由微軟創辦人比爾・蓋茲親自撰寫的，他們兩人曾在美國合作過兩場慈善表演活動。「對我們所有粉絲而言，當他高掛球拍宣布退役的那一天會特別難熬，」比爾・蓋茲寫道：「但我們大可放心，因為他仍會致力讓世界變得更公平。」

早在十一年前，費德勒就曾入選《時代》百大影響力人物，並歸類在「英雄與先驅」（heroes and pioneers）的項目，那時提筆撰寫推薦的是澳洲網壇傳奇羅德．拉沃。他說：「與羅傑談話的時候，他會讓你覺得自己很重要，無論你是球迷、對手、還是像我這樣的糟老頭。」

也許對費德勒最美好的致敬是二〇一六年四月那天，在比爾鎮的瑞士網協總部前面，有一條以他的名字命名的街道。雖然只是全長四百公尺的聯外街道，但此舉令費德勒感動萬分，在簡短的感謝致詞時留下幾滴眼淚。「真的讓我很感動，因為這裡是一切的起點，」他抬頭望著這個幫助自己展開職業生涯的地方，講話的聲音有點顫抖。那天下午晚些時候，在與一些年輕球員的討論過程中，費德勒說：「你們同樣可以大膽追夢。」

若有什麼不同的話，追求夢想是締造他精彩人生和輝煌事業中最重要的一課。

後記　網壇名人對費德勒的評價

費利希安諾・羅培茲（與費德勒的交手紀錄為零勝十三負）：「你跟他對戰會感到無能為力。他能打出別人打不了的球，尤其是他即興發揮的時候。我跟他一起長大，我們是同一代人，從小就認識。拉法和他的比賽風格完全不同。但顯然羅傑是史上最佳球員，毋庸置疑。他是我遇過最複雜的對手。他是在球場上最令我印象深刻的人。」──西班牙最大報《國家報》（*El País*），二〇一八年。

馬拉特・薩芬（與費德勒的交手紀錄為兩勝十負）：「費德勒是我最難打敗的人。整場比賽被他壓制。今天這個世代的球員沒有打球風格，他們只是盡量猛力擊球。柏迪奇、狄米特羅夫也是如此，有時候你甚至分不清楚誰是誰。喬科維奇跟瓦林卡打法相同。費德勒則是採取切球，來到網前進攻，用你的思維在打球。沒人可以達到那樣的水準。」──法國體育報《隊報》，二〇一八年。

皮特・山普拉斯（與費德勒的交手紀錄為零勝一負）：「羅傑靠天賦創造非凡成就，展現出超強的堅定意志。他也是體壇和網球界的熱心人士。他的舉止讓人驚嘆，我很高興能跟他成為朋友。在二〇〇一年溫網十六強賽期間，我注意到他比其他大多數選手優秀。他的發球猛烈、底線抽球很穩以及擊球節奏都讓我大吃一驚。我們有很多相似之處，像同個模子刻出來的，我們也有相同的幽默感。為了成為世界第一，你必須讓事情保持簡單、平衡，然後對人寬宏大量。我知道在他內心深處，他相信自己是世界上最好的球員。這種心態極其珍貴，而羅傑保有這樣的心理素質。而且，他依然活力充沛，比我二十九歲時還要精力旺盛。那時候的我已經失去熱忱、精疲力竭。他的身體似乎比我更適合打網球。在已經獲得所有成就之後，他還能這樣持續下去並維持動力，一週又一週，實在令人讚嘆。」——蘇黎世，二〇一一年。

山姆・葛羅斯（Sam Groth）（與費德勒的交手紀錄為零勝兩負）：「他的內心深處仍像個大孩子。每次跟我說話時，他都會夾雜一些澳洲俚語，可能是他從彼得・卡特那裡學來的。他會關心其他球員，問他們近況如何。在這種個人利益至上、由傲慢和巨額資金主導的運動中，費德勒是濁世裡的一股清流。」——《太陽先驅報》，二〇一八年。

伊凡・藍道（前世界第一）：「二十八、二十九歲在網球界來看已經相當老，但不幸的是費德勒的年紀更大。因此，如果他繼續贏得下一座大滿貫頭銜，我會非常驚喜。長江後浪推前浪，因此將來他會打得更加辛苦。當你年紀越大，動作就會變慢，不只是站直，轉身也不靈活。每個人都會如此。這邊和那邊慢了幾毫秒，加一加就無法贏得決定性的分數。比賽勝負就取決於那幾分。然而，我們這裡談論的是費德勒，他贏得比任何人都多。有他在的情況可能不同。在我看來，他是職業網球時代中最好的網球運動員。」——蘇黎世，二〇一一年。

麥可・史提希（前溫網冠軍）：「對他來說，在準決賽或大滿貫決賽失利都是不好的表現，這是很了不起的，因為其他多數球員能打到這樣的結果就會感到滿意。只要他還想打球，體能和精神都很健康，並將所有事情安排妥當——家庭、孩子以及所有事情，他就能保持巔峰狀態。他總是有機會參加溫網的。然而，那些後起之輩不像以前那種敬意，他們肯定想打敗他。那種對前輩的敬重之情已經消失。我想起幾年前，每個人來在場上都會說，『能夠跟羅傑打比賽，即使輸球也很好』，我心想，『你在說什麼？』怎麼會輸給一個人，然後還肅然起敬表示：『我很榮幸能夠和他比賽』！」——蘇黎世，二〇一一年。

史坦・瓦林卡（與費德勒的交手紀錄為三勝二十一負）：「十五年來他在網壇達到的成就超乎想像。不僅是他創下的成績，還有他對球迷、贊助商的回饋，總是堆滿笑容。他總是為他參加的賽事付出很多。他在球場上的表現、他的打球風格……，他的打法很漂亮，一切看起來完美無缺。他的動作敏捷，擁有難以置信的手感和協調性。你在網球場上可能做到的他都辦到了。」——印地安泉，二〇一七年。

安迪・羅迪克（與費德勒的交手紀錄為三勝二十一負）：「對我而言，我難以相信自己的網球生涯竟然能處於如此的高水準之中。看到球是怎麼被打中、紀錄是怎麼一次又一次地被打破——感謝莫瑞、諾瓦克、羅傑和拉法，讓網球比賽達到前所未見的高水準程度。身處於他們的年代，有時候真的輸得慘烈。儘管如此，我還是覺得自己很幸運。我見到了喬丹、拳王阿里、貝比・魯斯（Babe Ruth）。我現在知道看到畢卡索是什麼感覺了。」——紐波特，二〇一七年。

葛雷格・鮑姆（Greg Baum）（體育記者）：「過去有沒有過像他這樣，擁有一番成就與地位，卻沒有受到名氣與財富影響的運動員，這是個問題。他為網壇樹立楷模，其他人也跟隨他的腳步，他提升網球水準，也修理了幾位無賴、混混和幼稚的人。諾瓦克・喬科維奇曾經是煩惱纏身的青少年，但現在成了真正的賢者。拉法・納達爾依循紳士準則打球，安迪・莫瑞遵守所有成文和不成文的規定。這些都是間接受到費德勒的影響。」——《時代報》週日版（*Sunday Age*），二〇一四年。

馬克・菲利普西斯（Mark Philippoussis）（與費德勒的交手紀錄為一勝四負）：「如果你在二〇〇三年溫網決賽後問我，羅傑會不會成為一位偉大的運動員，我的答案是不會。因為那時候不久前我才在漢堡打敗他，他確實很有天賦，但他沒有今天那種的強健心理韌性。後來幾年的變化真的難以置信。他從一位天才球員變成所向無敵的球員。而且他從不玩心理戰，他人太好了。他總是向更衣室裡的每個人打招呼。他的對手們想到他不可能被打敗而心神不寧。大家在更衣室看到他，你會覺得比賽還沒開始，他們在精神層面就已經輸掉比賽了。那是一種不可戰勝的氛圍。沒有人會忘記他留下的精神遺產。羅傑對於網球的貢獻，就像老虎伍茲對於高爾夫球的貢獻一樣。他們改變了他們的運動，整個世代都在效仿他們的備戰方式和打球風格。」——《太陽先驅報》，二〇一四年。

米沙・茲韋列夫（與費德勒的交手紀錄為零勝六負）：「費德勒創造出只有自己做得到的招式。而且，你很難理解他的穿越球，他可能在最後一刻改變方向。他擊球時間比其他球員提早很多，例如安迪・莫瑞。他還有八種不同的發球方式——平擊球、快速球、搭配切球、上旋球。」——墨爾本，二〇一七年。

馬茨・韋蘭德（前世界第一）：「你知道他復出的最大好處是什麼嗎？那就是你能再次用不同角

度看待他。看他打球，然後感嘆道，『天啊，他能達到這樣的水準、他能這樣打球等等』，你很容易忘記那些出神入化的球技，這很可怕。一旦他離開網壇，我們就會忘記他打球招式多麼特別。後來他回歸，你會講評到一半目瞪口呆，驚訝他的球速有多快，他是如何快速的連續得分和如何發球，他的球是如何彈起然後迅速飛過。居然有人可以打得那麼好，真是令人驚訝。大家之所以沒有意識到這點，是因為他已經在網壇待了很久，開始有人批評他的反拍可能不夠好等等。但現在不同了，他的六個月休兵讓我瞭解到，你應該看他打球然後享受比賽就好。讓費德勒繼續打球，不要賽後去研究他採取什麼戰術。你永遠搞不懂的，連我都看不懂。我已經放棄搞懂他的打法。」——《週日報》，二〇一七年。

約翰・馬克安諾（前世界第一）：「我只能夢想像費德勒那樣打球。可以看他打球是件很棒的禮物。如果他未來三到四年繼續保持這樣的狀態，那麼他將成為我這輩子見過最偉大的冠軍。每個想打網球的孩子都應該以他為榜樣。」——英國廣播公司ＢＢＣ，二〇〇三年。

吉米・康諾斯（前世界第一）：「沒有什麼能夠撼動他的地位。我有時候會問自己，他到底是不是人類？」英國廣播公司ＢＢＣ，二〇〇五年。

提姆·韓曼（與費德勒的交手紀錄為六勝七負）：「如果你把羅迪克的發球、阿格西的回球、我的截擊、修威特的速度和韌性結合起來，那麼你戰勝費德勒的機會就大了很多。但你會需要很多位球員。」——紐約，二〇〇五年。

安卓·阿格西（與費德勒的交手紀錄為三勝八負）：「有時候你不得不承認。他是我遇過最好的對手，他不會給你任何機會。你能做的就是努力把球打好。但每次擊球你都會覺得自己身處困境，因為他可以在任何時候決定比賽走向。你的所有打法，他都有解決辦法。他以一種我從未見過的特別方式來打網球。他所設定的標準、他所擁有的選項、以及他在重要比賽施展才華的方式——真的太瘋狂了。毋庸置疑，皮特（山普拉斯）是偉大的球員，但面對他的時候，你總會知道該怎麼做可以主導比賽。可是面對羅傑就不是如此。他是我遇過最好的球員。如果你在比賽一比〇時成功保住發球局，那麼他是唯一一個會讓你嘆氣的球員。」——紐約，二〇〇五年。

鮑里斯·貝克（前世界第一）：「皮特·山普拉斯已經退下神壇，這點我可以確定。我們不會再談論到他，至於安卓·阿格西也許還剩一年的時間。現在的領袖是羅傑·費德勒，他一直相信自己是世界上最好的球員，並準備好保持在巔峰狀態。我相信他會維持巔峰狀態多年。他像一首律動的詩，簡直沒有任何缺點，是個十全十美的人。」——《泰晤士報》，二〇〇三年。

謝爾蓋．史塔柯佛斯基（與費德勒的交手紀錄為一勝一負）：「當你在溫網跟費德勒比賽的時候，就像同時跟兩位球員比賽。一個對手是羅傑．費德勒，另一個對手是他的自我。如果你打敗了其中一個，還有另一個必須擊敗。你會忍不住一直問自己，我真的能夠打敗他嗎？有可能打敗他嗎？」——《網球內幕》，二〇一四年。

賽門．巴恩斯（網球專欄記者）：「他是網球運動的主宰者，精通每個微妙之處。網球受他的支配就像狗對主人的服從。他可能被打敗，但不能被超越。他的球王位置就像一把利劍。當偉大的冠軍開始輸掉過去輕鬆拿下的比賽，總會引發反動。輸球似乎侮辱了我們印象中那段輝煌的記憶和他們那些輝煌的過去。來吧，高掛球拍宣布退役吧，你過去打得太精彩了。所以，我們必須為即將到來的悲傷做好準備，因為羅傑接下來的表現將與過去輝煌時代的羅傑大不相同。我們應該尊重讓他這樣的人堅持下去的事物：享受戰鬥、對比賽純粹的熱愛、榮耀、他個人的野心、以及背後的所有球技，從今以後都不會再像過去那樣了。費德勒，偉大的羅傑．費德勒，中央球場的哈利波特，如今他站在那裡就跟麻瓜一樣。我們不會再見到如此優異的他了。即使他再打網球也不會有像從前的表現。」——《泰晤士報》，二〇一三年。

賽門．布里吉（Simon Briggs）（網球記者）：「身為一位擁有十七座大滿貫頭銜的選手，他肯定已經完成他的曠世劇作《哈姆雷特》（*Hamlet*）、《馬克白》（*Macbeth*）以及《亨利五世》（*Henry V. Does*），他真的想在兩、三年後以第二丑角結束自己的職業生涯嗎？但這類問題曲解了費德勒近乎病態的自信，還有他看到每個挑戰有利一面的能力。因為這個受歡迎、輕鬆自在的角色喜歡當挑戰者的感覺。」——《每日電訊報》，二〇一三年。

塞德里克·皮歐林（Cedric Pioline）（與費德勒的交手紀錄為零勝一負）：「他沒有精力再贏得另一座大滿貫冠軍。他已經快三十二歲，而且有一個家庭，經過十年的巔峰生涯之後，他的動力正逐漸消退，就像他在各地機場奔波的意願也降低。如果他在二〇一四年底退休，不必感到太驚訝。」——《網球內幕》，二〇一三年。

鮑里斯·貝克：「費德勒不是這個星球的人。永遠不會有像他這樣的人。」——《網球雜誌》（*Tennis Magazin*），二〇一七年。

約翰·馬克安諾：「羅傑是過去四十年最偉大的網壇傳奇。經過將近五年的等待，他再度奪下三座大滿貫冠軍。真是太狂了！」——《網球世界》（*Tennis World*），二〇一八年。

伊恩・查德布拉德（Ian Chadbrad）（網球專欄記者）：「能夠有這樣的感覺，我覺得萬般榮幸，就像受邀體驗大師級人物站在專業領域的巔峰和最大的舞台上表演一樣，如同在莫斯科大劇院（Bolschoi）看舞蹈家紐瑞耶夫（Nureyev）或在斯卡拉大劇院（La Scala）聽帕華洛帝演唱。」

——《溫布頓日報》（*Wimbledon Daily*），二〇一七年。

四大滿貫賽事成績

澳網	1999 (Q)	2000 R3	2001 R3	2002 R4	2003 R4	2004 W	2005 Sf	2006 W
	2007 W	2008 Sf	2009 F	2010 W	2011 Sf	2012 Sf	2013 Sf	2014 Sf
	2015 R3	2016 Sf	2017 W	2018 W	2019 R4	2020 Sf	2021 -	

法網	1999 R1	2000 R4	2001 Qf	2002 R1	2003 R1	2004 R3	2005 Sf	2006 F
	2007 F	2008 F	2009 W	2010 Qf	2011 F	2012 Sf	2013 Qf	2014 R4
	2015 Qf	2016 -	2017 -	2018 -	2019 Sf	2020 -	2021 R4	

溫網	1999 R1	2000 R1	2001 Qf	2002 R1	2003 W	2004 W	2005 W	2006 W
	2007 W	2008 F	2009 W	2010 Qf	2011 Qf	2012 W	2013 R2	2014 F
	2015 F	2016 Sf	2017 W	2018 Qf	2019 F	2020 -	2021 Qf	

美網	1999 (Q)	2000 R3	2001 R4	2002 R4	2003 R4	2004 W	2005 W	2006 W
	2007 W	2008 W	2009 F	2010 Sf	2011 Sf	2012 Qf	2013 R4	2014 Sf
	2015 F	2016 -	2017 Qf	2018 R4	2019 Qf	2020 -		

(Q)：資格賽

R1, R2, R3, R4：打到第幾輪止步

Sf：四強賽Qf：八強賽

W：冠軍F：打進決賽

費德勒生涯戰績一覽表（一九九七年至二〇二一年）

年份	參戰數量 ATP巡迴賽／大滿貫／奧運	奪冠次數	勝場次數	敗場次數	台維斯盃		年度總計		獎金	ATP排名	年度賽事總場次	勝率%
					勝場數	敗場數	勝場數	敗場數	美元計			
1997	-	0	-	-	-	-	-	-	650	700	-	-
1998	3	0	2	3	-	-	2	3	27,305	302	5	40%
1999	14	0	12	14	1	3	13	17	225,139	64	30	43.3
2000	28	0	34	29	2	1	36	30	623,782	29	66	54.5
2001	21	1	46	20	3	1	49	21	865,425	13	70	70
2002	25	3	54	22	4	0	58	22	1,995,027	6	80	72.5
2003	23	7	73	16	5	1	78	17	4,000,680	2	95	82.1
2004	17	11	70	6	4	0	74	6	6,357,547	1	80	92.5
2005	15	11	80	4	1	0	81	4	6,137,018	1	85	95.3
2006	17	12	90	5	2	0	92	5	8,343,885	1	97	94.8
2007	16	8	66	9	2	0	68	9	10,130,620	1	77	88.3
2008	19	4	65	15	1	0	66	15	5,886,879	2	81	81.5
2009	15	4	59	12	2	0	61	12	8,768,112	1	73	83.6
2010	18	5	65	13	0	0	65	13	7,698,290	2	78	83.3
2011	16	4	61	11	3	0	64	12	6,369,577	3	76	84.2
2012	17	6	69	17	2	1	71	12	8,584,842	2	83	85.5
2013	17	1	45	17	0	0	45	17	3,203,638	6	62	72.6
2014	17	5	67	11	6	1	73	12	9,393,123	2	85	85.9
2015	17	6	63	11	2	0	61	11	8,692,018	3	74	85.1
2016	7	0	21	7	0	0	21	7	1,527,269	16	28	75
2017	12	7	52	5	0	0	52	5	13,054,856	2	57	91.2
2018	13	4	48	10	0	0	48	10	8,629,233	3	58	82.8
2019	14	4	51	10	0	0	51	10	8,716,975	3	61	84
2020	1	0	5	1	0	0	5	1	714,792	5	6	83
2021	5	0	9	4	0	0	9	4	647,656			50
總計	**367**	**103**	**1205**	**267**	**40**	**8**	**1245**	**275**	**120,514,915**		**1440**	**82**

重要榮譽紀錄

ATP年度最受球迷歡迎的球員	18次獲獎（創紀錄）	2003年至2020年
ATP史特凡·艾柏格運動精神獎	13次獲獎（創紀錄）	2004年至2009年；2010年至2017年
ATP年度最佳球員獎	5次獲獎（創紀錄）	2004年至2007年；2009年
ATP亞瑟·艾許人道主義精神獎	2次獲獎（創紀錄）	2006年、2013年
ATP東山再起獎	1次獲獎	2017年
BBC海外最佳球員	4次獲獎（創紀錄）	2004年、2006年、2007年、2017年
勞倫斯最佳男子運動員獎	5次獲獎（創紀錄）	2005年至2008年；2018年
瑞士年度最佳運動員	7次獲獎（創紀錄）	2003年、2004年、2006年、2007年、2012年、2014年、2017年
瑞士年度最傑出人物	1次獲獎（最多1次）	2003年
ITF年度最佳球員	5次獲獎	2004年至2007年；2009年
ITF年度青少年男子世界冠軍	1次獲獎	1998年
統計截至2020年為止		

決賽對戰統計

ATP巡迴賽與大滿貫賽事

年份		賽事	場地材質	決賽對手	W/L	比分
2000	1	ATP馬賽站（13公開賽）	室內硬地	馬克・羅塞特	L	6:2 3:6 6:7
	2	ATP巴塞爾站（瑞士室內網賽）	室內硬地	湯瑪斯・恩奎特	L	2:6 6:4 6:7 6:1 1:6
2001 1冠	3	**ATP米蘭站**	室內硬地	朱利安・布特	W	6:4 6:7 6:4
	4	ATP鹿特丹站	室內硬地	尼古拉・艾斯庫德	L	5:7 6:3 6:7
	5	ATP巴塞爾站	室內硬地	提姆・韓曼	L	3:6 4:6 2:6
2002 3冠	6	**ATP雪梨站**	戶外硬地	胡安・伊格納西奧・切拉	W	6:3 6:3
	7	ATP米蘭站	室內硬地	達維德・桑昆尼蒂	L	6:7 6:4 1:6
	8	邁阿密大師賽	戶外硬地	安卓・阿格西	L	3:6 3:6 6:3 4:6
	9	**漢堡大師賽**	紅土	馬拉特・薩芬	W	6:1 6:3 6:4
	10	**ATP維也納站**	室內硬地	吉里・諾瓦克	W	6:4 6:1 3:6 6:4
2003 7冠	11	**ATP馬賽站**	室內硬地	喬納斯・比歐克曼	W	6:2 7:6
	12	**ATP杜拜站**	戶外硬地	吉里・諾瓦克	W	6:1 7:6
	13	**ATP慕尼黑站**	紅土	亞爾科・尼梅寧	W	6:1 6:4
	14	羅馬大師賽	紅土	菲利克・曼迪拉	L	5:7 2:6 6:7
	15	**ATP哈雷站**	草地	尼古拉斯・基佛	W	6:1 6:3
	16	**溫網（四大滿貫）**	草地	馬克・菲利普西斯	W	7:6 6:2 7:6
	17	ATP格施塔德站	紅土	吉里・諾瓦克	L	7:5 3:6 3:6 6:1 3:6
	18	**ATP維也納站**	室內硬地	卡洛斯・莫亞	W	6:3 6:3 6:3
	19	**ATP休士頓年終賽**	戶外硬地	安卓・阿格西	W	6:3 6:0 6:4
2004 11冠	20	**澳網（四大滿貫）**	戶外硬地	馬拉特・薩芬	W	7:6 6:4 6:2
	21	**ATP杜拜站**	戶外硬地	費利希安諾・羅培茲	W	4:6 6:1 6:2
	22	**印地安泉大師賽**	戶外硬地	提姆・韓曼	W	6:3 6:3
	23	**漢堡大師賽**	紅土	吉列爾莫・科里亞	W	4:6 6:4 6:2 6:3
	24	**ATP哈雷站**	草地	馬帝・費希	W	6:0 6:3
	25	**溫網（四大滿貫）**	草地	安迪・羅迪克	W	4:6 7:5 7:6 6:4
	26	**ATP格施塔德站**	紅土	伊格・安德烈耶夫	W	6:2 6:3 5:7 6:3
	27	**多倫多大師賽**	戶外硬地	安迪・羅迪克	W	7:5 6:3
	28	**美網（四大滿貫）**	戶外硬地	萊頓・修威特	W	6:0 7:6 6:0
	29	**ATP曼谷站**	戶外硬地	安迪・羅迪克	W	6:4 6:0
	30	**ATP休士頓年終賽**	戶外硬地	萊頓・修威特	W	6:3 6:2

年份		賽事	場地材質	決賽對手	W/L	比分
2005 11冠	31	**ATP杜哈站**	戶外硬地	伊凡・盧比西奇	W	6:3 6:1
	32	**ATP鹿特丹站**	室內硬地	伊凡・盧比西奇	W	5:7 7:5 7:6
	33	**ATP杜拜站**	戶外硬地	伊凡・盧比西奇	W	6:1 6:7 6:3
	34	**印地安泉大師賽**	戶外硬地	萊特・修威特	W	6:2 6:4 6:4
	35	**邁阿密大師賽**	戶外硬地	拉斐爾・納達爾	W	2:6 6:7 7:6 6:3 6:1
	36	**漢堡大師賽**	紅土	里夏爾・加斯凱	W	6:3 7:5 7:6
	37	**ATP哈雷站**	草地	馬拉特・薩芬	W	6:4 6:7 6:4
	38	**溫網（四大滿貫）**	草地	安迪・羅迪克	W	6:2 7:6 6:4
	39	**辛辛那提大師賽**	戶外硬地	安迪・羅迪克	W	6:3 7:5
	40	**美網（四大滿貫）**	戶外硬地	安卓・阿格西	W	6:3 2:6 7:6 6:1
	41	**ATP曼谷站**	室內硬地	安迪・莫瑞	W	6:3 7:5
	42	ATP上海年終賽	室內硬地	大衛・納爾班迪安	L	7:6 7:6 2:6 1:6 6:7
2006 12冠	43	**ATP杜哈站**	戶外硬地	加埃爾・孟菲爾斯	W	6:3 7:6
	44	**澳網（四大滿貫）**	戶外硬地	馬科斯・巴達提	W	5:7 7:5 6:0 6:2
	45	ATP杜拜站	戶外硬地	拉斐爾・納達爾	L	6:2 4:6 4:6
	46	**印地安泉大師賽**	戶外硬地	詹姆斯・布雷克	W	7:5 6:3 6:0
	47	**邁阿密大師賽**	戶外硬地	伊凡・盧比西奇	W	7:6 7:6 7:6
	48	蒙地卡羅大師賽	紅土	拉斐爾・納達爾	L	2:6 7:6 3:6 6:7
	49	羅馬大師賽	紅土	拉斐爾・納達爾	L	7:6 6:7 4:6 6:2 6:7
	50	法網（四大滿貫）	紅土	拉斐爾・納達爾	L	6:1 1:6 4:6 6:7
	51	**ATP哈雷站**	草地	托馬斯・柏迪奇	W	6:0 6:7 6:2
	52	**溫網（四大滿貫）**	草地	拉斐爾・納達爾	W	6:0 7:6 6:7 6:3
	53	**多倫多大師賽**	戶外硬地	里夏爾・加斯凱	W	2:6 6:3 6:2
	54	**美網（四大滿貫）**	戶外硬地	安迪・羅迪克	W	6:2 4:6 7:5 6:1
	55	**ATP東京站**	戶外硬地	提姆・韓曼	W	6:3 6:3
	56	**馬德里大師賽**	室內硬地	費爾南多・龔薩雷斯	W	7:5 6:1 6:0
	57	**ATP巴塞爾站**	室內硬地	費爾南多・龔薩雷斯	W	6:3 6:2 7:6
	58	**ATP上海年終賽**	室內硬地	詹姆斯・布雷克	W	6:0 6:3 6:4
2007 8冠	59	**澳網（四大滿貫）**	戶外硬地	費爾南多・龔薩雷斯	W	7:6 6:4 6:4
	60	**ATP杜拜站**	戶外硬地	米哈伊爾・尤茲尼	W	6:4 6:3
	61	蒙地卡羅大師賽	紅土	拉斐爾・納達爾	L	4:6 4:6
	62	**漢堡大師賽**	紅土	拉斐爾・納達爾	W	2:6 6:2 6:0
	63	法網（四大滿貫）	紅土	拉斐爾・納達爾	L	3:6 6:4 3:6 4:6
	64	**溫網（四大滿貫）**	草地	拉斐爾・納達爾	W	7:6 4:6 7:6 2:6 6:2
	65	蒙特婁大師賽	戶外硬地	諾瓦克・喬科維奇	L	6:7 6:2 6:7

年份		賽事	場地材質	決賽對手	W/L	比分
	66	**辛辛那提大師賽**	戶外硬地	詹姆斯・布雷克	W	6:1 6:4
	67	**美網（四大滿貫）**	戶外硬地	諾瓦克・喬科維奇	W	7:6 7:6 6:4
	68	馬德里大師賽	室內硬地	大衛・納爾班迪安	L	6:1 3:6 3:6
	69	**ATP巴塞爾站**	室內硬地	亞爾科・尼梅寧	W	6:3 6:4
	70	**ATP上海年終賽**	室內硬地	大衛・費瑞爾	W	6:2 6:3 6:2
2008 4冠	71	**ATP艾斯托利爾站**	紅土	尼古萊・達維登科	W	7:6 1:2（中途退賽）
	72	蒙地卡羅大師賽	紅土	拉斐爾・納達爾	L	5:7 5:7
	73	漢堡大師賽	紅土	拉斐爾・納達爾	L	5:7 7:6 3:6
	74	法網（四大滿貫）	紅土	拉斐爾・納達爾	L	1:6 3:6 0:6
	75	**ATP哈雷站**	草地	菲利普・柯希瑞柏	W	6:3 6:4
	76	溫網（四大滿貫）	草地	拉斐爾・納達爾	L	4:6 4:6 7:6 7:6 7:9
	77	**美網（四大滿貫）**	戶外硬地	安迪・莫瑞	W	6:2 7:5 6:2
	78	**ATP巴塞爾站**	室內硬地	大衛・納爾班迪安	W	6:3 6:4
2009 4冠	79	澳網（四大滿貫）	戶外硬地	拉斐爾・納達爾	L	5:7 6:3 6:7 6:3 2:6
	80	**馬德里大師賽**	紅土	拉斐爾・納達爾	W	6:4 6:4
	81	**法網（四大滿貫）**	紅土	羅賓・索德靈	W	6:1 7:6 6:4
	82	**溫網（四大滿貫）**	草地	安迪・羅迪克	W	5:7 7:6 7:6 3:6 16:14
	83	**辛辛那提大師賽**	戶外硬地	諾瓦克・喬科維奇	W	6:1 7:5
	84	美網（四大滿貫）	戶外硬地	胡安・馬汀・戴波特羅	L	6:3 6:7 6:4 6:7 2:6
	85	ATP巴塞爾站	室內硬地	諾瓦克・喬科維奇	L	4:6 6:4 2:6
2010 5冠	86	**澳網（四大滿貫）**	戶外硬地	安迪・莫瑞	W	6:3 6:4 7:6
	87	馬德里大師賽	紅土	拉斐爾・納達爾	L	4:6 6:7
	88	ATP哈雷站	草地	萊頓・修威特	L	6:3 6:7 4:6
	89	多倫多大師賽	戶外硬地	安迪・莫瑞	L	5:7 5:7
	90	**辛辛那提大師賽**	戶外硬地	馬帝・費希	W	6:7 7:6 6:4
	91	上海大師賽	戶外硬地	安迪・莫瑞	L	3:6 2:6
	92	**ATP斯德哥爾摩站**	室內硬地	福里安・梅爾	W	6:4 6:3
	93	**ATP巴塞爾站**	室內硬地	諾瓦克・喬科維奇	W	6:4 3:6 6:1
	94	**ATP倫敦年終賽**	室內硬地	拉斐爾・納達爾	W	6:3 3:6 6:1
2011 4冠	95	**ATP杜哈站**	戶外硬地	尼古萊・達維登科	W	6:3 6:4
	96	ATP杜拜站	戶外硬地	諾瓦克・喬科維奇	L	3:6 3:6
	97	法網（四大滿貫）	紅土	拉斐爾・納達爾	L	5:7 6:7 7:5 1:6
	98	**ATP巴塞爾站**	室內硬地	錦織圭	W	6:1 6:3
	99	**巴黎大師賽**	室內硬地	諾—威爾弗里德・松加	W	6:1 7:6
	100	**ATP倫敦年終賽**	室內硬地	諾—威爾弗里德・松加	W	6:3 6:7 6:3

年份		賽事	場地材質	決賽對手	W/L	比分
2012 6冠	101	**ATP鹿特丹站**	室內硬地	胡安・馬汀・戴波特羅	W	6:1 6:4
	102	**ATP杜拜站**	戶外硬地	安迪・莫瑞	W	7:5 6:4
	103	**印地安泉大師賽**	戶外硬地	約翰・伊斯納	W	7:6 6:3
	104	**馬德里大師賽**	紅土	托馬斯・柏迪奇	W	3:6 7:5 7:5
	105	ATP哈雷站	草地	湯米・哈斯	L	6:7 4:6
	106	**溫網（四大滿貫）**	草地	安迪・莫瑞	W	4:6 7:5 6:3 6:4
	107	倫敦奧運	草地	安迪・莫瑞	L	2:6 1:6 4:6
	108	**辛辛那提大師賽**	戶外硬地	諾瓦克・喬科維奇	W	6:0 7:6
	109	ATP巴塞爾站	室內硬地	胡安・馬汀・戴波特羅	L	4:6 7:6 6:7
	110	ATP倫敦年終賽	室內硬地	諾瓦克・喬科維奇	L	6:7 5:7
2013 1冠	111	羅馬大師賽	紅土	拉斐爾・納達爾	L	1:6 3:6
	112	ATP哈雷站	草地	米哈伊爾・尤茲尼	W	6:7 6:3 6:4
	113	ATP巴塞爾站	室內硬地	胡安・馬汀・戴波特羅	L	6:7 6:2 4:6
2014 5冠	114	ATP布里斯本站	戶外硬地	萊頓・修威特	L	1:6 6:4 3:6
	115	**ATP杜拜站**	戶外硬地	柏迪奇	W	3:6 6:4 6:3
	116	印地安泉大師賽	戶外硬地	諾瓦克・喬科維奇	L	6:3 3:6 6:7
	117	蒙地卡羅大師賽	紅土	瓦林卡	L	6:4 6:7 2:6
	118	**ATP哈雷站**	草地	亞利杭特羅・法拉	W	7:6 7:6
	119	溫網（四大滿貫）	草地	諾瓦克・喬科維奇	L	7:6 4:6 6:7 7:5 4:6
	120	多倫多大師賽	戶外硬地	諾─威爾弗里德・松加	L	5:7 6:7
	121	**辛辛那提大師賽**	戶外硬地	大衛・費瑞爾	W	6:3 1:6 6:2
	122	**上海大師賽**	戶外硬地	吉爾・賽門	W	7:6 7:6
	123	**ATP巴塞爾站**	室內硬地	大衛・葛芬	W	6:2 6:2
	124	ATP倫敦年終賽	室內硬地	諾瓦克・喬科維奇	L	賽前退賽
2015 6冠	125	**ATP布里斯本站**	戶外硬地	米洛斯・羅尼奇	W	6:4 6:7 6:4
	126	**ATP杜拜站**	戶外硬地	諾瓦克・喬科維奇	W	6:3 7:5
	127	印地安泉大師賽	戶外硬地	諾瓦克・喬科維奇	L	3:6 7:6 2:6
	128	**ATP伊斯坦堡站**	紅土	鮑勃羅・奎瓦斯	W	6:3 7:6
	129	羅馬大師賽	紅土	諾瓦克・喬科維奇	L	4:6 3:6
	130	**ATP哈雷站**	草地	安德烈亞斯・塞皮	W	7:6 6:4
	131	溫網（四大滿貫）	草地	諾瓦克・喬科維奇	L	6:7 7:6 4:6 3:6
	132	**辛辛那提大師賽**	戶外硬地	諾瓦克・喬科維奇	W	7:6 6:3
	133	美網（四大滿貫）	戶外硬地	諾瓦克・喬科維奇	L	4:6 7:5 4:6 4:6
	134	**ATP巴塞爾站**	室內硬地	拉斐爾・納達爾	W	6:3 5:7 6:3
	135	ATP倫敦年終賽	室內硬地	諾瓦克・喬科維奇	L	3:6 4:6

年份		賽事	場地材質	決賽對手	W/L	比分
2016	136	ATP布里斯本站	戶外硬地	米洛斯・羅尼奇	L	4:6 4:6
2017 7冠	137	**澳網（四大滿貫）**	戶外硬地	拉斐爾・納達爾	W	6:4 3:6 6:1 3:6 6:3
	138	**印地安泉大師賽**	戶外硬地	瓦林卡	W	6:4 7:5
	139	**邁阿密大師賽**	戶外硬地	拉斐爾・納達爾	W	6:3 6:4
	140	**ATP哈雷站**	草地	亞歷山大・茲韋列夫	W	6:1 6:3
	141	**溫網（四大滿貫）**	草地	馬林・西里奇	W	6:3 6:1 6:4
	142	蒙特婁大師賽	戶外硬地	亞歷山大・茲韋列夫	L	3:6 4:6
	143	**上海大師賽**	戶外硬地	拉斐爾・納達爾	W	6:4 6:3
	144	**ATP巴塞爾站**	室內硬地	胡安・馬汀・戴波特羅	W	6:7 6:4 6:3
2018 4冠	145	**澳網（四大滿貫）**	戶外硬地	馬林・西里奇	W	6:2 6:7 6:3 3:6 6:1
	146	**ATP鹿特丹站**	室內硬地	格里戈爾・狄米特羅夫	W	6:2 6:2
	147	印地安泉大師賽	戶外硬地	胡安・馬汀・戴波特羅	L	4:6 7:6 6:7
	148	**ATP斯圖加特站**	草地	米洛斯・羅尼奇	W	6:4 7:6
	149	ATP哈雷站	草地	柏納・柯里奇	L	6:7 6:3 2:6
	150	辛辛那提大師賽	戶外硬地	諾瓦克・喬科維奇	L	4:6 4:6
	151	**ATP巴塞爾站**	室內硬地	馬利厄斯・柯皮爾	W	7:6 6:4
2019 4冠	152	**ATP杜拜站**	戶外硬地	斯特凡諾斯・西西帕斯	W	6:4 6:4
	153	印地安泉大師賽	戶外硬地	多明克・提姆	L	6:3 3:6 5:7
	154	**邁阿密大師賽**	戶外硬地	約翰・伊斯納	W	6:1 6:4
	155	**ATP哈雷站**	草地	大衛・葛芬	W	7:6 6:1
	156	溫網（四大滿貫）	草地	諾瓦克・喬科維奇	L	6:7 6:1 6:7 6:4 12:13
	157	**ATP巴塞爾站**	室內硬地	亞歷克斯・德米瑙爾	W	6:2 6:2

* ATP年終賽：2008年以前稱為網球大師盃賽，2009年以後稱為ATP世界巡迴賽總決賽

費德勒戰績最佳的十項賽事

10座瑞士室內網賽（ATP巴塞爾站）冠軍	2006、2007、2008、2010、2011、2014、2015、2017、2018、2019
10座德國哈雷草地網賽（ATP哈雷站）冠軍	2003、2004、2005、2006、2008、2013、2014、2015、2017、2019
8座溫布頓網球公開賽（大滿貫）冠軍	2003、2004、2005、2006、2007、2009、2012、2017
8座杜拜網球公開賽（ATP杜拜站）冠軍	2003、2004、2005、2007、2012、2014、2015、2019
7座辛辛那提大師賽冠軍	2007、2008、2009、2011、2012、2014、2015
6座澳洲網球公開賽（大滿貫）冠軍	2004、2006、2007、2010、2017、2018
6座ATP年終賽冠軍	2003、2004、2006、2007、2010、2011
5座美國網球公開賽（大滿貫）冠軍	2004、2005、2006、2007、2008
5座印地安泉大師賽冠軍	2004、2005、2006、2012、2017
4座漢堡大師賽冠軍	2002、2004、2005、2007

重要的戰績、里程碑和連勝紀錄

一九九八年	瑞士首位ITF青少年網球世界冠軍
二〇〇三年	瑞士首位溫網男單冠軍和大滿貫冠軍
二〇〇三—二〇〇五年	連贏二十四場與世界前十名球員的比賽 創下二十四場決賽連勝紀錄
二〇〇五年	八十五場比賽有八十一場獲勝，創下一九八四年（約翰·馬克安諾）以來的最高勝率九五·三%
二〇〇五—二〇〇六年	連續十七次打進ATP巡迴賽決賽
二〇〇四—二〇〇六年	首位連續三個賽季至少拿下十座巡迴賽賽事冠軍的球員（總共三十四場） 在北美地區連贏五十五場比賽，奪得九座巡迴賽冠軍
二〇〇四—二〇〇七年	首位在三個不同年度（二〇〇四、二〇〇六、二〇〇七）贏得三座大滿貫冠軍的球員
二〇〇五—二〇〇七年	首位連續十次進入大滿貫決賽的球員

二〇〇六—二〇〇七年	創下生涯最長連勝紀錄，四十一連勝
二〇〇七年	成為首位單賽季獎金超過一千萬美元的球員
	連續第四個賽季排名世界第一
二〇〇三—二〇〇八年	首位於兩項大滿貫賽事（溫網和美網）連續五度封王的球員
	保持六十五場草地賽不敗紀錄（溫網四十場）
	在德國贏得四十一場比賽和拿下七座巡迴賽冠軍
二〇〇四—二〇〇八年	創下連續兩百三十七週穩居世界排名第一的紀錄
二〇〇八年	與瓦林卡組隊拿下奧運雙打金牌
	超越山普拉斯成為史上獎金最高的球員
二〇〇九年	拿下法網冠軍，成為第六位完成生涯全滿貫的球員
	在巴黎追平山普拉斯所保持的十四座大滿貫紀錄
	第五度以世界第一結束賽季
二〇〇三—二〇一〇年	創下連續八個賽季排名世界第一或第二的紀錄
	連續八年至少獲得一座大滿貫冠軍（追平柏格與山普拉斯的紀錄）
二〇〇四—二〇一〇年	首位連續二十三次進入大滿貫準決賽的球員
二〇一〇年	破紀錄摘下第十六座大滿貫冠軍

二〇〇四—二〇一一年	台維斯盃單打成績為十五勝零敗
二〇一一年	成為首位拿下六次ATP年終賽冠軍（早期又稱為大師盃Masters、大師盃賽Masters Cup、世界巡迴錦標賽ATP World Championships、世界巡迴總決賽ATP World Tour Finals）
二〇〇三—二〇一二年	創下連續十年世界排名在前三名以內的紀錄
二〇〇四—二〇一三年	首位連續三十六次至少打進大滿貫八強賽的球員
二〇一二年	第七次溫網奪冠，追平山普拉斯紀錄 大滿貫冠軍記錄增加到十七座 摘得第二枚奧運獎牌（倫敦奧運單打銀牌） 取代山普拉斯成為世界第一紀錄保持者（三百零二週）
二〇一三年	首位取得兩百五十場大滿貫單打比賽勝利
二〇一四年	在里爾為瑞士隊拿下首座台維斯盃冠軍
二〇〇二—二〇一五年	首位連續十四個賽季進入前十名的球員
二〇一五年	在布里斯本獲得生涯一千勝 在倫敦成為首位十次打進ATP年終賽決賽的選手
二〇〇〇—二〇一六年	成為首位大滿貫連續出賽六十五次紀錄的球員（包含資格賽的話是六十九次，包含青少年賽事的話是七十三次）
二〇〇二—二〇一六年	創下連續七百三十四週排名在前十名內的紀錄，二〇一六年因膝蓋手術而滑落

二〇一七年

- 在澳網獲得第十八座大滿貫冠軍，成為職網時代第二高齡的大滿貫冠軍（僅次於肯・羅塞瓦），也是首位在三項大滿貫至少獲得五次冠軍的球員
- 生涯第三度達成連續在印地安泉與邁阿密封王的「陽光雙冠」（Sunshine Double）
- 在溫網贏得第十九座大滿貫，成為首位八度封王、年齡最大的溫網冠軍，也是自一九七六年（柏格）以來一盤未失的冠軍
- 最年長的大師賽冠軍

二〇一八年

- 在澳網贏得生涯第二十座大滿貫冠軍，並追平喬科維奇和愛默生的澳網六冠紀錄
- 大滿貫打進決賽的紀錄增加到三十次
- 二月十九日，費德勒以三十六歲又一百九十五天的年齡，成為ATP排名四十五年歷史以來最年長的世界第一。
- 首位在初次登上世界第一的十四年以後、時隔五年多又重返球王寶座的球員
- 六月二十四日，以三十六歲又十個月的年齡最後一次保持在世界第一的位置
- 世界第一的週數來到三百一十週
- 成為首位第十四次打進同一賽事決賽的球員，在巴塞爾（瑞士室內網賽）拿下第九個冠軍
- 創下第十六次獲得ATP年終賽資格的紀錄
- 三十七歲，以前三名完成賽季的最年長球員
- 首位第十四次以排名前三完成賽季的球員

二〇一九年

在杜拜拿下生涯第一百座冠軍，成為繼康諾斯之後第二位冠軍數達三位數的球員

在溫布頓達到三十一次的大滿貫決賽出賽紀錄，握有兩個賽末點最後卻輸給喬科維奇。

在哈雷和巴塞爾分別摘下第十冠，冠軍數來到一百零三個

創下第十七次獲得ATP年終賽資格的紀錄，第十六次晉級準決賽

十一月二十三日，在墨西哥市（Mexico City）四萬兩千五百一十七名球迷面前擊敗亞歷山大·茲韋列夫，締造網球比賽史上觀看人數最多的紀錄

二〇二〇年

打進澳網準決賽，這是他兩次膝蓋手術前的唯一一場比賽，大滿貫賽事單打比賽成績來到三百六十二勝五十九負

第十五次進入澳網準決賽，第四十六次進入大滿貫準決賽，刷新歷史紀錄

二月七日，在開普敦名為「為非洲而戰」的慈善表現賽上，當著五萬一千九百五十四名球迷的面擊敗了納達爾，創下史上觀看人數最多的網球比賽紀錄

參考來源

第一章

「我的名字是羅傑。羅塞爾……」引自一九九九年瑞士德語週報《星期展望》（*SonntagsBlick*）

「有時他生起氣來就會把骰子和棋子……」引自瑞士雜誌《*Schweizer Illustrierte*》

「他非常活潑好動，精力旺盛……」引自《巴塞爾報》（*Basler Zeitung*）

第二章

「我經常對我自己、對我的賽事感到心煩意亂……」引自德國《時代週報》（*Die Zeit*）

第三章

「我們從來沒有質疑過他的教練……」引自*CS Bulletin Special*

第五章

「那時網球中心裝了新的窗簾……」引自*Roger-Federer-Dokumentation*。

「我很少見過十六歲就表現如此出色的……」引自《巴塞爾報》

「……我有多麼開心，」引自瑞士法語報紙《週日晨報》（*Le Matin Dimanche*）

第六章

「……都把球丟給我了，」引自《瑞士家庭》（*Schweizer Familie*）雜誌

第八章

「我印象很深……」引自法國體育報紙《隊報》週六版（*L'Équipe Magazine*）

「我沒想到他居然這麼風趣……」引自瑞士地方小報《*Blick*》

第十章

「馬科利還感到有些驚訝……」引自運動雜誌《*Sport-Magazin*》

「我的行為很惡劣，然後還哭了……」引自《網球內幕》

第十一章

「我想他的逝世是敲醒我的一記警鐘……」引自《網球內幕》

第十四章

「一旦你開始贏球，大家都會說……」引自《網球內幕》

第二十章

「至少我在我們最後一場比賽中打敗他了……」引自《網球內幕》

第二十一章

「不知為何我內心總有領導人特質……」引自*CS Bulletin Special*

第二十三章

「別人幾乎看不出來，但英國媒體有發現……」引自《GQ》雜誌英國版

「我知道這樣讓人覺得更有侵略性……」引自《紐約時報》

第二十四章

「羅傑已經變成一位完美主義者……」引自《巴塞爾報》

「**Für uns lohnt es sich allemal …**」引自《星期展望》

「努力打造一家精品型的運動經紀公司……」引自《紐約時報》

「以網球運動員來說他是優秀的網球選手，以一般人來說……」出自Tennis.com

第二十五章

「女兒剛出生的前三年……」引自《網球內幕》

「我陪伴女兒們做過很多事……」出自《亮點》週刊

「我一結束巡迴賽後回到家……」出自《亮點》週刊

「有次我想指導其中一個女兒怎麼打，我跟她說」出自《法蘭克福廣訊報》（*Frankfurter Allgemeine Zeitung*）

第二十六章

「我真的覺得自己是……」引自《網球內幕》

第二十七章

「很遺憾我不能……」引自《網球內幕》

「我從來沒有想過……」瑞士蘇黎世地方電視台 *Tele Züri*

第三十章

「羅傑關心網球……」紐約《新聞日報》（*Newsday*）

第三十一章

「每當遇到比賽低潮時……」引自 *CS Bulletin Special*

第三十六章

《羅德・拉沃的自傳》（*Rod Laver: An Autobiography*），二〇一三年出版

第四十一章

「那絕對是最令人難以置信的時刻……」引自瑞士德語日報《*St. Galler Tagblatt*》

「拿下至今唯一一次的法網冠軍和贏得我生涯第一座溫網冠軍……」出自《網球內幕》（*Inside Tennis*）

青少年時期的良師益友：一九九八年與英年早逝的澳洲人彼得·卡特合影。

照片來源：imago/Claus Bergmann

突破性的勝利到手：一九九八年青少年世界網球錦標賽，費德勒在邁阿密高舉橘子盃。

照片來源：拍攝者不詳

難得的混雙亮相：二〇〇二年，費德勒與米爾卡搭檔出賽伯斯霍普曼盃，米爾卡不久後退役。

照片來源：imago/Hasenkopf

能言善道的訪談對象：二〇〇六年，費德勒與筆者在日內瓦的飯店套房內進行訪談。

照片來源：作者提供

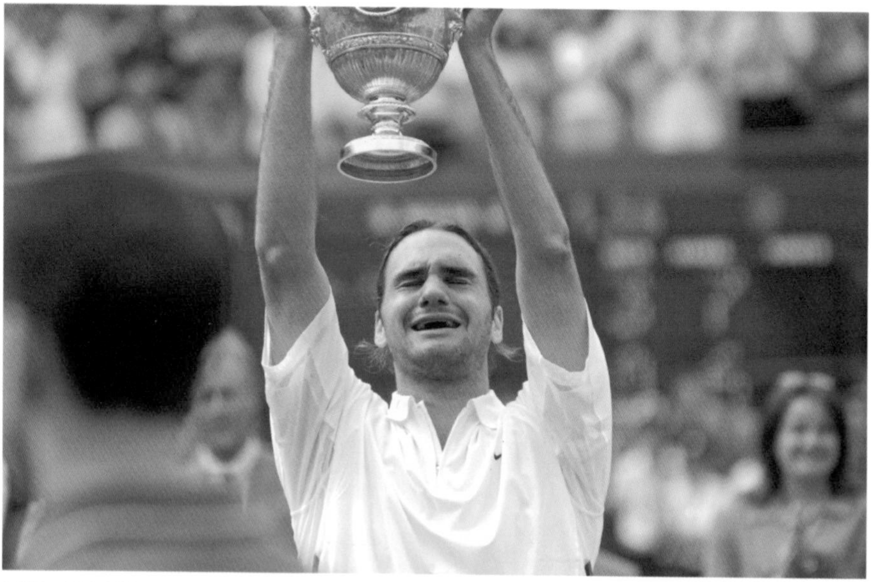

通過大滿貫考驗：二〇〇三年，費德勒第一次獲得溫網冠軍，結束網壇新人與拿不到大滿貫冠軍的歲月。

照片來源：Getty Images/Jeff Overs/BBC News & Current

費德勒王國的兩塊基石：二〇〇九年，米爾卡和經紀人湯尼・葛錫在摩洛哥。

照片來源：imago/Hasenkopf

獨特的榮譽：二〇〇七年，他成為第一位出現在特殊郵票上的在世瑞士人。

照片來源：Getty Images/Fabrice Coffrini /AFP

共事兩年：費德勒聘請兒時偶像史特凡．艾柏格擔任教練（二〇一五年在倫敦）。

照片來源：Getty Images/Clive Brunskill

結束無冠軍的漫長之旅：二〇一四年在里爾，瑞士首度贏得台維斯盃。從左起分別為：隊長盧希、費德勒、奇烏迪尼里、瓦林卡、拉馬。

照片來源：Getty Images/Clive Brunskill

世界各地的粉絲：十多年來，費德勒一直是最受歡迎的網球運動員之一。

照片來源：Getty Images/Wayne Taylor

長期追蹤報導：費德勒與筆者在二〇一五年印地安泉大師賽。
照片來源：作者提供

出奇的勝利：二〇一七年，他戲劇性地贏得復出的錦標賽——澳網公開賽。
照片來源：Getty Images/Cameron Spencer

幸福的家族出遊：費德勒的四個孩子也一起經歷二〇一七年他拿下第八座溫網冠軍的時刻。
照片來源：Getty Images/Corbis/Tim Clayton

感人的回歸：時隔五年後，費德勒以最年長的溫網冠軍受邀參加二〇一七年的冠軍晚宴。
照片來源：Getty Images/AELTC

首度搭檔出戰雙打：二〇一七年在布拉格舉辦的拉沃盃，最強宿敵費德勒與納達爾首度攜手作戰。

照片來源：Getty Images/Lukas Kabon/Anadolu Agency

在所向無敵的網壇：費德勒是首位拿下二十座大滿貫冠軍的球員。

照片來源：Getty Images

入魂 10

羅傑・費德勒：無可取代的網球之王

Roger Federer : Die Biografie

作　　者　雷恩・史道佛（René Stauffer）
譯　　者　陳珮榆
執行主編　簡欣彥
責任編輯　簡伯儒
行　　銷　許凱棣
排　　版　李秀菊
封面設計　萬勝安

社　　長　郭重興
發行人兼出版總監　曾大福
出　　版　遠足文化事業股份有限公司　堡壘文化
地　　址　231新北市新店區民權路108-2號9樓
電　　話　02-22181417
傳　　真　02-22188057
Email　service@bookrep.com.tw
郵撥帳號　19504465
客服專線　0800-221-029
網　　址　http://www.bookrep.com.tw
法律顧問　華洋法律事務所　蘇文生律師
印　　製　韋懋實業有限公司
初版一刷　2021年9月
定　　價　新臺幣500元

國家圖書館出版品預行編目（CIP）資料

羅傑・費德勒：無可取代的網球之王／雷恩・史道佛（René Stauffer）著；
陳珮榆譯. -- 初版. -- 新北市：遠足文化事業股份有限公司堡壘文化, 2021.09
面；　公分. --（入魂；10）
譯自：Roger Federer : Die Biografie
ISBN 978-986-06935-1-5（平裝）

1.費德勒（Federer, Roger, 1981-）　2.網球　3.運動員　4.傳記

784.4488　　110013233